谨以此书献给愿意为摄影事业做出贡献的每一个人。

摄影的力量

——当代世界著名摄影人访谈录

The Power of Photography

——A Collection of Interviews with Famous People in Contemporary World Photography

江融 著
By Jiang Rong

中国文联出版社
China Federation of Literary and Art Circles Publishing House

图书在版编目（CIP）数据

摄影的力量：当代世界著名摄影人访谈录／江融著.
北京：中国文联出版社，2009.1
ISBN978－7－5059－6220－0

Ⅰ.摄⋯ Ⅱ.江⋯ Ⅲ.摄影－艺术家－访问记－世界
Ⅳ.K815.7

中国版本图书馆CIP数据核字(2008)第207729号

书　　名	**摄影的力量——**当代世界著名摄影人访谈录
作　　者	江　融
出　　版	中国文联出版社
发　　行	中国文联出版社发行部（010－65389150）
地　　址	北京农展馆南里10号(100125)
经　　销	全国新华书店
出 版 人	宋建民
责任编辑	赵　晖
图片编辑	王保国
责任印制	焉松杰　赵　晖
印　　刷	浙江影天印业有限公司
开　　本	787×1092　1/16
印　　张	19
插　　页	2页
版　　次	2009年2月第1版第1次印刷
书　　号	ISBN978－7-5059-6220-0
定　　价	128.00元

您若想详细了解我社的出版物
请登陆我们出版社的网站http://www.cflacp.com

自 序

■ 江 融

"如果没有照片，屠杀就不存在。"曾见证过无数屠杀的无国界医生组织创始人伯纳·库什纳如是说。的确，假如没有奥斯维辛集中营遍地犹太人尸体的照片，我们如何能够想象德国纳粹残杀犹太人的惨烈事实？如果没有"南京大屠杀"的照片，我们怎么能够有力地驳斥日本军国主义者试图否认这场惨无人道的杀戮？

从法国人尼尔普斯在1826年留下人类最早的照片，到1839年正式宣布摄影术发明以来，摄影作为"证据"的功能，在人类历史上发挥了不可或缺的作用。从此，历史不仅有文字记载，而且，有无法辩驳的影像佐证。几乎所有的历史事件，都有摄影师赶到现场，他们不仅见证了历史，而且用影像记录了历史。

无数摄影家为历史存真，前仆后继。从报道美国内战的马修·布雷迪，到为报道印度支那战争阵亡的罗伯特·卡帕，再到为报道抗日战争而失踪的中国战地摄影记者方大曾……各国著名和无名的摄影家均为我们留下了历史的片断，让后人能够拼贴出一幅幅历史的画卷，感受无法亲历的历史，提醒后人，以史为鉴。

世界摄影史上有无数令人难忘的照片，其中有几幅已成为家喻户晓的经典：

美联社记者黄功吾捕捉到的越南小女孩被燃烧弹烧伤的照片，次日出现在世界各地报纸的头版，促使美国政府决定从越南撤兵；

加拿大肖像摄影大师尤素夫·卡什在"二战"初期拍摄的一幅英国首相丘吉尔的肖像，像一只震怒的狮子，发表在美国《生活》杂志的封面，吹响了与纳粹法西斯作战的集结号；

美国宇航员从阿波罗11号宇宙飞船上拍摄的"地球升起"的珍贵照片，让人类首次有机会看到自己赖以生存的星球是如此的美丽而又脆弱，倍感需要加以珍惜；

在我们中国摄影史上，最为难忘的照片之一可以说是1949年10月1日，毛泽东主席在天安门城楼上举行开国大典的画面。至今看着这幅照片，耳旁仍能响起毛泽东那发自肺腑的、庄严而又骄傲的声音——"中国人民从此站起来了！"

令人印象深刻的照片远远不止这几幅，它们均彰显了摄影的力量。

当我们纪念摄影术发明170周年之时，中国文联出版社推出了这本《摄影的力量——当代世界著名摄影人访谈录》，汇集起笔者在过去三年里有幸对21位为世界摄影做出卓越贡献的摄影人的采访，以飨读者。

本书一方面包括对至今仍活跃在世界新闻报道摄影和纪实摄影领域著名摄影人的访谈，他们参与报道了自二战结束以来几乎所有的世界重大新闻和事件，为我们留下许多宝贵的历史瞬间，证明了影像的重要价值。

另一方面，它载有与当今国际摄影界领军人物的对话，他们中既有世界上公认的摄影大师，又有艺术摄影界不同风格的著名摄影家，还包括世界著名摄影文化评论家、策展人、图片编辑、摄影艺廊总裁和摄影杂志主编，他们从不同角度论证了摄影对世界产生的重大影响，昭示了摄影的力量。

在访谈中，这些著名摄影人从各自丰富的经历和经验，畅谈了对摄影、人生和世界的感悟。随文所附的精彩照片，有许多是他们冒着生命危险拍摄到的，读者应能从中感受到悲天悯人的人道主义精神，或能体验到艺术作为滋润我们心灵的催化剂所发挥的感化作用。希望读者在阅毕掩卷之后，不仅能够从中了解摄影的实践和理念，而且能够将所获心得付诸行动。

有一个警句告诫我们：

"你不应当成为受害者，你不应当成为犯罪者，你更不应当成为袖手旁观者！"

随着个人电脑和因特网的发明，加上数码技术的飞速发展，摄影已经进入到一个被称作"摄影2.0"的新时代。在这个"数码革命"的时代里，观众和读者不仅是信息的接受者，也是提供者和参与者，能够共同参与"公民新闻报道"，不让专业摄影师专美于前，使得摄影充满更多的角度、内容和可能性。因此，当人类正处在一个如狄更斯在《双城记》中所说的"最好的时代"和"最坏的时代"这个历史的关头，面临着冲突战争、气候变化、物种消失和金融危机等挑战，如何更明智地利用现有的技术，来记录和再现我们的世界，并用影像探讨人类共同关心的话题，便成为我们中国摄影人需要考虑的问题。

作为整体和个体，中国摄影人已经开始走上国际摄影的舞台。中国正处在精彩纷呈的高速现代化的年代，无数旧的传统和事物正在消逝，大量新的问题和现象正在呈现，如何利用摄影无国界的语言，利用新技术、新思维和新的可能性，来讲述中国和中国人的故事，是我们中国摄影人亟须做出的努力。

但愿所有的摄影人都将"现在"作为"历史"来记录，以便告诉"未来"。

但愿这本访谈录能对中国摄影人有所启示，以便使摄影更加有力量。

2008年12月8日 于纽约

目　录

CONTENTS

让历史告诉未来
——对话罗伯特·普雷基

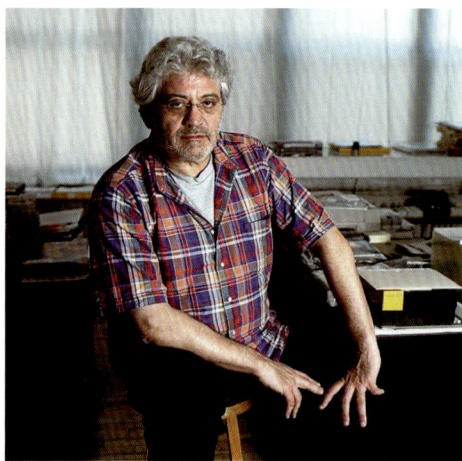

江融/摄

Robert Pledge

罗伯特·普雷基（Robert Pledge）1942年出生在英国伦敦，父亲为英国人，母亲为法国人。他从小在战乱中长大，1951年，跟随父母举家搬到法国定居。十岁时，普雷基看了一部关于诺贝尔和平奖得主艾伯特·史怀哲（Albert Schweitzer）的电影，当时他决心长大之后，要像史怀哲一样当医生，并到非洲接替他志愿行医的工作。虽然后来没有当成医生，但他在大学主修了西非语言和人类学，并成为非洲问题的学者。普雷基不想坐在办公室里专门搞学术研究，而是希望更贴近现实，用人类学的角度来关注人和社会，这是他后来逐渐转向从事新闻报道工作的主要原因。

1969年，普雷基与伽马图片社（Gamma）创始人之一雷蒙·德巴东（Raymond Depardon）和著名摄影家吉勒·卡龙（Gilles Caron）一道前往乍得从事一个报道项目，被该国监禁三个星期。在关押期间，他更多地了解到新闻报道摄影的重要性。20世纪70年代初，他发表了许多关于乍得的文章，但未产生太多影响，直到有一天，一位朋友告诉他，光有文字，没有相关的照片是不会吸引读者的，他才真正对摄影的重要性产生顿悟。

之后，他加入伽马图片社，并担任纽约分社社长。1976年，他与同属于伽马图片社的美国摄影家大卫·伯耐特（David Burnett）在纽约共同创办联系新闻图片社（Contact），并担任总裁和图片编辑总监。

在他的领导下，联系图片社曾经成为世界五大图片社之一。在盖蒂（Getty）和科比斯（Corbis）等大型图片社垄断当前世界图片市场之时，联系图片社仍然保持其独立性。

普雷基本人也成为当今世界新闻报道摄影界举足轻重的人物，曾被《美国摄影》评为世界摄影界最具影响力的百人之一。他担任过2001年世界新闻摄影大赛（荷赛）评委会主席。近年来，他编辑出版过许多画册。2004年，因编辑中国摄影家李振盛题为《红色新闻兵》的"文革"摄影画册，与李振盛共同获得美国海外新闻记者俱乐部颁发的欧

伊拉克战争之初，美国总统布什（左）与英国首相布莱尔在英国会晤，2003年　尼克·丹齐格/摄（©Nick Danziger/Contact）

利维尔·罗博奖（国外书刊最佳摄影报道奖）。

　　普雷基也是著名策展人。1988年，由他策展的"美国《生活》杂志：摄影术发明150周年"、"目击者：世界新闻摄影30年"和"联系图片社：自越战以来的报道摄影"这三个展览，在上海和北京展出，使得中国摄影界在改革开放之初大开眼界；同时，他与联系图片社的其他成员在北京举办的"国际新闻摄影周"，也成为中国摄影史上的一个里程碑。2006年和2007年，在平遥国际摄影大展期间，他分别推出联系图片社成立30周年展"联系：新闻报道摄影的艺术"、"罗伯特·弗兰克（Robert Frank）的《美国人》"

以及"1956年及其后"的展览，均给观众留下深刻印象，人们将不会忘记他对中国摄影的贡献。

　　江融：什么原因促使你和大卫·伯耐特成立联系新闻图片社？

　　普雷基：我们意识到摄影是一项十分重要和有用的工具，可以用来调查各种正在发生的事件，以及各种没有得到报道的问题，因此决定要成立一个尽可能独立的图片社。我们试图要找回玛格南图片社（Magnum）于1947年成立后最初十年、以及伽马图片社于

5岁的康文杰在哈尔滨为解放军代表跳"忠字舞"，1968年　李振盛/摄（©Li Zhensheng/Contact）

1967年成立后最初四年所展现的精神。图片社由一小群十分敬业勤奋的人组成，他们对国际事务、问题和事件感兴趣，并试图以独立的个人方式加以深度报道，捕捉尽可能公平、诚实和客观的影像。

江融：联系图片社许多摄影师都告诉我，作为图片社的图片编辑总监，你在促使他们带回强有力的影像，并深入挖掘问题的真相方面，发挥了十分重要的作用。

普雷基：联系图片社的摄影师十分独立，他们与图片社共同合作，集中时间和精力从事他们的工作，我则花大量的时间帮助他们做得更多、更好、更加深入。因此，我必须对他们的作品进行评论，通过反复不断地研究他们的作品，确定这些作品"有道理"，来协助他们取得进步。他们本人必须理解自己的作品，如果你无法自圆其说，便无法向他人解释。对于摄影师或记者来说，独立工作并非总是容易的事。

在大部分新闻机构，由于新闻事件发生得

法国巴黎街头，防暴警察追捕参与"五月事件"的学生，1968年　吉勒·卡龙/摄（©Gilles Caron/Contact）

过快，他们没有时间来反思、讨论或辩论。而在联系图片社，我们遵循玛格南图片社早年的精神，总是在讨论，而且十分开放。这些讨论非常重要，通过讨论可以产生一些不同观点，协助挑选或拍出更好的照片，使得报道更富有意义，更加公平和公正。

江融：能否谈一下图片编辑与摄影师之间的关系？你与他们是否存在良师益友的关系？

普雷基：刚开始时，情况并非如此，这种关系是逐步发展起来的。我不是摄影师，但我发现摄影媒介之后能够理解它。作为记者和人类学家，作为一个人，我可以对摄影师说："你看，这些照片如果这样拍，能够拍得更好，而且，如果你有兴趣，可以把它变成一个长期项目。"的确，我们之间存在某种良师益友的关系，但这种关系始终是双向的。

联系图片社的人员有许多共同之处。我们十分关切国际事务，包括安妮·莱博维茨（Annie Leibovitz），她并非只是专拍名人，她是一位肖像摄影师，但她对世界上发生的事情十分感兴趣。她拍摄了好莱坞所有著名影星和世界演艺界人士，她也拍摄了世界上许多著名人物，如曼德拉、克林顿和布莱尔等。她是学新闻报道摄影出身，对越战和波斯尼亚战争十分关注，也到过萨拉热窝和卢旺达拍摄有关艾滋病和受虐待妇女的题材。她注重用新闻报道手法和人道主义的态度对各种主题进行报道。

江融：联系图片社还代理吉勒·卡龙和欧利维尔·罗博（Olivier Rebbot）的作品。

普雷基：他们两位均在大约三十岁时去世。卡蒂埃—布勒松（Henri Cartier-Bresson）称卡龙是"法国卡帕"。卡龙在柬埔寨报道越战时失踪。罗博比他小十岁，但属于同一个传统。80年代初，他在萨尔瓦多报道内战时受重伤，两三周后在迈阿密去世。

江融：你曾说过，每一个时代都有自己的报道摄影师。如"二战"、"越战"以及"中美洲内战"一代的摄影师。

普雷基："二战"与"越战"之间还有一代，即"韩战"一代摄影师，大卫·道格拉斯·邓肯（David Douglas Duncan）是那一代西方摄影师中的佼佼者。越战造就了一代新的报道摄影师，其中包括唐·麦卡林（Don McCullin）、拉里·布罗斯（Larry Burrows）、吉勒·卡龙、大卫·伯耐特、菲利普·琼斯·格里菲思（Philip Jones Griffiths）、亨利·休特（Henri Huet）、大卫·休姆·肯纳利（David Hume Kennerly）和凯瑟琳·勒鲁瓦（Catherine Leroy）等。名单很长，不仅包括美国和欧洲摄影师，也包括日本和越南摄影师，甚至中国摄影师。

在1964年至1975年的越战期间，整整一代摄影师在越南进行报道，其中有来自通讯社、报纸、画报——如美国《生活》杂志、伦敦《星期日泰晤士报》和巴黎《竞赛》等——以及欧洲其他出版物的摄影师。他们十分独立和坚强，使得当局难于招架。他们在使世人了解越南真实情况方面立下汗马功劳。

江融：黄功吾（Nick Ut）是来自通讯社的摄影师之一，当他拍到那张著名的被燃烧弹烧伤女孩的照片时，伯耐特也在场。

普雷基：我想，当时只有七八位记者在场，但这张照片实在有名，人们只记得黄功吾。通讯社记者类似于报纸记者，他们所受的训练是捕捉一张能够讲述整个故事的照片，这种照片通常发表在报纸的首页或内页。

杂志社与图片社的摄影师相同，他们对全面报道更感兴趣。他们的拍摄手法与通讯社或报纸摄影记者的手法正好相反，是由许多照片来说明同一个故事，这些照片介乎于纪实摄影与单幅照片之间，伯耐特属于这种类型。

黄功吾与伯耐特都在报道同一事件，但手法完全不同。结果，伯耐特没有拍到黄功吾拍到的照片，他当时正在换胶卷，当胶卷换好后，已经太晚，黄功吾拍到那张照片的瞬间已过。伯耐特唯一能做的是，转过身来，拍了几张这些小孩跑过身边的照片。

但是，伯耐特那天所拍摄的照片十分

革命分子袭击巴列维国王的支持者，伊朗，1979年2月　欧利维尔·罗博/摄（©Olivier Rebbot/ Contact）

宝贵，因为，他有这一天整个事件过程的照片。在这名小女孩之前，她的祖母抱着一个烧伤的小孩跑过来，伯耐特拍到的这张照片发表在《生活》杂志上，也是一张很好的照片。黄功吾拍了小女孩的照片之后，将她送到医院，之后，迅速回到暗房在报社截稿前将照片洗印出来。伯耐特则留下，并拍了这一天剩余时间发生的情况。因此，他们两人属于不同流派。

江融：我想黄功吾属于新闻摄影，而伯耐特属于报道摄影。那么，纪实摄影与报道摄影之间有何不同？

普雷基：如今，大多数人只希望被称作"摄影师"，因为，很难用明确的方式来界定。在"报道摄影"产生之前，存在"纪实摄影"，但这些摄影师没有采用新闻报道的方式和理念进行拍摄。"报道摄影师"是指那些深度报道某事件或某问题，并在包括报

伊朗革命期间霍梅尼的一幅肖像，1979年　欧利维尔·罗博/摄（©Olivier Rebbot/Contact）

个人电脑进入美国家庭，1982年12月　大卫·伯耐特/摄（©David Burnett/Contact）

纸和杂志等大众媒体上发表作品的摄影师。

　　20世纪20年代末30年代初，摄影画报首先在德国柏林和慕尼黑出现，之后在整个欧洲和美国逐渐风行。当时，电视尚未发明，人们不了解世界的模样以及世界上发生的事件。他们从电台上听说这些事件，并从报纸上读到有关消息，但得到相关图片的过程相当缓慢和繁琐。

　　在同一时期，印刷厂能够在很短的时间内印出大量的报纸。当时胶印技术已经发明，照相凹版印刷技术也不断得到提高和完善；埃尔曼诺克斯小型相机（Ermanox）研制成功，之后，徕卡35毫米相机成为专业摄影师使用的主要相机。

　　当时，大部分新闻摄影师仍然使用Speed Graphic大画幅相机和手持单次闪光灯泡拍摄。随着徕卡相机的使用，摄影师突然间能够到处移动而不易被发现。埃里希·萨洛蒙（Erich

美国总统里根在首府华盛顿遇刺，1981年　塞巴斯蒂安·萨尔加多/摄（©Sebastião Salgado/ Contact）

Salomon）、阿尔弗雷德·艾森斯塔特（Alfred Eisenstaedt）、马丁·蒙卡奇（Martin Munkacsi）、罗伯特·卡帕（Robert Capa）以及卡蒂埃—布勒松等摄影师都是使用35毫米相机的典范。

江融：刚才你介绍了现代报道摄影的起源。如今，尤其是在冷战结束之后，有人已在谈论现代报道摄影的死亡问题。

普雷基：我认为，现代报道摄影是从1928年徕卡相机商业化投产，以及新闻杂志出现之后才真正开始，一直到1989年柏林墙倒塌为止。柏林墙倒塌事件通过美国有线网络新闻（CNN）向全世界实时广播，当时有许多摄影师在场。

江融：那么，为何摄影无法与电视竞争？

普雷基：因为电视太快了。人们往往是从电视，而非报纸或杂志上首先看到影像，包括美军在伊拉克阿布格莱布（Abu Ghraib）监狱虐待俘虏的照片。即使影像首先出现在杂志上，也会立即被复制并在电视上向全世

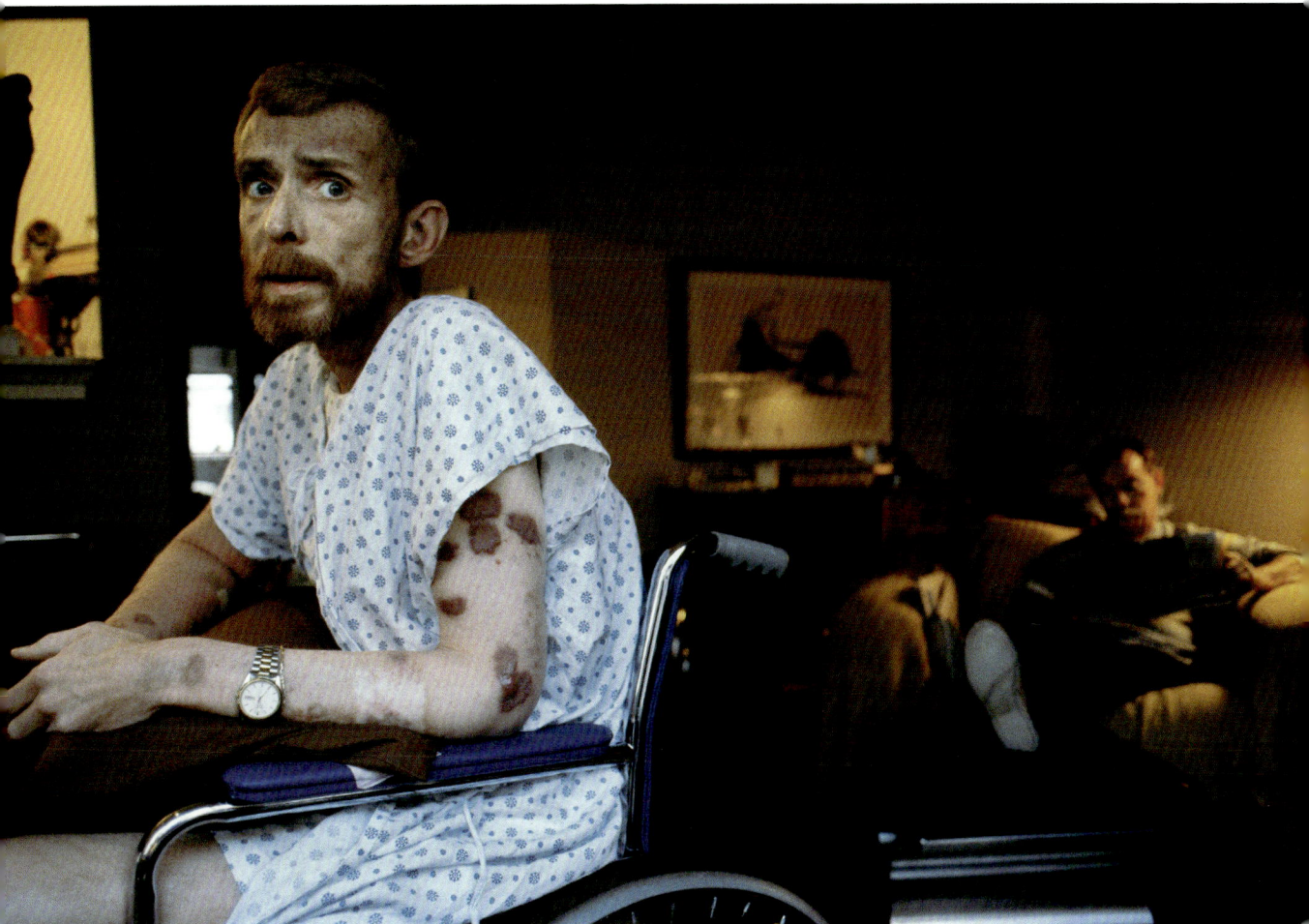

艾滋病人肯·米克斯，美国旧金山，1986年　阿龙·雷宁格/摄（©Alon Reininger/ Contact）

界播出。因此，电视是最强有力的工具。

　　静态照片原本用于纸质出版物，尤其是周刊或月刊。如今，再加上因特网，静态照片更难与电视竞争，至少很难作为报道突发新闻的手段而存在。对于为周刊杂志服务的摄影师来说，他们必须至少等待五天才能发表照片，这时"新闻"已成为"旧闻"。电视和因特网是全天候向全世界同时报道，这改变了新闻行业每一个组成部分的含义和功能。

　　电台曾经是传播速度最快的媒介，但电台没有画面。直到你看到已发生事件的图像之前，你仍然无法完全肯定。在过去，电台报道某个消息之后，一周之内，美国《生活》杂志或巴黎《竞赛》杂志会发表相关的图片。或者，报纸会在次日发表。如今，电台与电视几乎同时在报道某件事情，使得报纸和杂志难以竞争。

　　尽管采用新技术之后，报纸能够在付印之前将最新的图片增加进去，并通过在因特网建立网站，不断更新消息，报纸有时还

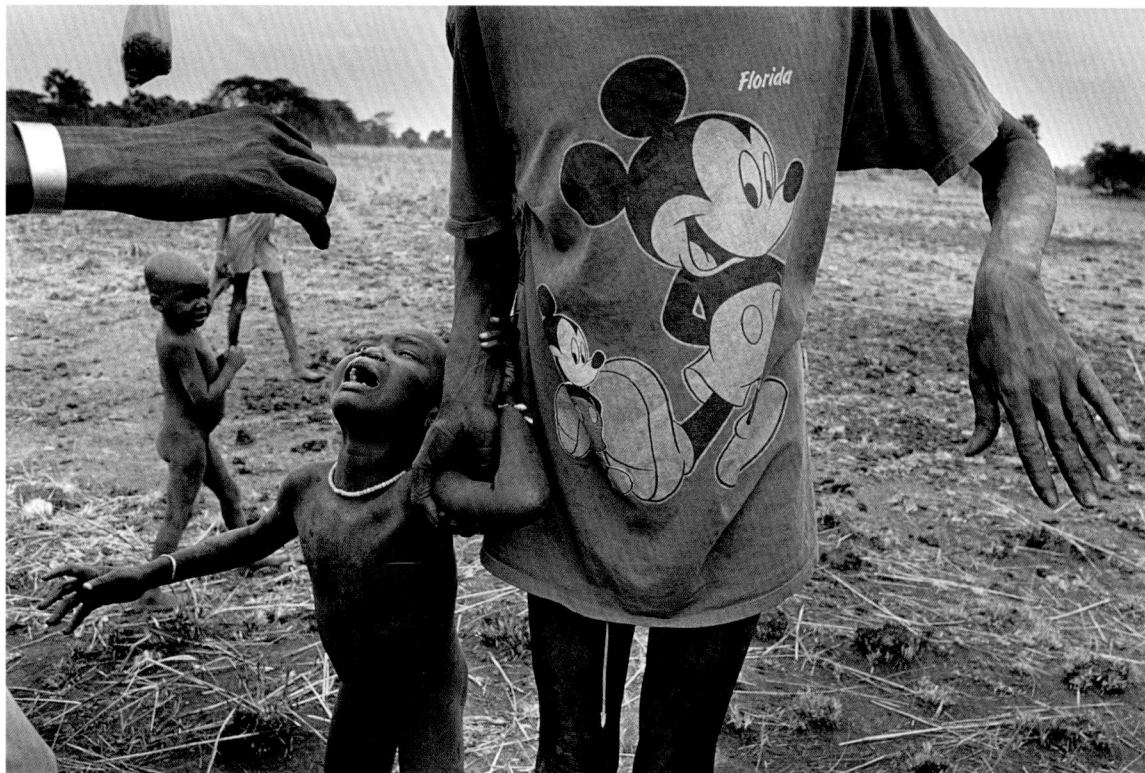

注射小儿麻痹症疫苗运动，苏丹，2001年　塞巴斯蒂安·萨尔加多/摄（©Sebastião Salgado/ Contact）

能够与电视竞争，但这一切变化使得印刷媒体，尤其是新闻杂志和综合杂志以及为它们服务的摄影师处于尴尬的境地。

江融：所以，近年来，杂志试图先发制人，换句话说，它们提前报道即将发生的新闻或事件。

普雷基：的确可以这么做，但这只是一种手段罢了。如果某个事件是预定的，如首脑会议等，可以采用这种手段，新闻杂志可以通过谈论该事件的各种相关问题发挥介绍作用。

然而，新闻是无法控制的。正如今天在伊拉克，每一天在某个地方都会发生爆炸事件，但你不知道何时发生。因此，只能在新闻发生时加以报道，新闻传播只能在事发之后进行。

在当今数码的世界里，你几乎可以实时加以现场报道，包括使用照片。除了利用因特网之外，照片所遇到的问题是无法像电视一样即时报道——电视可以在任何节目中插播突发新闻。

我们在"9·11"事件中看到这种情况，世界上所有电视台均播出我们在离现场不远的办公室都无法看到的场景。该事件发生后，纽约的桥梁被封锁，快递业务暂停，机场关闭，因此，无法利用传统的办法将照片送出。不过，一夜之间，大家都通过数码方式将"9·11"的照片发送出去，你只需要电脑、扫描仪和电话线便能做到。而且，当时所有已经封版的杂志又重新设计版面，将"9·11"最新的报道包括在内，次日的报纸增加了专刊，但它们仍然需要一两天时间才能发表这些照片；而电视是即时和现场直播，并且可以不断回放。所以，照片在发表之前，它们的力量已经被削弱。只有少数十分富有戏剧性、真正能够传达特殊情感的照片才能比动态的影像更加持久。

江融：那么，你是否认为静态影像比动态影像更有力量？

普雷基：很难说。有时影片能够与静态影像一样有力量。我们所受的教育使我们不是从单幅影像，而是从有前后顺序的影像开始思考。但有时候情况并非如此，像埃迪·亚当斯（Eddie Adams）拍摄的南越将军枪毙北越囚犯的照片。当时有一名电视摄像师拍下该将军与囚犯争吵，然后举枪射击，以及囚犯倒地的整个连续过程。亚当斯也不仅只有那张照片，他也拍到囚犯倒在地上的照片。但他发表的那张照片如此有震撼力，以至于淹没了有整个过程的影片。

如今，人们看电视太多。静态影像必须具有某种十分独特的东西才能具有震撼力，如同阿布格莱布的照片，但这些照片是由业余摄影师拍摄的，因此，构图能力的好坏并非总能决定照片的一切，必须是超越这种能力的某种东西才能给人留下深刻印象。

江融：刚才我问过，有人认为冷战之后，现代报道摄影已死亡，你是否同意这种说法？当然，"9·11"事件发生之后，人们又说报道摄影死灰复燃。

普雷基：这种论断对于辩论有用，但历史证明它们没有太多意义。需要有更长的时间才能证明这些论断。的确，当今的摄影世界已经大不相同，摄影的总体水平和质量大大提高，从某种意义上来说，更难拍出意义更加深刻的照片。照片的好坏并非只是技术或相机的好坏决定的，世上只有一个萨尔加多（Sebastião Salgado），一个莱博维茨，一个伯耐特。尽管摄影师的数量剧增，影像到处泛滥，但上述这类人是极少数的。历史将表明，人们只会记得极少数摄影师，只有极少数的影像会留下。

江融：那么，你认为如何才能造就经典作品？是否影像必须完美动人？

普雷基：影像必须扣人心弦，这必须与影像的内容和情感有关。构图有时是重要的，但我认为，人的眼睛会对构图进行调试。卡帕拍摄的诺曼底登陆照片构图并不完美，技术也不令人满意，却不可思议地具有震撼力。或许因为人们经常谈论和展示这些照片，使得它们成为经典。然而，许多照片即使重复展示，人们也不会记住。很难分析为何某一个影像会留存下来。

江融：冷战之后，媒体似乎更多地转向报道娱乐而非人的生存状况，为何会发生这种情况？

普雷基：柏林墙倒塌之后，东西方之间的对峙不复存在。人们想要寻找新的平衡和新的

柏林墙被拆，1989年11月　亚历山德拉·阿瓦基安/摄（©Alexandra Avakian/ Contact）

世界秩序。事实上，世界发生了巨大变化，整个东欧和前苏联向西欧和世界其他地区开放，中国与俄国之间的关系也得到改善。

　　所有这些变化也伴随着技术和通信的巨变，而且，在全世界发生。很难说，为何会发生这种巨变。是技术发展促进和加快这些变化？还是政治变革加快技术进步？历史学家可能会对该问题提供更明确的答案。

　　柏林墙倒塌之后，电视也变得更加开放。信息的流量大幅度增加，特别是娱乐信息，而且，一切都是现场直播。这极大地影响了印刷媒体，尤其是摄影。摄影师原来是最先进行报道，突然间，他们只能在电视之后进行报道，其作用似乎不过是在确认人们在电视上已看到的新闻。

　　江融：我想，另外一个因素是，20世纪80年代末，世界经济处于严重萧条中，许多公司大量裁员，使得小型图片社处境艰难。微软收购了贝特曼档案（Bettmann）、合众国际社（UPI）以及西格玛图片社（Sygma）

前苏联公园中镰刀与斧头的雕塑，1987年　迪利普·梅塔/摄（©Dilip Mehta/Contact）

等影像资料库，成立了科比斯；盖蒂兼并了Liaision和Allsport等好几家图片社。

　　普雷基：我认为，经济是次要的因素。地缘政治的变迁和技术的发展并行不悖，这才是转变媒体和每一种媒介在整个大环境中作用及重要性的真正原因。各种形式的电视，包括有线电视和卫星电视，以及高清晰度电视是当今传媒的主要力量，也是全世界大多数人的一般信息的主要来源，特别是影像信息。

电视占主导地位，不仅因为它是信息来源，而且因为它是娱乐来源，它也是广告和促销宣传的来源。

　　20世纪80年代末的经济情况是上述巨变的必然结果。所有产业都会发生兼并，例如汽车行业，兼并之后成本更低，更易于在全世界分销。微软公司将这种理念应用到建立大型图片社之中，盖蒂也采取相同的做法，使得整个影像行业的结构发生重大变化。

　　江融：在这种情况下，联系图片社是如

何应对的？

普雷基：影像行业与汽车行业不同，后者是生产新车销售，卖完旧车，再设计新车。影像的价值则在于其长期的价值，包括历史价值和文化价值。它们一旦出售，可以再转手，并可以重新包装，重新使用。而且，影像行业可能会产生我们今天尚不知道的新技术，可能会以许多不同的方式使用影像。

关键的问题是，较小的图片社如何生存和运作来保护影像。大部分图片社只关心"今天"和"明天"，很少想到"昨天"他们所做的事情同样重要，需要妥善保护。我认为，玛格南和联系图片社在这方面做得比其他图片社都好。

江融：有人认为，盖蒂和科比斯等大型图片社还摧毁了自由职业人员从事报道摄影的机会。由于这些图片社的存在，许多自由职业的报道摄影师越来越难获得到世界各地拍摄的任务。

普雷基：我不认为是大型图片社摧毁了自由职业人员的报道摄影，它们只是促进了这种变化，而这种变化原本已经发生，20世纪70年代至90年代的报道摄影方式已经不适用当今社会。

江融：为什么？

普雷基：我在前面说过，电视、因特网和报纸凭借速度更快和全球分销的技术方式，在竞争方面超过了杂志。正是速度和全球分销的原因才产生盖蒂和科比斯。

即使在联系图片社与新闻机构密切合作之时，我们都没有特别在乎速度。我们使用冲洗时间更长的Kodachrome胶卷，而非更快的Ecktachrome。所以，盖蒂和科比斯对我们的影响不像对整个行业的影响那么大。影像行业本身需要改革。

江融：应当怎么改？

普雷基：对于联系图片社来说，需要考虑在这种大环境之下如何应对这种挑战。一些摄影师已经对该问题做出回答。萨尔加多便是一个很好的范例。他致力于各种项目，花大量时间深入研究这些项目，并确定自己的速度，而非让新闻机构或盖蒂来决定。你必须要有坚强的意志和认真的构思，必须了解你正在做的事情。但只有很少一部分人能够做到。

江融：除了电视之外，因特网正在产生重大影响。今后，人们可能不再读报纸，而是从因特网上阅读。

普雷基：有可能发生该情况。但因特网不会完全将报纸消灭。古典音乐仍然存在。电吉他出现时，并没有破坏传统吉他的未来。因此，我对未来并不感到悲观。

但我们必须保护已积累的资料。联系图片社在过去30年已积累了十分宝贵的历史和文化资料，其中包括一些世界上最优秀的摄影师20世纪60年代至80年代的作品。

江融：这是否便是将在2006年平遥国际摄影节上展出的联系图片社30周年纪念展中，你要采用原始接触印片（contact sheet）作为展示形式的原因？

普雷基：那些在冷战之后出生的人不了解近代史，包括二战、越战、美国民权运动，甚至"文革"。世界大部分地区的教育

卢旺达胡图族人对图西族人施行大屠杀后留下的痕迹，1994年　安妮·莱博维茨/摄（©Annie Leibovitz/ Contact）

是面向未来，因此，20岁以下的人活在当下，规划着未来，却不了解历史。然而，历史是不容忘却的。展示接触印片是要向生在数码时代的人表明，摄影曾有过不同的工作方式，而且制作照片的技术和过程也曾经不同。

江融：这是否也是你要做中国摄影家李振盛"文革"照片项目的原因？

普雷基：对于我来说，"文革"之所以重要，不仅是出于对中国的考虑，也是出于对全世界的考虑。有许多具体原因可以解释为何发生这场革命，其中的主要因素在中国，但也有许多世界其他方面的因素。在美国，60年代曾发生过民权运动。同一时期，在欧洲的法国、意大利和德国等地，也曾发生过学生运动。因此，"文革"具有全球范围的重要意义。

我认为，邓小平的"现代化"做法是对"文革"的拨乱反正，这场现代化运动所释放的能量巨大无比。"文革"对中国社会和整个世界都产生了严重影响。所以，我对做该项目感兴趣。

李振盛的作品是迄今为止我所知道的关于这场革命唯一较为完整的作品，它让我们能够较全面地了解"文革"当时的情况。尽管有所不同，哈尔滨和黑龙江省当时所发生的情况与中国其他地方的情况基本类似，因此，他的照片不仅对学者和历史学家来说，

美国"9·11"事件之后世贸中心的服装店，2001年9月13日　肖恩·赫默勒/摄（©Sean Hemmerle/ Contact）

而且对所有人来说，都十分宝贵。有朝一日，中国和世界其他国家的人会想了解"文革"的历史。

　　江融：我想回到关于因特网作用的问题。随着因特网的出现，摄影师现在可以立即将照片传送出去，比如在刚结束的世界杯上，比赛尚未结束，相关的照片已经出现在因特网上，摄影师也因此需要自己进行编辑，你认为这会削弱图片编辑的作用吗？

　　普雷基：我认为，图片编辑的作用将比以往任何时候更加重要，因为有如此之多的影像，而且鱼目混珠。今天，大部分的影像以数码的形式储存在电脑中，编辑图片的过程变得更加复杂。图片编辑的工作速度可能因现有的技术而变得更快，他们更像艺术史学家或策展人，需要更多的知识。

江融：中国改革开放之后，1988年，你在北京首先向中国摄影界介绍了世界新闻报道摄影。你如何评估从那以后中国新闻摄影的发展情况？

普雷基：如今在中国，已经出现新闻摄影师和纪实摄影师，也出现了自由职业摄影师。大部分摄影师是为报纸或新闻机构服务，属于报刊杂志应用摄影的传统。他们能拍出质量相当高的图片，并作为文章的插图。

我不认为中国的编辑目前能有像西欧或美国编辑所具有的灵活性，因此，有些问题无法得到讨论。由于因特网的存在，许多摄影师虽然从未出国，但几乎知道世界上发生的所有事情，这对他们模仿或仿效有一定的帮助。

毫无疑问，1988年，我们举办的国际新闻摄影周产生了巨大影响。自那以后，中国摄影界与世界其他地方进行大量交流，对中国摄影师的创作产生许多促进作用。

江融：科林·雅格布森（Colin Jacobson）应邀到中国介绍图片编辑的问题，他认为，中国有许多好的摄影师，但他们的照片没有进行很好的编辑。你是否同意这种评估？

普雷基：在当今的世界里，中国在许多方面相当超前。中国的出版物大多采用数码排版，从技术上来说，十分尖端，但中国没有独立图片编辑的传统。我不认为图片编辑目前在中国能起到重要的作用，而且，即使有图片编辑，也并非总是从新闻或美学的角度加以考虑。总之，图片编辑的重要性被忽略。

但图片编辑是需要的，无论是展览，还是出书。需要有人与摄影师坐下来，整理他们的作品，并寻找作品所反映的主题，然后，将所选的照片串起来。这正是一位好的图片编辑应做的事情。

江融：你认为，中国摄影师是否应当走出国门，去报道西方摄影师报道的故事？

普雷基：绝对应当。有些人希望自己观察事物，对情况有所了解，并试图加以报道，他们会形成自己的视角和观点加以表达。他们希望拍出不一般的影像，提供一些东西，促使读者思考。这样做不是为了猎奇，而是要有独立见解，不轻易想当然，通过亲自调查，发现更多的情况，并用影像加以报道。这正是我们联系图片社在过去30年所做的事情。

江融：谢谢。

本访谈图片提供：联系图片社

©Contact Press Images

前后之间一刹那

——对话大卫·伯耐特

大卫·伯耐特（David Burnett）1946年出生于美国犹他州盐湖城，在母亲的鼓励下，他选择了摄影作为业余爱好，没有想到这一业余爱好竟成就了一位优秀的报道摄影家。1954年，高中毕业时，他深受罗伯特·卡帕《战争影像》（Images of War）和大卫·道格拉斯·邓肯《飘泊的洋基》（Yankee Nomad）著作的影响，立志要成为像邓肯一样的摄影家。

在大学，伯耐特主修政治学，同时为当地一家报纸拍照片，大学三年级便在《时代》杂志实习。大学毕业后，他如愿以偿地成为该杂志的摄影记者。1970年，他决定到越南采访，成为《生活》杂志最后一位签约报道越战的摄影师。在越南期间，他练就了一双洞察事物的锐眼。1972年，他从越南返美后，加入法国伽马图片社。1976年，伯耐特与原伽马图片社纽约分社社长罗伯特·普雷基共同成立了联系新闻图片社。

在从事新闻报道摄影的40年生涯中，伯耐特到过70多个国家，报道过世界各地发生的许多重大事件，并连连获奖。1973年，对智利军事政变的报道使他赢得了美国海外新闻记者俱乐部颁发的罗伯特·卡帕金奖；1979年，获得世界新闻摄影比赛年度最佳新闻照片奖；1984年，获得美国海外新闻记者俱乐部颁发的欧利维尔·罗博奖；1986年，获得美国杂志摄影家

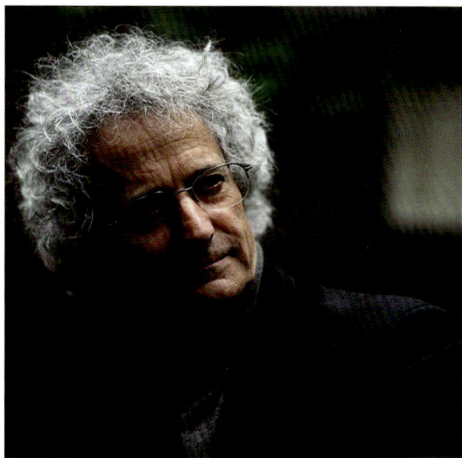

江融摄

David Burnett

协会颁发的菲利普·哈斯曼奖。2005年，伯耐特被《美国摄影》杂志评选为当今世界摄影界最有影响力的百人之一。

伯耐特之所以能成为如此优秀的报道摄影家，除了他对相机具有高超的控制技巧之外，更为重要的是，他是一位善于思考的摄影师。过人的观察力和对细节的高度重视，使他在世界无数摄影师中独树一帜。他不仅注重摄影的形式感，更注重摄影的新闻性和被摄者流露的情绪。

伯耐特说："摄影的乐趣之一，便是在大事件、大主题和大喧闹中，寻找到那些安静的小片刻、小角落或那些完全脱离当时状况的小场景，影像就在那里，等待你去发

越战期间，被燃烧弹烧伤的小女孩潘金淑，1972年　（左图：大卫·伯耐特/摄　右图：黄功吾/摄）

现。”这便是伯耐特的照片与众不同的关键，也是他成为联系图片社其他摄影师的楷模和世界报道摄影师中佼佼者的主要原因。

江融：你是继拉里·布罗斯之后《生活》杂志派往越南的最后一位签约摄影师，你为何决定去越南？

伯耐特：当时世界的情况与现在十分不同，新闻传播的速度没有现在这么快，也没有电视现场直播，你完全无法像现在这样可以看到世界各地的直播消息。当时，杂志仍然是人们的新闻来源，非常有影响力，或许与电视一样有影响力，而越南仍然是世界关注的主要焦点，许多摄影师都想去越南，尤其是年轻的记者。正如现在，如果你是摄影师，又才22岁，你一定想到伊拉克或阿富汗进行报道。

从某种意义上来说，伊拉克或阿富汗要比越南危险得多。在越南有一条安全的界线，你知道哪里比较安全。我们当时可以在西贡或其他大城市到处行走而没有真正的安全问题。如今在巴格达，任何地方都会有安全问题。

江融：你当时是否想到，去了越南有可能回不来？

伯耐特：我没有经过大量的训练，必须边干边学。最初我只打算去一两个月，结果我呆了两年。对我来说，那段时间十分重要。我成为摄影师菲利普·琼斯·格里菲思的好友，他对我的摄影世界观有重要的影响。他以非常严肃的态度对待摄影，并十分愿意告诉我他的想法。他说：“你不用担心是否能找到报道的故事，带上50卷胶卷，到岘港去，拍完这50卷再回来。”对我来说，这让我开始了解到作为“摄影师”应当如何独立工作，如何决定你想要的工作方式。你需要掌控你要做的事情，而非只是报道编辑或其他人想要的故事。

江融：你是否也试图尽可能接近战场？正如罗伯特·卡帕所说：“如果你的照片拍得不够好，那是因为你离得不够近。”

伯耐特：坦率地说，我不认为这是很好的

柬埔寨难民，泰国难民营，1979年

工作方式。我不同意卡帕的这种看法。当然，我能够理解那些摄影师在枪林弹雨下拍摄的艰难。我也拍过几张战争的好照片，为越战的整个摄影报道添砖加瓦。不过，我不认为自己是战地摄影师。

江融：有趣的是，去年，你在法国佩皮尼昂摄影节举办过一个摄影展，题为"过近！"，这是在质疑卡帕的说法吗？我看你的许多照片都是从较远的地方拍摄。

伯耐特：该展览的主要目的是试图表明摄影已发生的重大变化。当卡帕提出上述说法时，摄影师大多采用35毫米或50毫米的镜头，还有一些人用90毫米的镜头。他们当时没有400毫米或600毫米的镜头，因此必须在非常近的距离拍摄。

我认为，在过去20年里，照片变得十分相似，大家都用长焦镜头，他们都在寻找构图十分满的画面。他们已开始忘记不要太接近的好处，忘记了画面的周围应当留有一定的空间，而且需要让人知道被摄主体所在的场景。

江融：你在拍照时，总是不随大流，而且，常常站在大多数摄影师的对面。

伯耐特：有些摄影师不喜欢扎堆，他们喜欢远离其他摄影师。我享受与其他摄影师之间的友情，但拍照时，我喜欢寻找与众不同的角度。这很难做到，但很重要，而且需要时刻牢记。摄影师要有自己的眼光，并跟随这种眼光拍摄。

有时难以找到不同的方式拍照，尤其在大场合，更难以做到这一点，因为你没有其他通道，无法随便移动。但我认为，你需要始终记住：你的拍摄方式必须与众不同。

江融：我能看出，你始终想要做与众不同的事情，但并非为了不同而不同，而且，你总是想方设法地重新塑造自己，甚至在使用相机方面。例如，你正在使用Speed Graphic老相机，这种相机能将观众的注意力集中在被摄主体的细节上。

伯耐特：我并非总是同时采用不同的方式拍照。在过去几年里，我一直采用Speed Graphic大画幅相机。对我来说，这十分令我激动，因为当你采用同一种方式拍照多年之后，

在越战中几乎被北越军队和美军炸平的安禄镇，1972年

总是希望能以全新的方式观看事物。

一方面，我使用Canon 5D最新的数码相机，以及Panasonic LX1小相机；另一方面，我使用Speed Graphic老相机，该相机很慢，而且较难使用，它没有现代相机的所有方便之处。因此，需要重新学习摄影，重新发现摄影。

我不认为，其他摄影师需要这么做。相反地，人们需要寻找适合自己的方向。对我来说，试图重新发现摄影的这些基本方式，并经历随之而来的冒险，是十分神奇的享受。

江融：你也使用Holga相机，这是十分简易的塑料相机，但有时十分有效。

伯耐特：的确十分有效。各种相机有时会调动不同的脑部部位，它使得我们可以用不同的方式观看世界，并用不同的方式表达自我。

江融：总而言之，你是要避免大部分摄影师因使用相同的相机和镜头而在其照片中出现的雷同现象。

伯耐特：的确，摄影师在如何拍摄方面出现了某种雷同现象。目前，新闻摄影行业基本上都使用数码相机，而且，可能都使用相同的几只变焦镜头。大家的情况大致如此，并不是说这种情况不好，但对我来说，我开始感觉到有些雷同。

类似的情况也出现在传统相机上，不到十年前，大家都使用佳能或尼康自动对焦相机和几只相同的镜头。人们以"不同"的方式使用相机，但他们的工具有些"相同"。

这促使我试着使用120相机和大画幅相机。一方面，观看的方式不同，另一方面，可能更重要的是，它迫使摄影师真正思考你想要如何拍摄，以及你通过相机能看到什么。

江融：在1988年北京国际新闻摄影周期间，你曾说过，"成功的照片往往不只是在你的眼前，而是来自眼睛的背后。"你被视为世界上最善于思考的摄影师之一。我认为，你不仅仅是在拍照，而且是在不断地思考如何拍照。

伯耐特：每一位好的摄影师总是在思考：我如何能拍得更好？如何能够将无数摄影师已拍过的题材拍得更加有趣？无论是在杂志、书籍或画廊中，如何能吸引观众的注意力？如何才能使观众停下来仔细看你的照片？我们的观众始终如此，他们只是在浏览。如果你能让一位观众停下来，观看几秒钟，你便成功了。对于成千上万的观众，你最多只能如此期待。

在我的一生中，发生过几次这种有趣的情况。30年前，当阿根廷前总统胡安·佩隆去世时，我拍了一张其他人都没有拍到的

照片，这是一张佩隆灵柩的照片，但不是从地面上拍摄，而是从空中往下拍到的。《时代》周刊以整版刊登此照。阿根廷许多报亭都将该杂志翻到此页，并将其夹在报亭上；我站在报亭旁，观察人们对这张照片的反应。过一会儿，便有人拿下该杂志，仔细观看。我很想上前告诉他们，这是我拍的，但我没有这么做。

江融：我想再回到有关历史的问题。你从越南返回后，曾在伽马图片社工作过两年，之后，决定与罗伯特·普雷基共同创办联系新闻图片社，你们为何要建立该图片社？

伯耐特：伽马图片社曾经是一个很好的小型图片社，如同所有小型图片社一样，它有一些问题，有些事情的处理方式不如人意。过了一段时间，我们感到，如果会犯错误，为何不让我们自己来犯？毫无疑问，在过去的30年里，我们犯下无数的错误。如果是你自己的错，而且，是你自己做出的所有那些决定，那么，较令人宽慰的是，你可以回首往事，并对自己说，"我们做过了。"无论好坏，是我们自己的决定。

江融：你们成立联系图片社的目标是什么？你是否认为，与普雷基以及联系图片社的其他摄影师一道，你们已实现该目标？

伯耐特：现在的图片市场与1976年成立联系图片社时的情况大不相同。现在市面上有更多的摄影师，图片出售的渠道可能也更多一些，但这些渠道的资源比以往要少得多，至少几家大的渠道是如此。20或25年前，有人会

尼日尔阿加德兹旱灾，1974年

打电话给你说，"请打点你的行李，并为我们工作两星期。"然后，你便上路。现在，哪怕是一两天的拍摄任务，他们都要考虑是否值得花这笔钱。原来我们合作的杂志曾经拥有的资源，现在大多用到其他地方，如电视、因特网以及其他新技术、新媒体。

我们已看到许多变化，其中之一是，如同其他图片社一样，我们需要考虑如何在一个变化多端和活力十足的市场中生存。从我们图片档案的历史和艺术价值来说，我们拥有巨大的资源，并代理一批十分优秀的摄影师。

今年，我们终于能将档案中的主要部分放到网上资料库。以往出售照片的对象往往是我们认识的客户，现在需要挖掘影像世界中我们不认识的客户，或者有些刚开始对我们不了解的客户。这是一项艰巨的任务。然而，当我们不断建立和完善这个系统之后，会发现一些真正的好处。这种情况不会一蹴而就，但会使我

戴安娜王妃与查尔斯王子的婚礼，1981年7月29日

们有机会进入新市场。

江融：你是联系图片社中第一个使用Kodachrome 64反转片的摄影师，后来，使用该反转片成为联系图片社的标志。你为何要使用这种胶卷？

伯耐特：当时，该胶卷比其他任何胶卷的画质都要好得多，色彩更加丰富细腻。我曾在纽约用它拍了一张从伊朗返回的美国人质的照片。如果你看原片，它的色彩非常好，而且细腻。我相信，如果当时用Fujichrome或者

Ecktachrome胶卷拍摄，无法达到相同的效果。

不幸的是，柯达已停止生产任何Kodachrome胶卷，现在也很难冲洗该胶卷，这是十分悲哀的，因为该胶卷具有如此丰富的色彩。

江融：我想谈论在越南发生的一件事情，这是关于黄功吾拍摄的那张被燃烧弹烧伤的女孩照片，当时，你也在场。我听说，当天，你花了一天的时间在那里拍摄整个事件的过程，但是，当这个女孩跑来时，黄功吾拍到了那张

前苏联总书记戈尔巴乔夫与美国总统里根在日内瓦的首次会面，1985年11月

照片，而你当时正在换胶卷，之后，你转过身来，拍摄了几张这个女孩从身边跑过的镜头；因此，你没有拍到那张著名的照片。

伯耐特：我的确没有抓到那个瞬间。我当时正在换老徕卡相机的胶卷，这种相机需要手动换卷。我还有另外一台相机，当时，我一边忙于拍摄头上飞过来的飞机，一边换卷。当村民从一座塔里跑出来时，黄功吾立即意识到正在发生的情况，他开始与其他两三个人一道沿路跑下来，我在二三十秒之后才意识到该情况，整个过程在五分钟左右便结束了。事后，黄功吾送那名女孩到医院，确保她得到良好的护理。

瞬间只存在于前后之间一刹那。当黄功吾拍摄这些向他跑来的孩子时，便是这种瞬间。如果你看当时拍摄的纪录片，你几乎看不到这张照片。这正是静态照片的伟大之处。静态照片的确能捕捉到一些人的肉眼或电视及电影镜头未能捕捉到的细微东西。

江融：据说，当时黄功吾是为美联社工

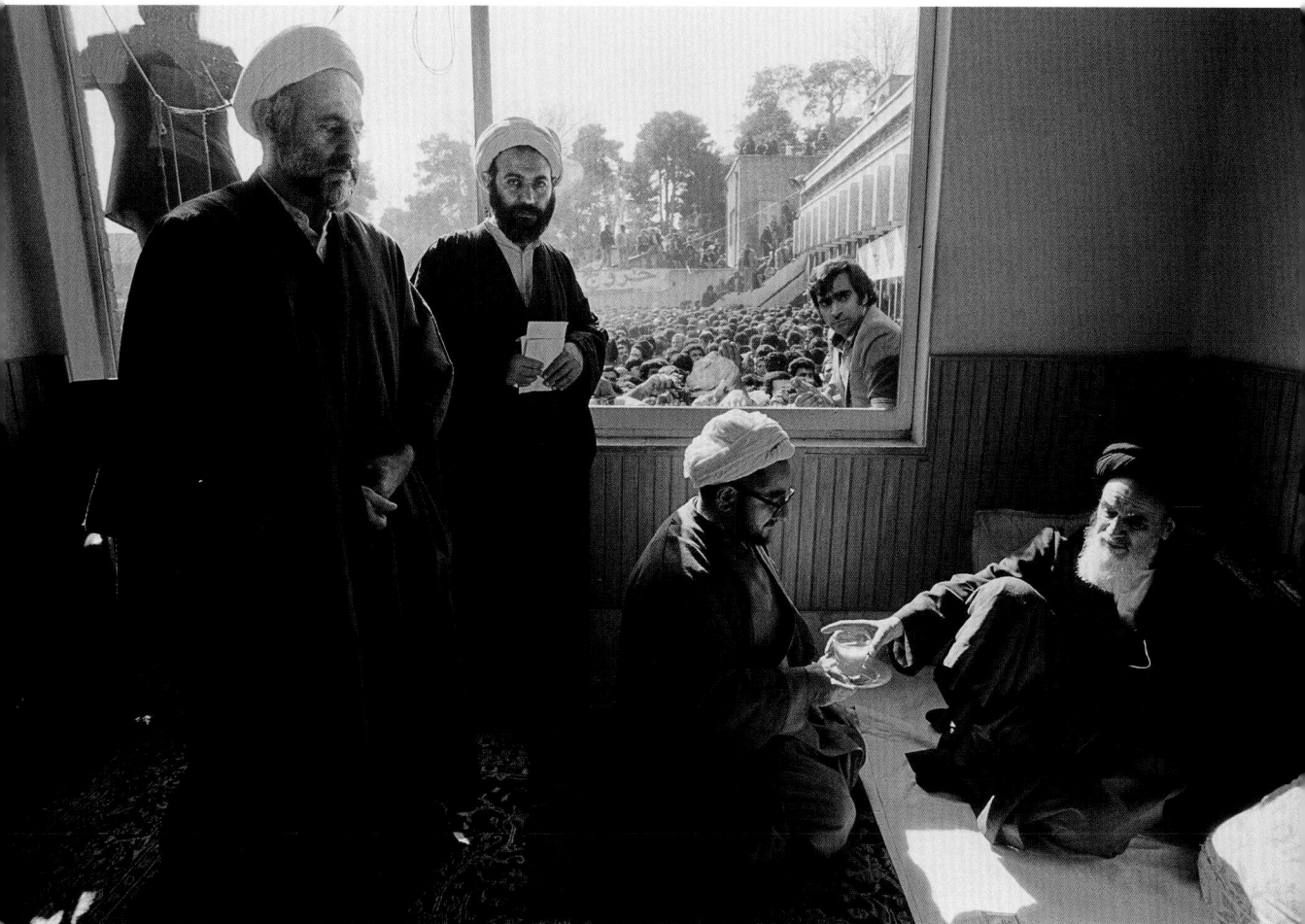

霍梅尼刚结束流亡回到伊朗，1979年2月

作，如同大部分通讯社记者一样，他所受的训练是拍摄到一张好照片，发表在报纸上。

伯耐特：的确如此，他是要拍一张好照片就够了。当黄功吾从暗房中第一次拿着这张照片出来时，我正好也在场。十分有趣的是，刚开始看这张照片时，不觉得特殊，似乎只是一张由优秀摄影师拍摄到的好照片而已。美联社分社摄影部的工作人员仔细研究该照片，决定是否可以发表，因为那个女孩没穿衣服，发表这样的照片违反美联社的政策。但是，摄

影部主任赫斯特·法斯（Horst Faas）看了之后，十分兴奋，他拍着黄功吾的肩膀说，"今天你干得很出色。"

没有人想到，这张照片会成为越战最著名的照片之一。第二天，世界各大报纸均刊登这张照片，因此，你可以看到摄影的力量有多大。当世界上阅读报纸的人都看到该照片时，它便触及到许多人，而且大家反应强烈。

江融：回过头来看，你是否认为，运气对一位摄影师能否获得成功至关重要？

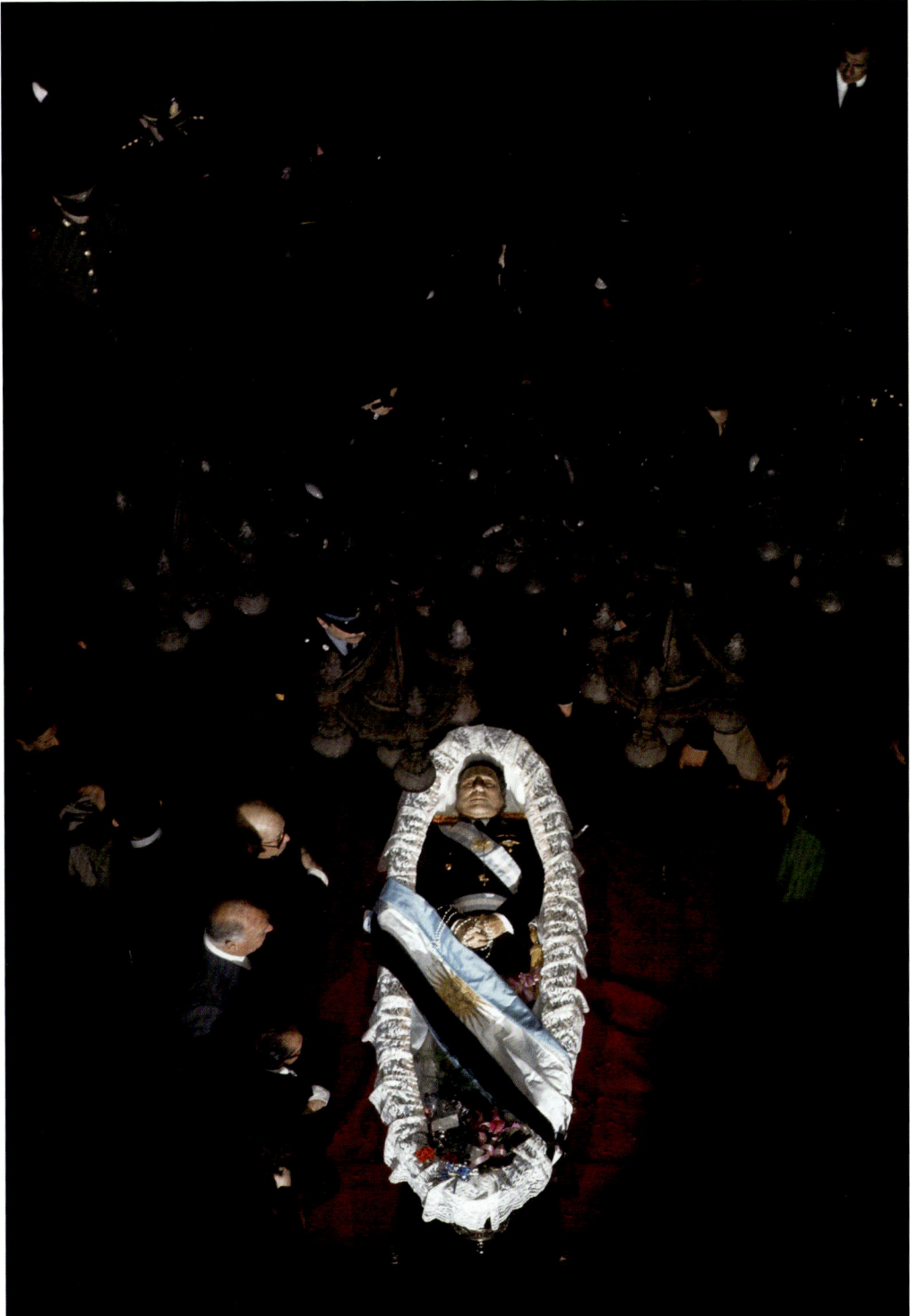

阿根廷前总统胡安·佩隆的葬礼，1974年7月

伯耐特：从某种意义上来说，的确如此。你无法预知会发生什么情况。我们的生活充满了某种巧合，无论在摄影方面，还是在任何其他方面。我们无法完全掌控命运。如果你认为这便是运气，那就算是运气。

然而，通过刻苦努力，持之以恒，不轻易放弃，始终要求自己比其他人更多地环顾四周，看得更远，人们也能自我创造运气。从某种程度上来说，运气靠你自己来创造。

江融：另外，判断一位摄影师是否优秀，需要看他的整体作品。

伯耐特：我认识一位法国摄影师，名叫亨利·布罗（Henri Bureau），他是伽马图片社的创始成员之一。我认为，他是一位杰出的报道摄影师，但他看上去像一位美式足球运动员，他不是学者型的摄影师，他是凭手指尖的感觉拍照，而不会写一本关于如何能够成为出色报道摄影师的专著。他曾采访过世界许多大事件，其中包括"1974年葡萄牙政变"和"土耳其大地震"。

我的一位朋友却认为，亨利是一位"运气很好"的摄影师，而非"真正很好"的摄影师。我对这位朋友说，亨利不可能到处都运气好，除了运气好之外，还应当有其他因素。

江融：你曾到过七十多个国家采访，而且，去过许多冲突地区。现在你似乎不经常去采访冲突地区。

伯耐特：我与女儿达成了某种协议。当我成为父亲之后，我变成了另外一种摄影师。两年多前，当伊拉克战争爆发时，我女儿16岁，她对我说："爸爸，这是我们之间的约定，你不能去伊拉克。"可以说，伊拉克战争更多是属于年轻一代的摄影师。

我认为，过去十年我选择做的事情是有趣的，我以不同的方式解释了世界的另一面。我不认为，若要成为优秀的摄影师，唯一能做的是成为战地摄影师。

江融：你也花很多时间拍摄体育题材。我一直在想你为何要拍该题材？是因为你要训练自己捕捉瞬间的反应，还是你要变换不同于战争严酷现实的题材？

伯耐特：体育摄影有其本身的挑战和美学。我并非专职体育摄影师，而且，我没有每周都拍。实际上，若要成为优秀的体育摄影师，就应当经常实践，才能了解事物的规律，知道如何预测和判断。体育摄影迫使你寻找新的观察方法。事实上，对我来说，这便是摄影的奥秘所在。如何以新的方式观察？从熟视无睹的事物中发现新的东西？能否拍出一张以新的方式观看该事物的照片？

江融：你曾说过，你在体育摄影中试图捕捉体育项目的最佳瞬间。你拍摄的许多运动员的照片，都是他们刚起跑或刚起跳的瞬间。

伯耐特：总的来说，我拍的体育照片并不关注被摄者的身份，大部分情况下，我不是在拍获胜的运动员，而是在拍视觉上可能更加有诗意的运动员。

作为体育报纸或杂志的摄影师，你需要拍摄获胜者或第二名运动员的照片，或者拍摄重大的体育新闻，如某个运动员摔倒的照片。对于我来说，大部分情况下，我更多是在寻找反映情绪的照片，而非有关成败的照

柏林墙开放前几小时，德国，1989年11月

片。对我来说，体育摄影更多的是激情狂想曲，而非只是报道谁是获胜者。

江融：那么，你如何看待卡蒂埃—布勒松的"决定性瞬间"？

伯耐特：我认为，黄功吾拍摄的被燃烧弹烧伤的女孩照片便是这种瞬间的良好范例。某个瞬间的所有因素必须都齐全，才能造就一张杰作。你可能处在一个非凡的事件中，却拍了一张很糟糕的照片。然而，你可能处在一个平

凡的瞬间，如在公园中散步，各种因素却造就了一张完美的照片。

我常常告诉年轻的摄影师，相机不是最重要，你的眼力和脑子才是最重要。你可以将最差的相机给最棒的摄影师，他们照样能拍出好照片，相反地，你可以将世界上最好的相机给蹩脚的和不用心的摄影师，他们可能拍出影像锐利和技术良好的照片，但他们并不是在摄影。所有的一切都归结到你是否动脑和用心在

北京奥运会上韩国队与荷兰队女子曲棍球比赛，2008年

拍摄。

江融：你能否谈一下拍摄1984年奥运会期间美国长跑运动员玛丽·德科尔（Mary Decker）与南非运动员左拉·巴德（Sola Budd）碰撞摔倒的照片情况？当你拍摄到那张后来获奖的照片时，你是否已在跟拍德科尔？

伯耐特：我拍了两组照片。她跑过我的身边时，我拍了一组，大约有六张照片。之后，我看到她摔倒，我用85毫米的镜头拍了一张大场面的照片，然后，我拿起400毫米的镜头，又拍了八九张。后来，大家从四面八方跑来，站在我与她之间，我唯一能看到的是她的一双脚，这个瞬间便消失了，整个事件在15至20秒之间便结束了。

我不知道夏季奥运会是否还会发生类似的情况，现在有这么多的报道，有这么多的相机，包括沿跑道转动的相机和空中俯拍的相机。可以说，有数百台相机在拍摄报道奥运

美国运动员玛丽·德科尔在洛杉矶奥运会决赛中被撞倒，1984年

会，而且，观众中还有许多相机。

1984年奥运会期间，也有许多摄影记者进行报道，但绝不像现在这么多。再加上现在有许多期望过高的故事需要报道，实在难以找到任何可以维持一天以上的重大消息。赛前总是有许多预测和炒作。在这方面，电视很糟糕，总是在大做文章，杂志在某种程度上也一样。

当今的世界如此不同，令人怀疑的是，20年之后，奥运会的某张照片是否还能如此出

名，以至于仍然留存在人们的记忆中。试想雅典奥运会、悉尼奥运会或亚特兰大奥运会，我想不出任何具体的照片。

1984年的洛杉矶奥运会有许多杰出的照片，但发生在玛丽·德科尔身上的事件是一件意想不到的大事件，这便是新闻。不该发生的事便是新闻。或许这是我拍过的最佳新闻照片。

江融：你也花大量时间，尤其在过去十

伏明霞在西班牙巴塞罗那奥运会10米跳台跳水中夺金，1992年

年，在首都华盛顿拍摄美国总统或跟随总统候选人到处拍摄。拍摄总统选举与拍摄战争或体育有何不同？

伯耐特：竞选与奥运会相似，因为它是一个受到控制的大事件，有许多规矩。有许多事情你无法做，有许多地方你不能去，有许多人你无法随心所欲地交谈，但在这些限制的范围内，你仍然能够拍出有趣的照片。

有时，我们这些摄影记者会想，我们是否有共谋之嫌，因为我们似乎遵守了这些规则。不过，如果你的照片没有摆拍的内容，而且，没有愚弄你的读者，那么，还算公正。

有时，在照片的文字说明里解释所拍摄的情况是十分重要的，不然你很容易给观众错误的印象。例如，某位摄影师在一次集会结束之后拍摄到一张照片，并将其发表，该照片会给公众一种没有多少人参加集会的感觉，而事实上可能有上千人参加了该集会。在政治中，人

自行车场地赛，美国科罗拉多泉水城，1995年

们对于每一个细枝末节都很在乎。

我们的使命不是要遵守这些规则，而是要以我们认为正确的方式报道。我总是在寻找一些意料之外的情况，无论是在政治或体育方面。对于体育来说，有可能在高中的赛事中拍到好照片。至于政治，我始终要超越政客想要加给我们的东西。

在竞选过程中，政客假装要给我们一些东西，我们也假装在报道新闻，因此，双方都带有某种程度的共谋，结果出现的并非总是一开始所期待的东西。对于我们摄影师和记者来说，不断寻找令人意想不到的东西才是我们工作的关键所在。

江融：作为报道摄影师，你是否有任何不满？

伯耐特：我们总是认为，我们拍摄的照片能改变世界。事实上，人们照样我行我素，没有因为我们的照片而改变。但是我认为，即使

二战诺曼底登陆日50周年庆祝活动，1994年6月5日

无法改变人们对世界的看法，我们仍然需要拍摄这些照片。这不仅是为了我们的今天，也是为了未来。

当我观看50年或100年前拍摄的照片时，我总是视其为珍宝，它们是前人留给我们的礼物。我们也应当留给后代相同的礼物。

江融：在中国有一种说法，"五十而知天命，六十而耳顺"。你即将60岁，当你回顾40年的报道摄影生涯，是否有任何遗憾？

伯耐特：我们大家都希望，如果有些事情处理得更好就好了。总的来说，我感到十分幸运，不仅能够一直拍摄我感兴趣的项目和故事，而且有家庭生活和优秀的女儿。我知道，在我们这一行，很少有人能够两全其美，这个行业很难保住家庭。以前，我经常出差，现在我的女儿上大学，我才开始体会到，当时我不在时，我太太和女儿的处境。

江融：许多报道摄影师在过去十分活跃，

美国民主党总统候选人奥巴马在飞机上接受采访，2008年

但现在似乎都已消失，而你仍然十分活跃。你是否考虑有朝一日退休？

　　伯耐特：我没有打算停止。即使我明天赢了彩票，我仍然想要做摄影师。我可能会有所改变，但我会继续做我正在做的事情，因为我热爱摄影。

　　江融：谢谢。

本访谈图片提供：大卫·伯耐特

©David Burnett/ Contact

拍战争容易，拍和平更难
——对话唐·麦卡林

1935年，唐·麦卡林（Don McCullin）出生在英国伦敦北部一个十分贫寒的家庭。小时候，因有天赋而获得奖学金去学绘画。14岁时，父亲去世，麦卡林被迫辍学，到列车上当餐车服务员。19岁加入皇家空军，因未能通过担任摄影师的考试，他只好作为摄影助理被派到非洲进行航拍，从此对摄影感兴趣，并花30英镑买了一架禄莱相机。退役后，因生活窘困，他以5英镑将相机送到当铺典押，其母知道后，用家里值钱的东西将相机赎回，才改变了麦卡林的一生。

1959年，麦卡林拍摄的黑帮团伙照片在《观察家报》上发表后，他开始了摄影师生涯。1964年，该报第一次派他到国外报道，拍摄塞浦路斯战争，他因此获得当年世界新闻摄影大奖。在此后的20年里，世界上的主要战场——从中东、越南、比夫拉、北爱尔兰、柬埔寨、孟加拉国到贝鲁特——都有他的身影，"战地摄影"成为他的生活方式，以至于他无法适应和平的正常生活。尽管他在柬埔寨被弹片炸伤，但在康复后，又奔向战场，而且神使鬼差地活下来，直到在贝鲁特内战期间拍摄一名妇女而被她殴打才觉醒，从此停止战争摄影。

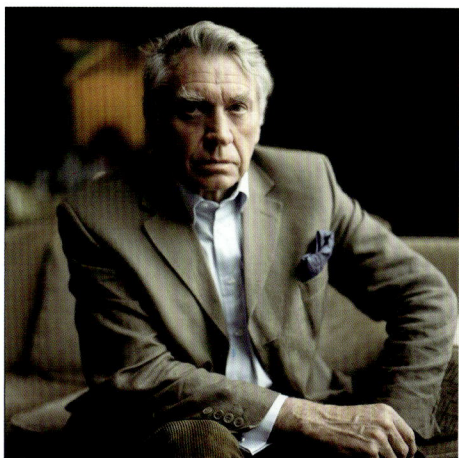

江融 摄

Don McCullin

拍摄战争使麦卡林感到十分内疚，他对拍摄因饥饿或战争而濒于死亡的人感到内疚，对没有能力救他们更感到内疚。停止拍摄战争之后，麦卡林将镜头转向英国家乡的风景；同时拍摄了印度和非洲的专集，并关怀非洲艾滋病的蔓延。他先后出版了十几本画册和著作，包括自传《不合理的行为》（Unreasonable Behaviour）。他拍摄的布满阴霾而又具有英国田园牧歌式的风景摄影作品，折射出他对战争与和平的复杂心理。

麦卡林甚至说，"拍战争容易，拍和平

左图 越战期间被炸弹震晕的美国士兵，1968年

美国陆战队士兵，越南，1968年

更难。"事实上，仅仅到达战场是不够的。麦卡林以他的勇气、坦诚、中立立场和审美眼光，感同身受地拍摄出士兵和平民在战争暴行中的痛苦与恐惧，反映出人类如何相互残杀的地狱般影像，捕捉到人类痛苦受难时的尊严和人性，并以影像呼唤人类的良知。他的这些近似西班牙画家戈雅（Francisco Goya）式的影像如此真实，以致在英国与阿根廷发生福克兰战争时，英国国防部禁止麦卡林前往拍摄。

美国已故著名摄影文化评论家苏珊·桑塔格（Susan Sontag）在评论麦卡林的摄影作品时指出："在这个报道摄影（有时被称作"关怀摄影"或"良知摄影"）的伟大传统中，无论在广度、直接性、亲密感和令人难忘程度方面，都无人能够超越唐·麦卡林创作出的令人回肠荡气的典范作品。"

尽管已经七十有余，麦卡林身体仍然硬朗，两眼炯炯有神，生活十分自律。他曾说过，自律才使得他没有疯狂。现在他决定将余生全部给予摄影和家人。在接受我的采访时，他一开始便强调，只能给我一个小时。采访过程中，麦卡林用近乎告白的方式，回顾了他的摄影生涯，有时甚至是带着哭腔在忏悔，表现出他的慈悲胸怀和人文精神。

我用55分钟采访之后，恳求他再给我10分钟拍摄他的肖像，他说，只能给5分钟。在我拍完他的肖像之后，他起身表示抱歉，并匆忙消失在黑暗的过道里。望着他的背影，我情不自禁地向他行了一个军礼，虽然他的身影已从战场中消失，但在我的眼里，麦卡林是一位永远的战士。

江融：你被视为最伟大的战地摄影家之一，而且，国际摄影中心刚颁发给你科内尔·卡帕奖（Cornell Capa Award），但你不喜欢被称作"战地摄影家"，为什么呢？

麦卡林："战地摄影家"的名称不好听，让人感觉我是一个疯狂的人，似乎我唯一能做的便是拍摄战争。你很难想象，我在摄影方面能做多少事，包括拍静物和风光。尽管我痛恨广告，但如果我愿意的话，我还可以拍广告。我还在暗房中制作照片。我是一名多面手，不喜欢被分类。我们为何需要各种头衔？为何不可以被直接称作"摄影家"？

江融：你曾说过，拍战争容易，拍和平更难。为何和平更难拍？是否因为和平比较抽象？

麦卡林：和平更加捉摸不定。正如你所说，和平更加抽象。和平是看不见的，而

战争是迎面而来。你无法在战场看到一人死亡而视若无睹。死人就在那里，让你感到恶心。

和平有许多隐藏的层面。在这些高级公寓石墙后面，住着许多富人，也许他们的情况不一样，但如果你到纽约哈林区，那里的许多穷人在受苦。无论在战争时期，还是和平时期，人们同样会受苦。

江融：你也说过，你不断在寻找黑暗。黑暗是你照片一个重要的形容词。

麦卡林：对我来说，黑暗是能量。当我在暗房中为照片增加能量，我将越来越多的黑暗注入到照片中。但我不认为这是黑暗，我认为这是力量。我要使我的照片强有力，我希望，你看我的照片时，它们会像拳头一样打到你的脸上。我希望，你会感到愤怒，你会想我们是否生活在文明社会里？我为何会看到这些可怕的照片？例如，在西方社会食品过剩的情况下，世界上居然有小孩饿死的照片！因此，我在暗房中制作照片，制作一些令人愤怒和绝望的照片。

江融：中国有一位诗人曾经写过这样一首诗，很简单，只有两行："黑夜给了我黑色的眼睛/我却用它寻找光明。"如你所知，尤金·史密斯（W. Eugene Smith）是比你更早一代的伟大战地摄影家，他拍过第二次世界大战，也拍过他的孩子，最著名的一幅作品称作"通往伊甸园之路"。你如何在黑暗与光明之间寻找平衡？

麦卡林：你可以找到遁世的办法。对我来说，我喜欢在乡间步行，从树上采浆果，

越战期间，美国随军教士抢救越南妇女，1968年

北越阵亡士兵及其被搜查的物品，1968年

这样我感到能从步行中得到奖赏。我采集浆果，拿回家洗干净放在冷冻柜中，等半年之后再吃。

江融：为什么要等半年？

麦卡林：因为已经过了旺季。听上去是否有些怪？像我这样的人不会有正常的思维，我总是与别人不同。

江融：你的一本画册名叫《黑暗之心》（Heart of Darkness），你为何借用约瑟夫·康拉德（Joseph Conrad）的小说名？

麦卡林：心是我们人体负责情绪的部分。我们相信灵魂与我们的心靠得很近，而非心中之心。因此，有时我们会说某人没有心。心就是灵魂。从某种意义上来说，我们的一切都在脑中，但我们先是从眼睛得到信息，然后再传到脑中，之后，直接反应出来。

当我上战场时，我的恐惧会表现出来。我克服恐惧的办法是，立即小便两次，而非一次。之后，我便能够表现出勇气。接近前线时，我听到枪炮声，便意识到离别人和自己的死亡更近了。很奇怪，我会告诉你这件事，我从未告诉过任何记者。

江融：那张被炸弹惊吓的美国陆战队士兵的照片是你的经典作品之一。但你说过，现在已不喜欢这张照片。正如你刚才讲的，刚上战场的士兵会害怕，这难道不是自然的吗？

麦卡林：害怕当然不是不自然，无论是士兵，还是街上的行人，恐惧始终伴随着我们。我应当更明确地说明不喜欢该照片的原

因。我的朋友埃迪·亚当斯拍了那张西贡街头将军开枪打死一名嫌犯的照片，最后，他痛恨这张照片，因为所有人从他丰富的作品集里只看到这张照片。

江融：你似乎在大部分情况下只拍黑白照片，我从未见过你的彩色照片。

麦卡林：在我的家中，有成千上万张彩色照片，但我不喜欢谈论它们，我对彩色照片既没有兴趣，也不喜欢。我是地道的黑白照片追随者。有许多摄影家喜欢彩色照片，让他们去拍彩色照片吧。恩斯特·哈斯（Ernest Haas）对彩色的诠释非常美，美国的杰伊·梅塞尔（Jay Maisel）也拍得很好。许多人更适合做我不想做的事，因此，对我来说，不算重大损失。

江融：你是否认为彩色照片不适合战争摄影？

麦卡林：现在我们所看到的伊拉克照片全是彩色照片，而我无须看到鲜血的壮观颜色，我也无须以彩色看人物的环境。对我来说，彩色与黑白没有太大区别。坦率地说，黑白照片是更加经久和有震撼力的影像。

江融：你也喜欢暗房工作，你曾说过，"信息不会从底片直接跑到相纸上，它需要通过我来传递。"

麦卡林：战场、风光或任何其他方面的原创作品构思都是一个不断思考的过程。你不能拿起相机乱拍一气。当我在制造底片时，我不是在制造香肠。我是在陈述其他人的绝望、贫穷和生命。一切都需要认真思考。

柏林查理公路检查站，1961年

之后，我将所拍到的影像放在摄影包里，从几千里之外带回英国。当我在暗房里冲胶卷时，担心曝光是否正确。然后，便是到了放照片的时候，我会在进暗房的前一天晚上，在床上思考我所看到和所拍到的

影像，并想到要确保放大的清晰和如何构图等问题。我会担忧如何增加天空的局部曝光量，又考虑如何对其他部分遮光。因此，暗房的挑战与战场的一样大。

江融：你将暗房比作子宫。你曾说过，

手持空罐头的9岁白化病人，比夫拉，1968年

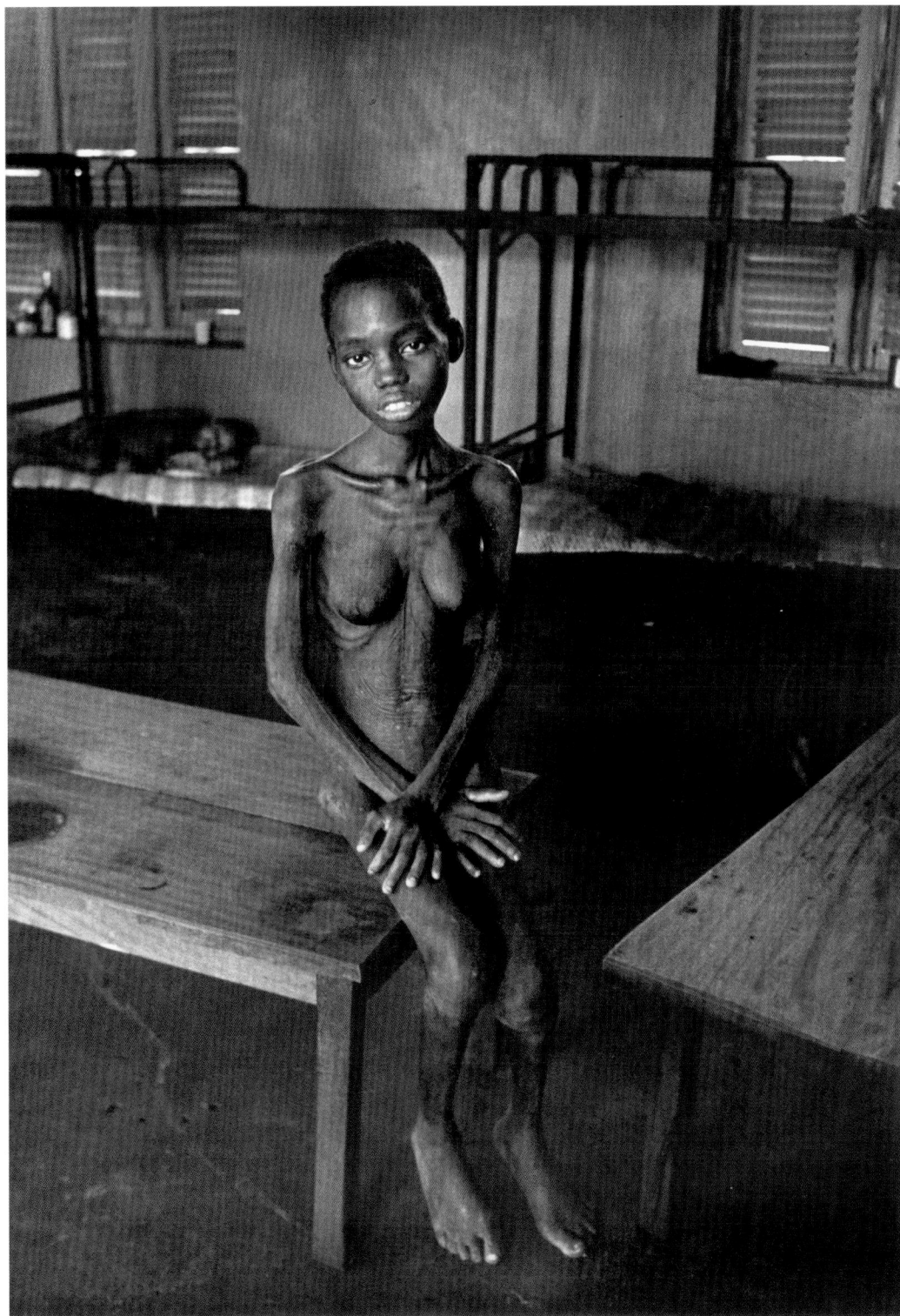

名叫"忍耐"的比夫拉16岁女孩，1968年

在暗房里不断地研究，不断地与自我对话。

麦卡林：我在暗房里有一面镜子，这样可以看到自己，我在暗房里并不孤独。

江融：你也曾说过，必须尊敬摄影，必须尽可能地尊敬胶卷。这是为什么？

麦卡林：因为它们是宝贵的。胶卷和相纸是神奇的科学发明。一些摄影家完成一项拍摄任务，需要拍80卷，你看加里·威诺格兰德（Garry Winogrand）便是如此。有的年轻摄影师使用马达拍摄，这是"超杀"（overkill）。

当你拍照时，就像采浆果，你要采最大的和最好的。不要急着将劣等的浆果装满袋子。慢慢地来。当你拍摄别人的痛苦时，你要有尊严地拍照。机枪需要大量战争的受害者，相机不需要。我完成重大的拍摄任务，也只需20卷胶卷。

江融：刚才你提到"尊严"二字，我认为，这个词也是你摄影的重要语汇之一。你说过，在面对被摄者时，你甚至注意拿相机的方式、自己的肢体语言和表情，以便向他们表明，你试图理解他们。你始终要表现尊严。

麦卡林：如果我发现尊严，我会保证尽力传达这种尊严。当你在拍摄战争状况时，要想到士兵首先是人，然后，他们才被训练杀人，他们还有杀人的手段。妇女和儿童才是政客愚蠢和野心的受害者。

江融：你在完成了第一本题为《毁灭性的行业》（Destruction Business)的画册之后，意识到你在早期的战争摄影中，主要拍摄士兵，你认为需要将焦点转移到平民身上。

麦卡林：如果当时没有意识到自己的拍摄方向是错误的话，今天我会是一个多么愚蠢的傻瓜！因此，当我去尼日利亚比夫拉时，看到了饥饿的儿童，我立即将注意力转向这些即将死去的儿童，优先拍摄这些影像。

江融：谈到比夫拉，我认为，你拍到了一些最有尊严的照片。例如，比夫拉母亲怀抱儿童的照片。另外，我想谈一下那位16岁、名叫"忍耐"的比夫拉女孩。我知道，你在拍她之前，让她用双手将下体遮上。

麦卡林：你知道，我来自非常贫穷的家庭，没有受过太多教育，也不聪明，但我有尊严。当这位可怜的女孩走进来时，她已经快要饿死，每走一步都给她造成痛苦。我立即坚持让她坐下休息。她当时没有穿任何衣服。我想，在她生命的最后时刻，如果我没有想办法让她摆脱裸体的窘境，任何人看了我拍她的照片之后，都会感到震惊。因此，我让医生告诉她能否将下体遮盖。

我通常不摆拍照片。但我承认，曾摆拍过两张照片，一张是这位女孩，另一张是死亡的北越士兵与他的照片。

江融：你如何摆拍后一张照片？

麦卡林：当时，一些美国士兵在这位北越士兵的尸体上搜查纪念品，他们将他身上的东西拿出来，扔到地上，之后大笑着扬长而去。我为他们的行为感到震惊。人们通常对阵亡的士兵表示尊敬。我认为，必须对此刻发生的事情加以陈述。

顺便说一下，在战争中，没有任何人是我的敌人。我只是路过的一个中立者。这位

印度阿拉哈巴德大壶节的清晨，1989年

十八九岁北越的勇敢士兵为了他自己的权益和他的国家自由而牺牲，美国士兵污辱了他的勇气和尊严。我恨他们。我看到地上有几张小女孩的照片，还有一张大人的照片，可能是这个女孩的母亲，便将它们摆放在这位北越士兵身旁，以确保我拍的这张照片会将它们保留下来。

江融：你是否会在被摄者不希望你拍照时，放弃拍摄某张照片？

麦卡林：我在贝鲁特做了一件事情，遭到一名妇女殴打。我通常很谨慎，很少会犯那天所犯的错误。你知道苍鹭是如何聪明地从高空飞下捉鱼的吗？我正是那样，我会等待。但是，那天，我在贝鲁特犯了一个错误，那名妇女看到我拍她的照片，之后，向我冲过来，大声吼叫，并用拳头打我。她要报复，因为我愚蠢地超越了界线，为此付出了代价。幸好其他人上来将她拖走。

江融：你曾说过，你不想偷拍照片，你不想从远距离拍摄照片。

麦卡林：我没有长焦镜头，最长的也只是105毫米的肖像镜头。

江融：你说你总是与被摄者有眼神的接触，试图要得到此人的允许。

麦卡林：当然，我想要得到被摄者的同意，想让他高兴，因为，我不是在偷拍，也不是在利用他。当我得到允许时，我甚至想要拥抱被摄者。

我不太懂镜头，也没有数学头脑，只知道如何拍照。实际上，摄影与照片本身无关，摄影与我本人有关，与被摄者有关，与被摄的环境有关。对我来说，摄影只是一个代名词，它是达到目的的手段。它无法决定我如何处理与被摄者的关系，我的脑子、我的眼睛和我的情绪才是重要的。对我来说，摄影是一个情感的过程。

江融：你是否也说过，现在的摄影师与被摄者之间的距离太近？你知道，罗伯特·卡帕曾说过："如果你的照片拍得不够好，那是因为你离得不够近。" 但是，大卫·伯耐特去年在佩皮尼昂摄影节做了一个摄影展，题为"过近！"。我想，伯耐特的意思是，摄影师也需要退后，才能反映出照片的背景情况。

麦卡林：我认为，在大部分情况下，我所保持的距离是正确的。你不能使受害者窒息。你需要讲述被摄者的故事。我始终保持正确的距离。

有时，你会将相机放下。我拍到了一位美国士兵受伤后靠在墙上，另外两名士兵在帮助他的照片。他看上去像受难的耶稣基督，两眼向上，处在痛苦中。拍完该照片，我放下相机，对他们说："把他交给我。"我将他放在背上，当年我31岁，非常强壮，我背着他跑了将近一百米，跑回指挥部的战壕，上校对我说："你干得很出色！"但我没有在乎他说的话。

对我来说，这是一种与他们分担危险的表示，也是表示对他们的尊敬。我拍摄这些受伤和死去的士兵，我想向他们表明，我与他们在一起。我没有枪，我在他们最苦难的时候拍摄他们，然而，如果需要，我也会帮助他们。但作为摄影师，在战场上，我不是救护人员，我需要拍照。

江融：我会回过头来讨论你照片中的宗教色彩。但我现在想要讨论你刚才提到的"中立"或者"独立"的问题。如果你跟随以色列部队或比夫拉部队拍摄，他们在保护你，那么，你认为自己仍然可以是一个"独立"的目击者吗？

麦卡林：如果你现在随军拍摄，他们会保护你。而在过去，士兵们不会保护你。你无法避免炸弹从四面八方朝你落下来。如果你坐在美军军车上，如同最近摄影家詹姆斯·纳切威（James Nachtwey）那样，你就会被保护。尽管如此，当时与纳切威在一起的《时代》周刊记者抓起落在车上的手榴弹并将它扔出时手被炸断，纳切威也受了伤。

离开烈士陵园的巴勒斯坦家庭，贝鲁特，1976年

从根本上来说，不可能有保护。我们只能自保。

江融：你为《观察家报》和《星期日泰晤士报》工作时，这两家报刊都有自己鲜明的观点，你是否尽量迎合它们的观点？

麦卡林：我不迎合任何观点，我在拍摄现场保持中立。我必须告诉你，大部分媒体工作者有左派的自由倾向，当然，也有少数的右派。事实上，我只属于自己，我做出自己的判断和决定。我不属于任何人。我拥有我自己。无论我选择做什么，我便会去做。

江融：那么，我认为，你必须忠实于自己，忠实于生活，忠实于被摄者。

麦卡林：一旦变得不诚实，你就必须寻找一个谎言来掩盖另一个谎言。不诚实是愚蠢的，是对自我的背叛。我可以昂首挺胸，为自己的成就感到骄傲，但我很少谈论我的成就。我有些虚荣，但对摄影，我不敢虚

英国达勒姆郡的清晨，1963年

荣。摄影待我不错，同时，我也有过一些糟糕的日子。如同我一样，摄影必须能够让你思考哲学问题才行。

江融：你的照片如何能够做到充满气氛？我知道你喜欢在天黑之前拍摄风景照片，或者等待特殊的光效。

麦卡林：对我来说，此刻这种阴霾的天空光效绝佳。我喜欢拍摄这种光效，会在镜头前加滤色镜，也可在暗房中做出这种效果，用高反差相纸放大，使得反差加大几

倍，增加戏剧效果，让你感到我的照片能拥抱你，仿佛你从一个隧道下来，直接进入我的世界。我要让你被我的影像吸引住，而不是看了我的照片，说完"不错"就调头看其他地方。

江融：我们刚才谈到你的照片有浓厚的宗教色彩，有时在你的照片中能看到《圣经》中所描述的光效。但是，你也曾说过，你是无神论者。

麦卡林：是的，我是充满矛盾的。第二

英国萨默塞特，1990年

次世界大战期间，我被送到乡下，他们让我参加早晚的祈祷，并送我到下午和星期日的教会学校去。因此，我从小便不喜欢宗教。但在遇到困难时，我也会寻找上帝。当子弹在我的头顶飞过时，想到随时会被打死，我也曾向上帝祈祷。这就是虚伪。

江融：那么，你的照片怎么会有宗教色彩？

麦卡林：我去过许多艺术博物馆，看过许多描绘战斗的宗教画，包括意大利画家的名画。我看到人在遇难时，例如，我在贝鲁特看到一名男子被子弹击中倒下之时，他说的最后一句话是，"真主！"。人们即将死亡之前，往往会朝天看。

我们的周围，有许多宗教偶像的形象，不知道你注意到了没有，我是注意到了。我拍到的那些从墓园出来的巴勒斯坦男子的照片，便是一张经典的宗教形象，另外，在印度大壶节的那名披着围巾的男子照片，以及卡蒂埃—布勒松那张著名的站在克什米尔的

英国萨默塞特的冬景，1987年

妇女照片，都让人感到重回远古。

江融：你也曾说过，我们大家内心深处都背负着十字架。你是否一辈子都有这种感觉？

麦卡林：我感到，长年以来，我一直背负着沉重的十字架，并被不断鞭挞。当我上小学时，便相信有个地方叫天堂，但我当时就想找到它，而非在60年或70年之后，我希望在两三岁时便进入天堂。

江融：你说过，现在你宣判自己要寻找和平，因为你曾说过，你所从事的摄影行业，始终让你感到很内疚。你是否认为，通过拍摄天堂般的风景摄影，你能从中得到救赎？

麦卡林：当然是的，我希望魔毯能出现，以便取消我的名声。越来越多的人在谈论我的风景摄影，这让我感到十分兴奋。我希望人们能开始享受我的照片。

你认为，我需要接受这个科内尔·卡帕奖吗？这个奖让我感到不舒服，因为他们说我拍摄了许多精彩的战争照片。我应当拒绝接受该奖。我得过许多奖，但我将奖品放在我家花园的工具架上，这样我就不必要看到它们。我真的不需要获奖，我希望人们通过看我的照片来奖励我。

江融：你即将71岁，你是否认为，自己已经拍到终身追求的那张照片？

麦卡林：我不会有到达的感觉。人们给予我这么多的嘉奖和掌声，我会对他们说声"谢谢"，然后便离开。这些都不会影响到我。我的摄影哲学是：如果有一天，我感到，在摄影方面我已经达到，那么，作为一个人，我已经失败了。人从来不应当到达，而是要不断地旅行。在摄影方面，我始终认为自己是一名学生。在暗房里，有时我仍然犯错误。在生命的旅程中不应当到达，不应当停止工作。人们喜欢谈论退休和退休金的问题，但你一旦退休，便要小心。

我从来不会到达，在摄影面前，我始终感到谦卑。

江融：非常感谢！

力争处在最前沿
——对话卡洛琳·科尔

2004年，一位女性在精英荟萃的美国新闻摄影界展示了自己的绝代风华。这一年，普利策新闻摄影奖、美国海外新闻记者俱乐部的罗伯特·卡帕金奖、美国国家新闻摄影记者协会的最佳报纸摄影记者奖，还有密苏里新闻学院的国际报纸摄影记者年度最佳照片奖，颁给了同一个人：《洛杉矶时报》资深新闻报道摄影记者卡洛琳·科尔（Carolyn Cole）。她成为第一位同一年获得美国四项新闻报道摄影奖首奖的摄影家。其实，早在2002年，科尔就已被授予罗伯特·卡帕金奖，以表彰她"以超人的勇气和胆识从国外所做的最佳摄影报道"，她也曾获得四项世界新闻摄影奖。

科尔让人印象至深的不仅是她所获得的奖项，而且是她的照片和她的身影。过去十几年，在世界各地几乎所有的热点地区，都能看到这位女摄影家冒着生命危险穿梭在事件的现场，并始终力争处在事件的最前沿。自1983年大学毕业，她从社区日报干起，现已成为当今世界上少有的几位专门报道冲突的女摄影家之一。

2002年，以色列在约旦河西岸围剿巴勒斯坦民兵，二百多名巴勒斯坦人躲到位于伯利恒的圣诞教堂寻求庇护。以色列军队用坦克包围了这个被认为是耶稣诞生地的教堂，教堂内十人被打死，多人受伤，该事件引起世界关注。科尔是冒险进入教堂的唯一摄影记者，在非常艰苦的条件下，用图片和文字

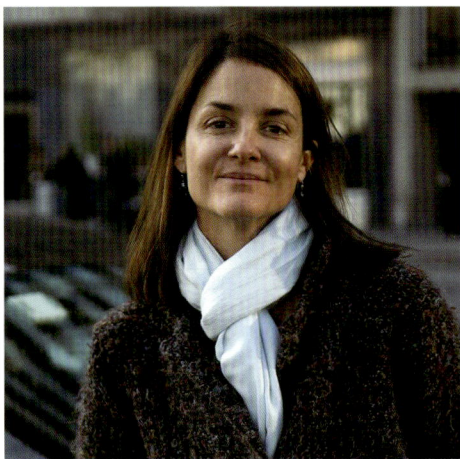

江融 摄

Carolyn Cole

出色地向世界发表了独家报道。

2003年，美军轰炸巴格达时，科尔是坚持留在伊拉克的几位美国记者之一，对美军的轰炸和伊拉克人民遭受的痛苦进行了深度报道。同年夏天，反叛分子包围了利比里亚首都蒙罗维亚，科尔又前往利比里亚，到交战最为激烈的地方拍摄，这组真实感人的照片，获得了2004年普利策奖，奖励"她从内部整体地观察了利比里亚内战的影响，并特别关注陷入冲突中的无辜平民"。

在获得如此众多的大奖之后，科尔并没有停止报道国际重大事件。2005年之后，她开始更多地开展具有深度的专题报道。她到非洲南部报道艾滋病孤儿的故事；到苏丹和乍得报道达尔富尔危机中妇女和女孩遭到强暴

被以色列军队包围在伯利恒圣诞教堂内的巴勒斯坦人，2002年

的专题；重返南美洲海地报道当地人民在多年政治冲突后的生活状况；并于美国发生卡特琳娜飓风灾难后，赶到现场报道这场空前巨大的自然灾害。2006年，科尔又奔赴黎巴嫩南部报道以色列军队与黎巴嫩真主党民兵的冲突。因此，2007年，她又第三次被美国国家新闻摄影记者协会授予最佳报纸摄影记者奖。

在采访报道中，科尔经历了许多艰难困苦。在巴格达遭到轰炸断电期间，她经常在烛光下工作；在车臣，她用烧水的茶壶洗澡；在伯利恒教堂，她与二百多名男子一道共用一个厕所；她学会吃各种可能不卫生的食品或吃得很少，但能保持很强的抵抗力和免疫力而不生病；有时为了不引人注意或尊重当地的习俗，她必须穿黑色大衣并围头巾，甚至需要染发。

科尔认为，驱使她克服各种困难的动力是："想要创造出能传达大部分人无法见到的真实状况的影像，并传达当事人的情绪。我不仅需要对被摄者负责，而且，要对可

能看到这些照片的人负责。一张照片可能是读者与几千英里以外正在挣扎者之间的唯一联系。"科尔所追求的摄影表现方式是"真实、直接和简单"，她认为，"最重要的是内容，然后，是情绪和瞬间。如果有时间，我才会注意用光和构图，但在新闻摄影中，最后一点是很难做到的。"事实上，科尔都做到了。

在2007年平遥国际摄影节上，我们看到科尔近年来所拍摄照片的回顾展。她的照片简洁明了，可以看出她是用广角镜头十分贴近被摄者拍摄，而且重点突出；她特别注重捕捉被摄者在突发事件和苦难挣扎中的各种情绪，聚焦于被摄者的眼睛，并且善于把握最佳瞬间；她的照片在用光和构图方面也是非常讲究的。然而，科尔十分谦虚，她认为，摄影使得她的生命变得有意义，摄影是她的声音，是她的表达方式，她很感激找到了这种方式，她说，"这种机会，是福赐。"

听得重型炮弹爆炸后，妇女到处躲藏，利比里亚，2003年

江融：作为已工作二十多年的新闻摄影师，你曾说过，需要不断前行，并需要处在最前沿。这话怎么说？

科尔：在许多情况下，所发生的事件变化迅速，你很容易落在后面，而且困在人群中，看不到实际发生的情况。为了摆脱这种困境，应当处在事件发生的最前沿。如果我落在人后，便无法看清是否即将发生冲突。因此，我总是试图站在抗议者、警戒线或在可能发生事件的前方，这样我才不会被挡住。

江融：从你在海地拍摄的一张照片可以看出，你是在示威者与警察之间拍摄到该照片的，当时一定十分火爆，你一定被夹在中间。即使对于一位男摄影师来说，也很难拍到该照片。我在想，作为一名女摄影师，你如何能做到？

科尔：对于任何人来说，想在暴乱的

一名儿童兵正捍卫利比里亚首都蒙罗维亚，2003年

场面中，拍到一张不模糊、未被挡住的干净画面都是不容易的。这对于男女摄影师来说都一样。在拍摄海地冲突时，场面的确十分火爆，我被挤到墙边，并被挤在警察身上。警察通常不希望摄影师在场。当时在场的人都有自己的打算。示威者想要进入投票站，警察试图将他们挡回去，我则被他们夹在中间。拍摄这种场面的确十分困难。

江融：那么，在新闻摄影方面，与男摄影师来比，作为女摄影师，利弊如何？

科尔：我从来不考虑作为女摄影师的利弊，这与我毫不相关，但有一点是肯定的：你必须充满毅力和决心。最重要的是要有决心，如果你决心要拍到一幅好照片，以表明当时的状况，那么，你的内心便充满了力量，有利于促使你到达需要处在的位置。这更多是要克服一种心态，即是否值得这么做？对我来说，这是值得的。

江融：你的确做到了这一点。2002年在位于巴勒斯坦伯利恒圣诞教堂发生的事件中，你是唯一进到教堂拍摄并报道的摄影师。不过，我在想，在冲突中，例如，在巴以冲突中，作为一名新闻报道摄影师，你需要报道冲突的哪一方？

科尔：我以相同的方式报道冲突双方。我身处哪一方做报道，是没有关系的，我是从相同的角度报道双方的情况。在一些情况中，很难从冲突的一方走到另一方去报道，你会被困在一方。因此，有时，我的同事会报道另一方的情况，这样就能尽可能公平地报道双方的情况。

在巴以冲突中，我先是在以色列一方报道了几个星期，然后，在圣诞教堂外报道了约一个星期，最后才进入到教堂里。我总是用同样的热情和目标来报道一个主题。

江融：你是否更多地报道处于弱势的一方？

科尔：我没有这么做。我发现，冲突中通常有一方的情势会比另一方更危险。我常常与《洛杉矶时报》其他摄影记者共同合作报道。因为我比他们中的大部分人更有经验，编辑通常会派我到更危险或更前沿的地方。例如，在伊拉克战争爆发之初，我与其他几位摄影记者跟随美军报道。我的任务是在巴格达报道伊拉克人的情况，但我总是意识到，必须同时报道双方的情况。

江融：但你也说过，当报道涉及到美国军队时，值得去冒险。那么，当美军轰炸伊拉克时，作为一位美国记者，你需要报道哪一方？你认为，你应当更注重报道美方？还是应当更多地报道轰炸对伊拉克人造成的后果？

科尔：我认为，双方都很重要。在伊拉克，我被派去报道伊拉克方面的情况。作为美国记者，报道美军情况与报道受美国政策影响的伊拉克人情况同等重要。

江融：如果你跟随美军报道，例如，你跟随美军在纳杰夫报道，我认为，你似乎很难不偏袒美军，因为他们在保护你。

科尔：即使当我跟随美军报道时，我基本上仍然以相同的态度关注所有主题。我首先是人。我知道美军士兵所冒的危险，我也了解在军事占领下，伊拉克平民所遭受的危险。我只不过在某个时候正好处在某一方，而在另外的时候处在另一方，但不管你处在何方，战争总是危险的。到达现场报道，是要向人们展示事情的真相，并试图帮助他们了解实际情况。

江融：在利比里亚冲突中，你先是报道叛乱分子，最后，你又与政府部队在一起。你拍摄了一张儿童兵竭力击退正在逼进首都的叛乱分子的著名照片。那一天，你是如何报道的？

科尔：实际上，那一天，报道叛乱分子的摄影师很少，大部分摄影师到达利比里亚时已经太晚，无法跟随叛乱分子进行报道。在停火之前跨越前线到达叛乱分子一方是很危险的，因此，我花大部分时间与政府民兵在一起，他们试图保护首都蒙罗维亚，并防止叛乱分子进入该城市。在这场冲突中，只有很少一些人掌控局势，几乎所有其他人都是受害者，儿童兵是受害者，平民是交战的

蒙罗维亚的战斗最为激烈，2003年

受害者。

江融：你说过，你只是与反叛分子对视，便能与他们交流。在有语言障碍而且情况十分危险时，你通常如何接近叛乱分子？

科尔：我发现，在世界大部分地区，人们都十分了解媒体所发挥的作用。他们知道记者为何会到达现场。大部分情况下，他们都与记者有过接触，知道我们的作用是努力报道这些地方正在发生的情况。我无须向他们做过多的解释，当然，眼光的接触是重要的，当眼睛对视时，他们立即便能确定你在现场的作用，同时，你也知道他们意识到你在现场。

江融：你如何才能确定他们同意你拍照？

科尔：如果他们不让你拍照，会立即让你知道。就是这么简单。

江融：但在有些情况中，例如一场葬礼，通常葬礼是十分庄严的，人们或是十分安静，或是在哭。在这种情况中，你如何决定是否可以拍照？

科尔：如果可能，我会提前与翻译先到现场，与家属交谈，征得他们同意。我会了解情况，尽可能多地了解死者的情况。如果做不到，那么，我会尽快了解，或者先拍照，事后再了解。

江融：你是否在某些不合适的情况下决定不拍照？

科尔：的确有些时候有人不让拍。如果某人的死亡是正在发生的战争造成的，我认为应当记录，但我在拍摄时不会考虑该照片今后是否发表的问题。我在实地尽可能多拍。假如你犹豫不决，该拍的会没有拍到。我在事后会尽可能多地了解细节。不过，如果有人明确表示他不想被拍，而且，不希望有记者在场，那么，在这种情况下，我当然不会拍摄。

江融：你在拍摄遭受苦难者的照片时是否会感到内疚？

科尔：我了解自己所发挥的作用，知道自己是在试图使人们意识到世界上所发生的事情，并努力让人们关心另一个国家的人，关心我国政府的政策如何影响到这些人。我不会在拍摄时受情绪的影响，否则，我无法工作。

江融：你说过，在工作时，你基本上将所有的能量倾注在工作中，不会情绪化。但我在想当你看到某人流血或死亡，你如何不动感情？

科尔：当然，我也有情感，但是，如果我在这些情况中情绪失控，那么，我就无法完成工作。我到达现场又有何用？

江融：我注意到，你的照片充满被摄者的各种情绪，而且，你经常捕捉到人们在哭的画面。为何捕捉人的情绪如此重要？

科尔：因为我希望人们在看了照片之后能被感动，我希望人们能够从我所拍摄的人物和我所到过的国家中感受到某些东西，而不论这些照片是否是在他们的国家、他们的州或街坊拍摄的。我的目标始终是在报纸的读者与他们不了解的那些正在经历某些重大事件的人之间搭起桥梁，这就是我的工作。

如果做不到这一点，我便是失职。做好这项工作的办法之一是将这些人的情绪传达给读者。

江融：你曾经说过，内容是你照片中的重中之重，然后才是情绪和瞬间。如果有时间，你才会注意用光和构图。你为何认为内容对新闻摄影如此重要？

科尔：因为新闻注重传播信息。我首先需要了解发生的情况，为何我要拍摄该照片，为何该照片对这项报道至关重要。一旦我知道所要拍摄照片的内容，所有其他的要素都变得次要。我至少要有充分的理由拍摄这些照片。

其次，我会寻找某个事件和某个人物的瞬间和情绪。然后，我会增加用光和构图等其他因素。希望所有这些因素的组合能产生一张让读者停下来观看的照片。人们不断受到大量照片的困扰，因此，现在创作出能让人们观看并思考的照片绝非易事。

江融：所以，你将用光和构图作为最后才关注的重点，但你的许多照片构图讲究，光效很好。你是否认为，拍摄人们遭受痛苦的照片也应拍得"漂亮"？

科尔：不论所发生的事情是漂亮或是丑陋，我都采用相同的摄影原则。战争和死亡是丑陋的，我所要做的事情是，让人们意识到某个国家正发生大量死亡。构图完美的照片有助于传递该信息。

江融：你曾拍摄到躺在乱葬坑中的利比里亚男女青年的尸体，该照片第一眼看上去像是时尚摄影，似乎他们是躺在沙滩上闭眼晒太阳。这张照片拍得很美。你构图为何那么紧凑？

科尔：事实上，有六十多具尸体几乎头挨着头躺在乱葬坑，然后，有人将沙土铲在他们的身上，这是令人毛骨悚然的情景。如果国际社会早一些涉入该状况，这些人可能不会死亡。那一天，我拍摄了许多照片，大部分都无法发表，但这张照片忠实地再现了当时的状况。

我拍摄照片的方法是，寻找能够使人思考和有所感受的照片。我认为，那一天，我拍摄的照片十分触目惊心，而且画面逼真、简洁。这些照片是漂亮或丑陋，对我来说是次要的。

江融：你是当今世界上仅有的几位拍摄"冲突"的女摄影家之一。你能否告诉我们，"冲突摄影"与"战地摄影"之间的区别？

科尔：当今的冲突与短兵相接的越战不同，其中许多冲突是轰炸行动。除了报道战斗之外，你还需要报道更多其他问题，其中包括难民、逃难的人们和伤亡人员。我认为，"冲突摄影"比"战地摄影"所包含的问题更多。我在利比里亚首次目击枪战的情况，之后，在伊拉克也见过。不过，大部分情况下，我看到的是轰炸行动。因此，我不仅将注意力放在轰炸上，而且，也将注意力放在冲突所造成的平民伤亡情况，以及难民的情况上。

江融：在接受我的采访时，英国著名战地摄影家唐·麦卡林说，拍战争容易，拍和

被埋在蒙罗维亚一个乱葬坑的尸体，2003年

平更难。你如何看待这种说法？

科尔：无论是在战时还是和平时期，我发现摄影总是非常难的一件事情。很难拍到具有我们刚才所讨论的那些组成要素的照片。大部分时候，我拍不到这种照片，因为构成这种照片的要素不具备。但是，如果我能拍到所要拍摄的内容，则是迈出了第一步，之后，我会增加其他的组成要素。我认为，"冲突摄影"也很难，事态发生得非常快，有时会是十分混乱的，而且，也有生命危险，因此，"冲突摄影"或和平时期的专题摄影都不容易。要拍好某人的肖像，同样需要付出我的所有能量。拍摄名人肖像与报道葬礼所需的能量相当。拍摄和平时期的照片，可能需要更多的时间，才能发现你试图要报道的内容。拍摄专题摄影与新闻摄影所需的心态不同。

江融：谈到"新闻摄影"与"专题摄

两个小孩害怕"金戈威德"民兵，苏丹达尔富尔，2005年

影"，它们之间到底有何不同？

科尔：我认为，"专题摄影"需要更多的耐心和时间，所发生的瞬间不像新闻事件那么快。对我来说，在新闻事件中，所要拍摄的内容是显而易见的。但在"专题摄影"中，并非总是明显的。在瞬间与瞬间之间，可能需要等待相当长的时间。我可能需要等待数日甚至数月，才能得到我认为对某项报道十分重要的因素。但我仍然寻找能够感人的照片，这种照片能够与观众交流，能够讲故事。

江融：你曾说过，即使你集中精力主要拍摄新闻照片，但从长远来看，当你将同一个主题的所有照片放在一起时，它们也能表现出某一个事件的先后顺序。这也相当于一个专题报道，是吗？

科尔：在许多情况中，我会花好几个星期专门报道一个重大新闻事件，我也常常

被阿富汗北方联军打败的塔利班战士，2001年

会在几年内多次重新报道该事件。每次重返事件发生地，不论是伊拉克、阿富汗和以色列，我都会使该报道更加深入。在我的一生中，我希望能积累较为完整的报道，而非只是一张新闻照片。

江融：让我们再回到"始终处在最前沿"的问题。我认为，除了你始终努力处在事件的最前沿之外，从技术上来说，你也一直处在最前沿。你很早就试用柯达数码相机，现在你也在拍摄过程中同时使用录像机记录事件的背景声音。你是否认为，作为新闻摄影师，你必须处在技术的最前沿？

科尔：总的来说，作为摄影记者，你必须知道报道所需的一切必要手段。我很高兴，自己很早就开始采用数码摄影，到"9·11"事件发生时，我已经知道如何使用数码技术。我所报道的一些事件发生在非常偏僻的农村，如科索沃和阿富汗，这些地

伯利恒圣诞教堂内，一名男子在寒冷的石板上包裹着毯子休息，2002年

伊拉克战争爆发后，妇女儿童逃离巴格达居民区，2004年

方没有暗房或冲印店。我经常是在汽车里工作，有时，利用汽车的电池通过卫星电话将照片传送到报社。如果我当年在是否开始采用数码摄影和卫星技术方面犹豫不决，那么，我就不会像现在这样胸有成竹。

作为摄影记者，关键在于如何完成任务。我发现，采用已出现的新技术，而非加以抵制，更有助于我完成任务。无论你喜欢与否，新技术总是要出现的。目前，网络变得越发重要，已成为新闻采集更加重要的组成部分，我需要知道如何收集录像和现场声音。我希望自己早就开始这么做了，因为我认为录像和现场声音能增加静态影像通常无法提供的元素。因此，将现场声音与静态照片结合在一起，对于我来说是十分重要的。

我不是说，要做到这一点很容易。如果你增加录像机和录音机，那么，等于做三份工作，工作量增加两倍，还不包括编辑静态

在以色列对黎巴嫩加纳地区轰炸中被炸死的儿童的尸体，2006年

图像和录像的过程。我可以理解为何有人拒绝这么做。但作为摄影记者，我要学会完成任务所需的一切工具。

江融：你曾说过，为了获得你想要拍摄的照片，无论需要克服什么困难，都是值得的。

科尔：对我来说，静态图像能留在脑海中，是人们对某个事件的记忆。我在录像方面的经验仍然不足，但我通过照片能记得所

发生的事情。在我职业发展的现阶段，照片仍然是我从某个事件所要获得的最重要的东西。除此之外，如果有时间增加录像、录音和其他内容，那么，我就会这么做。但是，首先我要拍到能讲述所发生事件的好照片。

江融：我想，对你来说，能从事新闻报道摄影，是一件幸运的事情，它不仅使你的生命充满冒险，而且也充满目的。你如何在个人生活与这种充满冒险的生活中找到平衡？

美国爵士歌手莉兹·赖特，纽约，2008年

科尔：我认为，要在个人生活与职业生活中找到平衡是不容易的。自从1999年以来，我每年在实地的时间是半年到十个月不等，但新闻报道摄影使我的人生充满目的。我的确认为，我所从事的工作再加上其他记者所做的工作能够造成影响。如果我不相信新闻报道能产生作用，就不会从事这项工作。

我与报纸的读者也保持联系，常常收到他们的来信，他们告诉我，很感谢我能够到实地，目击所发生的事情，并通过照片转达给他们。这的确让我觉得充实。但要花这么多的时间工作，同时还能面面俱到地生活，是不现实的。至少目前来说是不可能的。

江融：你已经获得这么多奖项。我在想，你是否有获奖疲惫的感觉？

科尔：报社为我报名参加许多摄影评奖，我得过很多奖项。显然，这些奖项能使更多人了解我的作品，也使我在报社中得到承认。我得到了编辑的支持，他们愿意冒风险派我到实地，这使我有机会继续从事我想要开展的工作。另外，在获奖之前，我已经工作了15年，直到15年后，我才得到承认，因此，不是一蹴而就的。

江融：你做出这么多的牺牲是为了什么？

科尔：我只是想成为一名优秀的摄影记者。在我职业生涯中，我已经竭尽全力来记录所见到的世界和人物。我要让人们关心我所记录的世界和人物。如果做到了这一点，我便成功了。

江融：非常感谢。

对纽约世贸大楼的恐怖主义袭击，2001年9月11日

洛里·格林科（Lori Grinker）出生在美国纽约一个中产阶级的犹太家庭，从小喜欢绘画和摄影，后到纽约帕森斯设计学院，师从莉塞特·莫德尔（Lisette Model）和贝伦妮斯·阿博特（Berenice Abbott），莫德尔教会她如何拍摄街头纪实照片。

1981年，格林科拍摄一名9岁小拳击手的照片被一家体育杂志采用，使她走上职业摄影之路。随后，她认识了13岁的迈克·泰森，虽然当时拳击俱乐部仍然是女人的禁地，但格林科锲而不舍，终于获准追踪拍摄后来成为世界拳王的泰森达10年之久。拳击项目使她开始审视自己的身份，进而完成了一个关于美国犹太妇女的摄影项目，题为"无形的线索"（Invisible Thread: A Portrait of Jewish American Women, 1989）。后来，在报道阿拉伯人与犹太人之间关系的过程中，她对"退伍军人"产生兴趣。此后15年时间，格林科先后走访30多个国家，拍摄了25场战争的退伍军人，完成了题为"战争之后：来自冲突中世界的退伍军人"（Afterwar: Veterans From a World in Conflict, 2005）的项目。

格林科利用摄影来反映来自不同文化、地域和时代的军人的经历，试图超越报刊关于战争的头条消息，超越战争背后的政治，通过这些退伍军人的身心创伤和对战争的回忆，来揭示战争的残酷和代价。该项目打破战争的神秘性，拉近读者与战争之间的距离，使他们得以近距离地审视战争的后遗症，进而了解有时被称作"英雄"的这些退伍军人不同的战争经历和相似的战后遭遇。对这些退伍军人来说，战争始终无法真正停止。

格林科看上去十分瘦弱和文雅，但她的毅力却令人敬佩。她所完成的这个关于战争的项目，有时比直接拍摄战争还难，正是唐·麦卡林所说的"拍和平更难"的典型例子。目前，格林科又开始一个新的摄影项目，专门拍摄19世纪末开始从立陶宛向世界各国移徙的格林科家族成员，相信这个项目也一定精彩可期。

战争的救赎
——对话洛里·格林科

江融：你如何开始做"战争之后"项目？

格林科：从我的职业发展轨迹来看，我所做的项目总会引导我进入另一个项目，即使这两个项目可能十分不同。我所做的第一个纪实项目是关于年轻拳击手，它使我思考自己的文化背景，这种思考最终促成我拍摄美国犹太妇女的项目，并出版我的第一本画册《无形的线索》。该项目又促使我到中东进一步了解阿拉伯人与犹太人之间的关系。

1986年，我去了中东，并在那里呆了三个月。当时，刚爆发第一次巴勒斯坦人的暴动，局势十分紧张。原本我要报道阿拉伯与以色列的合作问题，但没有太多东西可拍。

然而，我在那里发现了另外一个专题，这是关于以色列退伍军人的故事。我听说有一个地方叫做"军人之家"，并获准进入该中心采访和拍摄各场战争的受伤士兵，这便是"战争之后"项目的缘起。

令我感到震惊的是，这些士兵如何在痛苦中生活，对他们来说，战争始终没有结束。其中有些人活在自责和后悔中，这使我想起退伍军人如何难以重新融入社会，以及美国越战退伍军人的遭遇。

江融/摄

Lori Grinker

江融：那么，你又是如何开展该项目的？

格林科：由于必须完成美国犹太妇女的项目，我回到美国，并在1989年完成了该项目的画册。但在这三年期间，我做了大量剪报工作，凡是与退伍军人有关的文章我都收集。当时，有许多美国退伍军人返回越南。所以，我向《生活》杂志提交一份提案，要求报道这些返回越南的退伍军人。该杂志同意给我资金进行报道。

这时，我刚开始为联系图片社工作，图片社总裁罗伯特·普雷基让我去柬埔寨，我在该国呆了三个月。联系图片社为我争取到许多拍摄报道的任务，随后的几年，我经常到越南和柬埔寨，边为杂志工作，边拍摄我的退伍军人项目。

江融：你是否在项目之初便知道如何做该项目？还是随着项目的推移，你对项目的目标越发清楚？

格林科：关于犹太妇女的项目，我是与一位作家合作。我们一开始便知道想要达到的目的。那个项目计划得很好，我们知道需要报道这些妇女的哪些方面。至于"战争之后"的项目，原本我也想与一位作家合作，但在开始拍摄时，身边没有作家，而且，必须到许多不同的地方拍摄。我发现这些退伍军人所讲的话十分重要，甚至富有诗意，便开始做笔记，并开始采访。我很高兴自己做了这件事，因为对于报道摄影记者来说，这个过程十分重要。

我对退伍军人的题目进行研究，并打算按照下列不同经历开展"战争之后"项目：刚受伤的士兵、康复、身心创伤及其治疗、重返社会、家庭生活、退伍军人相互帮助等。这些是我编写该项目筹款提案的不同部分。

江融：所以，当你刚开始做此项目时，并没有想到最终会到30个国家，报道25场战争。

格林科：我的确没有想到会花15年时间做该项目。这就像在一块巨石上进行雕刻，随着工作的进展逐渐成形。从一开始我便有如何做该项目的一些想法，但项目如此之大，无法确知会遇到哪些情况，这些情况又会如何影响最终的结果。我的项目应当包括哪些冲突？应当包括哪些地区？哪种故事最

能表达"战争之后"的经历？女退伍军人十分重要，因为人们不太了解她们的故事。项目刚开始时，也不知道儿童兵的情况。

江融：你如何接近这些退伍军人？我想，他们一定十分敏感，不愿意报道他们的故事。

格林科：1986年，在以色列刚开始该项目时，许多退伍军人不太愿意让我拍照。之后，我陪同美国退伍军人到越南时，发现他们告诉我的情况不会超过告诉他们家属的情况，他们不会告诉我只对其他退伍军人说的事，甚至不会告诉我他们可能会对敌方退伍军人说的事情。但也有一些人对我敞开心声，这才使我坚持做该项目。

从研究方面来说，刚开始时，还没有因特网。我通过写信和打电话与退伍军人机构联系。另外，我到世界各地采访，都会遇到关于退伍军人的故事。当你确定要做某个专题时，常常便开始发现，到处都有与该专题相关的故事。

江融：你是否在意被称作"女报道摄影家"？

格林科：事实上，我更愿意被称作"摄影家"，而非"报道摄影家"。我的大部分作品是纪实性的。从某种意义上来说，这只是一个语义学问题。你是否会称一个男子为"男摄影家"呢？我不认为需要以性别区分摄影家。

江融：你的照片被形容为"克制的、恭敬的和微妙的"。你是否认为，作为女人，你在处理该专题时会与男人不同？

格林科：我认为这是有可能的，尽管有

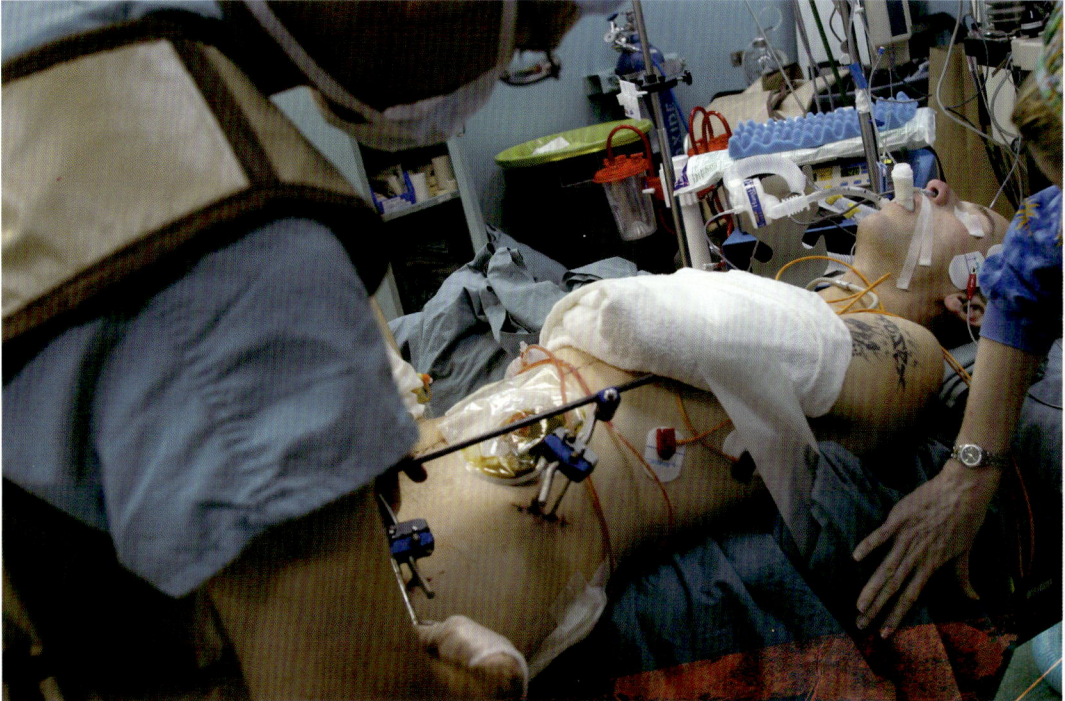

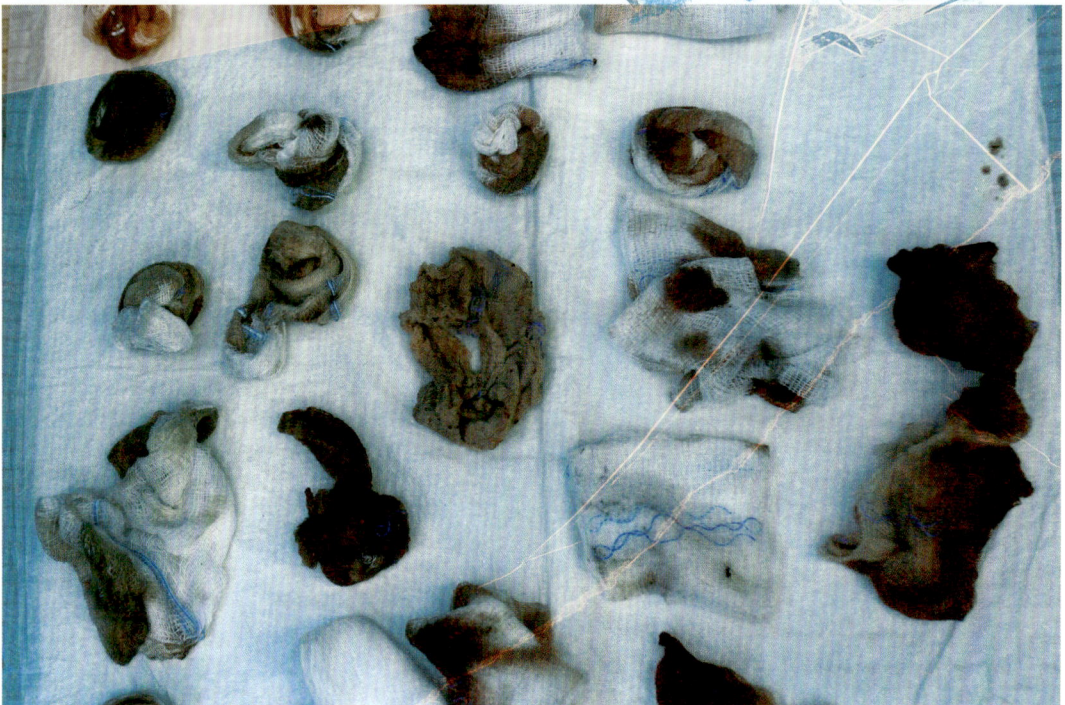

上图　伊拉克战争中受伤的美军士兵荷西·托里斯在手术中，2003年
下图　手术后渗透鲜血的棉球，美国海军医疗船，2003年

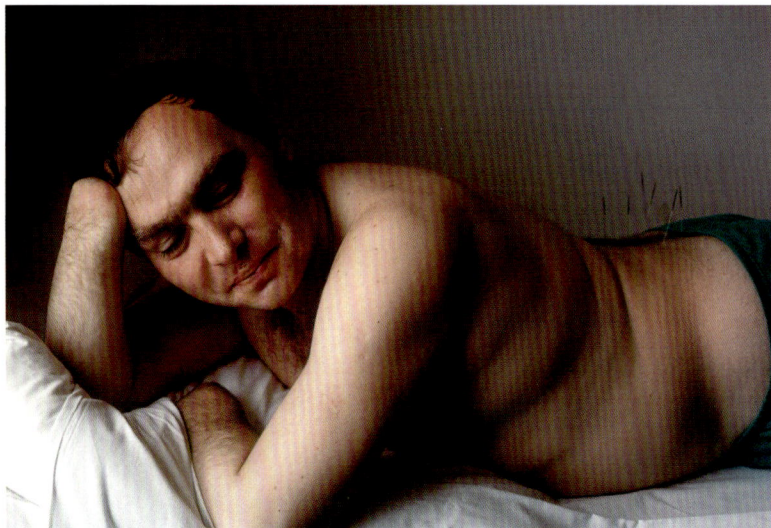

前苏联退伍军人奥勒格在疗养院接受针灸治疗，1999年

照片？在一些情况下，这是十分抽象的。

江融：你如何决定到哪里去拍摄该项目，以及哪些人应当包括在内？

格林科：我反复思考是否只拍摄越战，还是应当包括第一次和第二次世界大战。如果我只是集中在一场战争，或限制在两场战争，那么，该项目便成为只是关于某一具体战争的陈述。这完全不是我所要做的项目。我要陈述对战争的看法以及战争要人类偿付的代价，我要表明战争的普遍性：尽管这些退伍军人曾经参加不同类型的战争，甚至曾经相互打过仗，但他们一样都是人。当战争结束之后，他们都面临相同的境况。因此，该项目是关于战争及其不人道的问题，而非关于战争背后的各种政治问题。

江融：从某种意义来说，它也是你本人的反战声明。

格林科：当然不是支持战争的声明。我的目标是让人们看到战争只会带来破坏，甚至对战胜国来说也是一样。这些士兵在战争中的真正遭遇是什么？对于生还者来说，战后的遭遇又是如何？战争对于这些退伍军人所属的社会又有何影响？他们目睹了人的死亡，有时是在他们身旁的战友的死亡。他们同时也杀人。他们可以代表那些已无法讲话的死者发言，他们在许多方面充满矛盾，但

些男人也十分敏感。我不知道，对该专题的处理方式与我作为"女人"是否有关，但我知道，我的处理方式与我的个人经历有关，而且，我从来不想渲染该专题。我的艺术背景在很大程度上影响我的拍摄方式，影响我观看世界的方式，以及我想要人们以不同寻常的方式来"观看"的愿望。人们通常视而不见，摄影家用自己的视觉拍摄，希望人们能够以不同的方式观看，并对摄影家拍摄的主题有所了解，进而产生兴趣。

江融：那么，你如何处理该项目？

格林科：许多人认为，拍退伍军人的项目可能是摆拍的肖像照，让这些退伍军人显示他们的伤口和勋章。这正是我最不想拍的方式。其他摄影师已经十分精彩地采用了这种方式。我的才能是，能够在退伍军人的日常生活中捕捉到关于战争的一些东西，发现这些退伍军人内心的创伤，并表现他们所面对的各种战争后遗症。如何才能将这些拍成

美国退伍军人提姆 · 李在华盛顿特区越战纪念碑前，1991年

他们可以给予我们许多教训。

江融：许多报道摄影师会去报道战争，事实上，20世纪的许多报道摄影师都是战地摄影师。你是否报道过真正的战争？

格林科：20世纪80年代末和90年代初，我在柬埔寨和苏丹时，战斗仍在进行，我做了许多与冲突相关的报道，如地雷、士兵的训练、战乱造成的饥馑等。我在这两场战争中都差一点到前线去，但最终都没有成行。我不认为自己适合做战地报道。

我们已经有许多报道摄影家专门报道战争，而且拍出了许多十分有震撼力的作品。我更愿意做一些静悄悄的工作，以不同的方式来报道战争，这样，我们才能有不同的视角。

江融：我个人认为，像"战争之后"这样的项目照样可以说明战争的性质，我们需要有人上战场，也需要有人做你已完成的这个项目，其中的许多作品同样十分有震撼力。

格林科：的确，该项目表明，战争是如

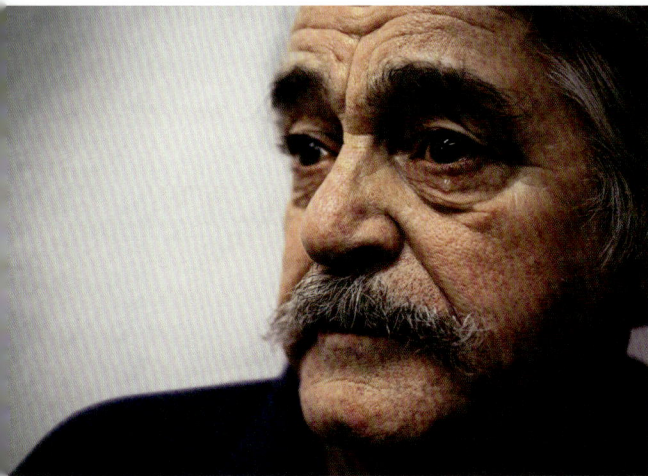

英国退伍军人亨利·格林在一次集体治疗会上，1998年

何持续不断的。战地摄影家带回战争的消息和恐怖，这项工作十分重要，世界各国人民需要了解和目睹战争。但当战争结束之后，退伍军人又进入到另一场"战争"之中。该项目是要超越报刊的头版消息，以表明战争无法真正结束，并通过参战士兵的个人经历来理解战争更为广泛的背景情况。

战争不应当成为我们生活的一部分，它不像疾病，是来自于基因或环境，战争来自于贪婪和对权力的需求。我们花大量的钱寻找疾病的治疗方法，但我们没有花大量的钱试图停止战争，相反地，我们花大量的钱使战争持续不断。

江融：那么，你是否认为，只要人类存在，就始终会有战争？

格林科：我希望能找到解决战争的办法，但我不认为我们能找到。

江融：那么，你认为现在已成功完成该项目，还是说你在有生之年仍然会继续做该项目？

格林科：从项目开始时，我便打算出一本书，但不只是出画册，而是出一本有许多文字的书，以便大众能够阅读并从中了解战争，并且，能够成为课堂里的教科书。这个愿望已经实现。该书已经在大学中使用，而且退伍军人和普通读者都在看这本书，并讨论书中提出的问题。对我来说，这才是成功。

另一方面，我希望该项目的照片能够巡展，它已在2003年中国平遥国际摄影节上展出，并于2005年在联合国总部举行展览，之后，在德国以及美国的华盛顿和纽约的画廊展出，今年秋天还将在一些大学展出。在展出期间，还举办了与退伍军人、心理学家和历史学家的专题讨论会，二战、越战、海湾战争和伊拉克战争的退伍军人均参加了讨论。我希望，全世界的退伍军人都能参加讨论，并使他们的故事真正深入人心。这些军人是战争的代罪羔羊，他们有许多感人的故事，与他们一道讨论，让我受益匪浅。

江融：退伍军人对该项目的总体反应如何？

格林科：他们非常感激。该项目使他们知道，世界各地还有其他人与他们有着类似的经历，使他们知道，他们并不孤独，而且，战争具有普遍性。

江融：我也注意到，该项目的许多照片是在很近的距离拍摄的。通常你在多近的距离拍摄？

格林科：哦，非常近，你看我拍奥勒格（Oleg）的照片，他曾经参加过苏联对阿富汗的入侵。那张照片是他躺在床上接受针灸

柬埔寨退伍军人，泰国，1990年

治疗时拍摄的。我离他不到半米。

江融：你是边采访，边拍照吗？

格林科：我总是试图将采访与拍摄分开进行。当我刚开始做该项目时，我在西非布基纳法索的一个小村庄采访，结果全村的退伍军人都排队让我采访和拍摄，而我在那个村庄只有一天的时间。从此，我知道，需要有更充分的时间，而且应当将采访与拍照分开。我必须与这些人在一起过一段时间，才能从他们的日常生活中捕捉到一些东西。

江融：因此，你会与他们在一起呆一两天？

格林科：我会尽可能多呆，有时一两天，有时一两个星期，有时只有五分钟。

江融：你如何拍摄亨利·格林（Henry Green）眼中带有泪花的照片？

格林科：是在一次集体心理治疗期间拍摄的。当时至少有15个人在场。他们预先知道我会来。我给他们看过一些照片并向他们解释该项目。在大家传阅和签署照片使用授

一名盲人正跑上楼梯，埃及，1995年

权书之后，我让那些不愿意被拍的人坐到桌子的一边，这样我便很容易将他们不包括在画面内。

他们每个人便开始谈自己的经历，当轮到亨利谈时，他突然哭起来，我赶紧上前靠近他，只拍了两张，光线很暗，但我没有使用闪光灯。小组的其他成员说，每当亨利试图讲述战争的经历时，他总是会哭。他还难于承受战争的经历。

江融：你画册封面上的那张照片十分

有震撼力。你拍这张照片时，他正好在游泳池，还是你安排的？

格林科：除非是正规肖像，我从来不摆拍。1986年，我到以色列"军人之家"拍摄，当时用的是黑白胶卷。退伍军人有一个游泳队，我在游泳池拍到有一人刚跳入水中的照片，可以看到他的假腿，以及假腿之后的伤疤。

当该项目转向彩色照片之后，我想应当再回去拍摄。90年代中期，我又回到该中

一名盲人正在排练音乐会，埃及，1995年

心，给人看1986年拍的那张跳水照片，很快便找到此人。他的名字叫丹尼·希莫尼（Dani Shimoni），他同意再让我到游泳池拍照，刚开始，他跳水，但我没有拍到好照片，接着，他开始在水上漂浮，在我几乎快要放弃之时，拍到这张照片，它很简洁，被用作封面。

江融：这张照片原本便没有头部？

格林科：我从来不剪裁。丹尼不喜欢暴露他的身份，因此，我拍了一张没头的照片。

江融：你为何认为彩色照片更合适该项目？

格林科：对于使用彩色还是黑白照片来做该项目的问题，刚开始，我非常矛盾。因为，我需要完成杂志的拍摄任务，必须用彩色胶卷。所以，我开始思考该问题。我想，如果我拍黑白照片，会让一切看上去很雷同，而且，黑白照片会让你失去时间感，我希望人们处于当下，并认为这是一个当代问题。我认为，彩色照片能够做到这一点，而且，彩色能更好地反映这些不同的文化和地域特色。这是该项目的重要环节。

拳王迈克·泰森在准备拳击赛，美国大西洋城，1988年

但是，拍彩色照片十分具有挑战性，许多地方没有灯光，或者灯光效果很差，但我喜欢挑战。我想，如果我能够用"彩色"来表达这些不同的经历，如果"彩色"不会分散对情绪方面的注意力，那么，这种彩色照片便真正获得了成功。

我也喜欢黑白照片，而且仍然在拍。黑白照片本身便传达一种情绪，对于该项目来说，黑白照片可能会过于萧瑟。但彩色照片有时会更难拍，你会看到过多的细节，如红色的鲜血过于逼真，所以我喜欢微妙地处理彩色照片。

江融：当你编辑该项目的画册时，战争的年代顺序是颠倒的。这是否也是要使得该画册具有时代感？

格林科：这是部分原因。罗伯特·普雷基

与我一道编辑此画册时，我们有过许多想法，最终还是选择战争作为主线，而且，将战争的年代顺序颠倒。我希望，年轻人能够理解该主题。如果编排时间从第一次世界大战开始，该书便成为一本历史书。从最近刚结束的战争开始，能够使得该书与现在有关，而且，你可以逐步剥开时间的尘封，你会发现，虽然从技术方面来说，战争已发生很多变化，但本质上又没有发生太多的变化。

江融：近年来，新闻报道摄影已发生很大的变化，为了生存和展示作品，除了出画册外，摄影师还举办各种相关展览。部分原因是因为报道摄影师在报刊杂志上发表的版面越来越少。人们已开始讨论报道摄影的前途及报道摄影师的不满。你是否有任何不满？

格林科：就媒体来说，现在的趋势是报

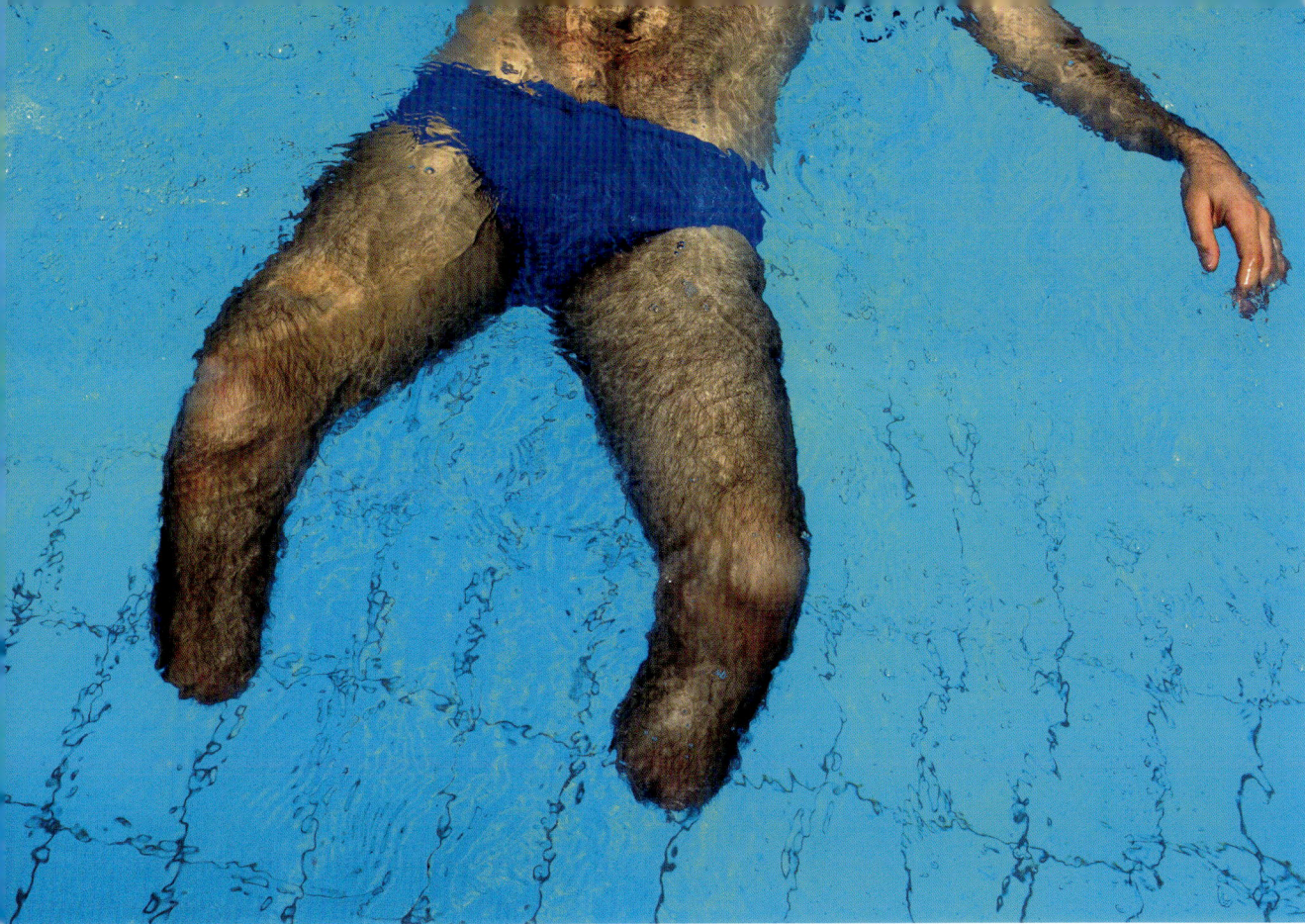

以色列退伍军人丹尼·希莫尼在游泳池中，1995年

道热点新闻和名人消息，而对"人类生存状态"的报道较不感兴趣。摄影画册和展览正得到大量注意，人们已意识到较大项目的重要性。纪录片已成为电影的主流，我认为，大型纪实摄影项目也将成为摄影的主流。

我仍然喜欢为杂志工作，它能让你与作家和编辑合作，但出书和办展是你自己的理念。杂志雇用你，是为他们的报道拍插图，你在哪些照片该发表，以及如何排版方面很少有发言权。出书和办展，你可能需要与编辑和策展人合作，但最终结果仍然是由你个人的眼光决定。

江融：谢谢你。

本访谈图片提供：洛里·格林科

©Lori Grinker/ Contact

会拍照不等于是摄影家
——对话简·伊夫林·阿特伍德

"1999年，当我用10年时间走完欧美9个国家的40所监狱，完成了女囚犯项目的拍摄时，我发现自己的头发白了，很多人已经用上了手机。"这是简·伊夫林·阿特伍德（Jane Evelyn Atwood）在采访中让我动容的话语。阿特伍德是一位十分特殊的摄影家：从1976年起，她用30年的时间来拍摄一个特殊的项目——被禁闭的社会群体（妓女、盲童、女囚犯等）。更与众不同的是，阿特伍德的镜头却如圣女之手一样柔和，正是在这种柔和中，那些被主流社会定义为"边缘人群"的妓女、盲童、女囚们显示出了自身的尊严和优美；摄影家没有因为他们"边缘"而把他们排除在关怀之外，相反，她的拍摄成为一种温柔的挽手与抚摸。

阿特伍德出生于纽约，1970年从纽约著名的巴德学院（Bard College）戏剧专业毕业，次年到巴黎，成为居住在巴黎的美国人。1976年，她买了一台相机，从此一发而不可收。出于好奇，她一边自学摄影，一边开始花一年时间拍摄巴黎一家妓院的妓女。每天晚上从8点开始一直拍摄到天亮，然后到一家邮局工作5个小时，下午才回家休息。

在随后30年的摄影生涯中，阿特伍德花大量时间与被摄对象在一起，深入拍摄这些边缘群体的生活状况，直到她认为已清楚回答了该项目所提出的各种疑问，才开始拍摄

江融/摄

Jane Evelyn Atwood

另一个项目。她花10年时间完成的女囚犯项目的拍摄，现在已成为纪实摄影的一个典范。

尽管阿特伍德的拍摄对象可能会被认为有些"不寻常"，但她总是试图避免突出这些"不寻常"，而是尽可能将他们拍摄得与常人一样。她所遵循的摄影原则与尤金·史密斯推崇的人道主义精神相契合，1980年，阿特伍德成为尤金·史密斯人道主义摄影奖设立之后的第一位获奖者。

阿特伍德获得过世界上几乎所有摄影大奖，包括世界新闻摄影奖（1987年）、密苏里大学年度最佳照片奖（1991年）、徕卡相机大奖（1997年）、艾尔弗雷德·艾森斯

前苏联被单身监禁的女囚犯，1990年

塔德大奖（1998年）以及巴德学院颁发的查尔斯·福林特·科洛格艺术和文学奖（2005年），是当今国际上公认的最优秀的纪实摄影家之一。

江融：我认为你是一位十分特别的摄影家。你说过曾受黛安·阿巴斯（Diane Arbus）的影响。你在哪方面受到她的影响？

阿特伍德：我认为不是她的拍摄方法影响了我，而是她拍摄的人物以及她对这些人物的好奇心影响了我。对我来说，摄影是一个质疑的过程，我对不甚了解或与众不同的人十分好奇，拍摄是一个了解他们的过程。

江融：你也学过戏剧，你认为戏剧是否影响到你的摄影？

阿特伍德：我不认为它真正影响到我的摄影，但它可能影响了我照片的效果。一些人曾说过，我的照片看上去富有戏剧性，例如在用光方面。另外也有人说过，我的照片很美。除非是潜意识作用，我并没有刻意美化它们。如果我发现这些被摄对象很美，那么可能拍出来也会很美。我在大学时曾迷上戏剧，但后来意识到自己并不想将戏剧作为职业。数年之后，我发现了摄影。

江融：你一直在做有关各种被禁闭者的项目，如妓女、女囚犯和盲人，探索他们如何面对生活。作为摄影家，你是否认为需要亲身经历这些被摄对象的生活才能感同身受？

阿特伍德：我不认为有任何硬性的"规则"。为了拍好照片，摄影家必须去做任何需要做的事情。我认为，就像斗牛，如果你没有下到竞技场，就无法斗牛。因此，如果你想深入地拍摄人物，就必须接近被摄对象。唐·麦卡林等伟大摄影家都是这么做的。尤其是，现在这么多人都有数码相机或手机相机，专业摄影家必须与他们不同。光会拍照并不等于是摄影家。"真正"的摄影家必须通过照片传递某种信息，必须冒险并与被摄对象在一起，然后以独特的方式将这种与被摄对象的关系在照片中表达出来。

江融：我注意到，你用"激进"（militant）一词来形容你的一些项目。作为摄影家，你用这个词的含义是什么？

阿特伍德："激进"的项目是指我希望该项目能有助于改变某个事物，同时它也表明，我是专门针对这个具体目的才选择做该项目的。关于艾滋病的项目便是我的第一个"激进"项目。做该项目是希望通过我的照片协助人们改变对该疾病的先入之见，希望人们能对该疾病采取一些行动，而不是对这种病人抱有偏见。

出于相同原因，我做了关于女囚犯的项目。原来我只是对监狱中的情况好奇，但当我最终进入第一个监狱，很快便意识到需要谴责在监狱中的所见所闻。这两个项目都很"激进"，因为它们谴责令人无法接受的事实，并呼吁改变这些状况。这便是我使用"激进"这个词的含义。

江融：这个含义类似于"积极进取"。

阿特伍德：是的。

江融：明白了。刚才你提到利用摄影改变世界。但是，许多摄影家认为，照片无法改变世界，尽管照片能够帮助人们改变态度。你是否认为你的照片能够改变世界？

阿特伍德：我认为摄影无法改变世界，但能有助于逐步改变某些事情，而且，每一点改变都是算数的。我们不能过于贪婪，不能说如果照片无法改变世界，便不拍了。有时，照片似乎不产生任何影响，但仍然应当拍这些照片。

我的几张照片在改变某些政策方面发挥了作用。大赦国际组织曾采用我拍摄的美国怀孕囚犯生孩子时仍戴着手铐的照片来要求有关方面改变这种做法。现在，美国伊利诺伊州已禁止该做法。我的照片与该决定有关，这使我感到满意。

法国女子监狱夫妻探监，1991年

江融：该做法在英国也被禁止。

阿特伍德：是的。

江融：是否也是因为你的照片？

阿特伍德：我不知道，但我知道，我是唯一拍摄过该做法的摄影家。我的照片是"视觉证据"。不过，正如我刚才说过，即使照片似乎没有改变任何东西，仍然应当通过照片加以记录。我们必须记录正在发生的事情。一张好照片将能够留传。数百年后

（如果人类没有自毁），人们将会看到这张1993年拍摄的照片，当时美国的怀孕女囚犯曾被迫在生孩子时也戴着手铐。记录本身与最终的变化一样重要。

江融：现在让我们回顾一下你的第一个项目，当你开始做该项目时，你是否有意要改变社会上卖淫的做法？

阿特伍德：没有，这根本不是我的"激进"项目。当时，我完全不了解卖淫。我搬

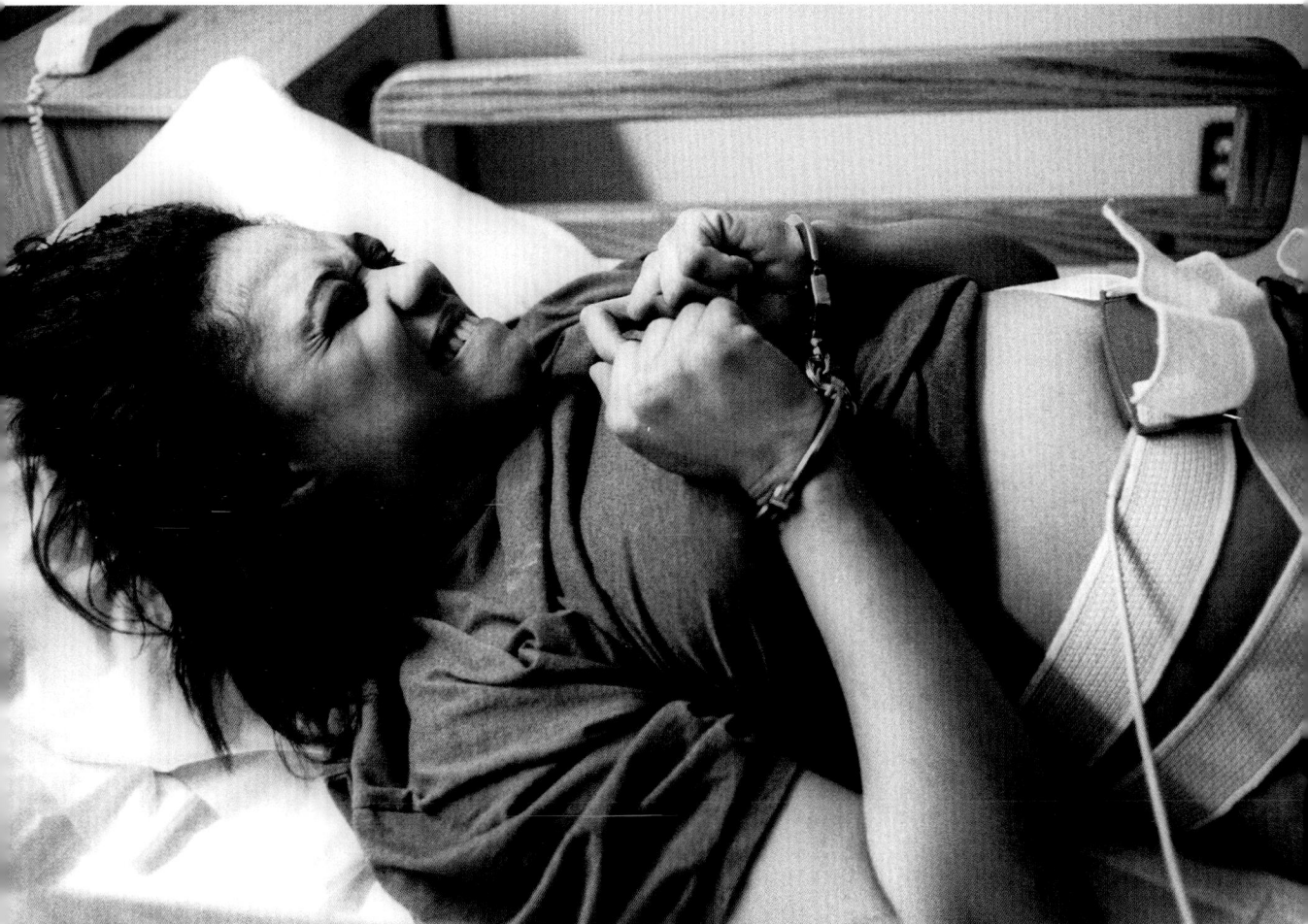

美国阿拉斯加女囚犯正在分娩，1993年

到法国几年之后才在巴黎首次见到妓女，那是1976年。当时仍然允许妓女站在门外招揽生意。那时，我很年轻，而且天真。这些妓女装扮得像电影明星，涂脂抹粉，服装艳丽。作为女人，我对她们感到十分好奇：她们怎么能干这种事？她们如何做这种事？西蒙·德·波伏娃（Simone De Beauvoir）曾经说过，问题不在于一个女人为何会卖淫，而在于为何没有更多的女人卖淫。这是一个令人感兴趣的问题，因为世界上有许多贫穷的妇女从来没有卖淫。对此，我十分好奇，我想通过摄影来了解这些女人。

江融：该项目的确既大胆又有难度，尤其是作为你的第一个项目。我很好奇，你如何能够做该项目？当"性交易"正在进行中，你是否也在场？

阿特伍德：我很幸运，当时经人介绍认识了玛格南图片社摄影家伦纳德·弗里德（Leonard Freed），他在我做该项目期间给了我许多建议。布兰丁（Blondine）是我

法国马赛女子监狱中女囚犯的婴儿摇篮，1991年

认识的第一个妓女，她成为该故事的主要人物。她是我后来拍摄的妓院中唯一没有老鸨的妓女。假如她有老鸨，会使我们之间的关系更为复杂，老鸨很可能不会让我与她呆在一起。布兰丁是独立的，可以自己说了算，我们成了好朋友。

那一年，我向伦纳德·弗里德学到许多东西。他告诉我，应当试图进入妓院的房间。我记得，当时我想，"这太疯狂了，太危险了！"我无法想象自己能做到，我与妓

女以及她的顾客在同一房间的想法让我感到尴尬。但是，我知道他是对的。如果我没有顾客的照片，这个故事便不完整，因为只有存在顾客才存在卖淫。

江融：顾客是否反对你在房间里？还是你躲在某处？

阿特伍德：我想，如果我呆在屋里的时间太长，顾客一定会反对。但我一次只拍两三张顾客的照片，便足矣。大部分情况下，我所拍摄的顾客不知道我在拍照。我事前曾

89

左图　法国马赛女子监狱中的女囚犯，1991年　　上图　前苏联青少年劳教所，1990年

向布兰丁解释我想拍的照片，过了一段时间，有一天晚上，当顾客进来时，她拍了一下我的肩膀，并说，"快来。"我便跟他们一道上楼。与他们在同一个房间时，我感到不知所措。

那一次，布兰丁对顾客所做的事对我的拍摄十分有利，她不断地与顾客交谈，让他放松，同时控制他，并跟他说了一大堆她将要做的事情，来挑逗他。进屋之后不久，她便将一个罩子罩在他的头上。我想，他可能

不知道我跟他们上楼，当布兰丁将他的头罩住之后，他看不到我在那里。我拍了几张，便离开。

江融：因此，你没有藏在某处。

阿特伍德：我是否"藏"在何处已不重要，因为顾客不知道我在那里，而且他们的脸没有出现在画面上，所以对他们来说，也不成问题。

这一年，我学到了许多东西，尤其是从进屋拍摄中。我学会了在拍摄时不要过于贪

91

梦，学会了倾听，学会了何时不要拍照，学会了何时应当离开现场，如果我在屋里多呆15秒钟，可能会有大麻烦。

江融：你是否想避免自己成为偷窥者？

阿特伍德：我根本不想成为偷窥者。我只是想拍到好照片，并不要因此被打死。一旦拍到了照片，我就没有理由继续呆在房间里。我拍这些照片时十分不自在，而且无论从性的角度或从其他方面来说都没有从中获得快感。令我感到满意的是，我将伦纳德·弗里德的建议付诸实施，而且做了拍摄该报道所必须做的事情。

巴黎伦巴德大道的妓院，1976年

当然，当我意识到自己拍到这些照片之后，我感到十分激动，我赢得了这场挑战。即使在今天，当我有时遇到不自在的情况，也还是会想到这些照片，它们有助于我找到勇气去拍摄必须要拍的照片，即使这种照片让我不自在。如同需要进入妓院的卧室一样，摄影师也要深入到所报道的故事中。现在我在拍摄所有的故事时，都会想到这一点。

巴黎伦巴德大道妓院中的交易，1976年

国，媒体已有一些关于艾滋病的照片，但在法国，是你首次报道该疾病。尽管许多人听说过该疾病，但都不清楚它究竟是什么病，而且没有人公开出来承认得了该病。让—路易同意让你拍摄并将照片发表到媒体上，在相当程度上，该项目有助于提高法国人对艾滋病人的了解。

阿特伍德：我通过巴黎《竞赛》杂志首次发表该报道，使得数百万读过该文章的人了解艾滋病的情况，使他们意识到，艾滋病人与他们一样，都是人，而不是鬼怪或幽灵。有一位女中学生在看过该文章之后写信给我，说她直到读了该文章并看了让—路易的照片之后才知道什么是艾滋病。当时她17岁，她在校刊中

江融：当你拍摄法国电视制作人让—路易（Jean-Louis）与艾滋病抗争的故事时，你决定与他住在一起。如同报道法国妓女一样，你想真正体会被摄者的经历。当时在美写了一篇赞扬让—路易的文章，全学校的师生才了解艾滋病。

后来我才知道，该校离巴黎只有30公里。1978年，虽然法国处于严重的艾滋病危机中，

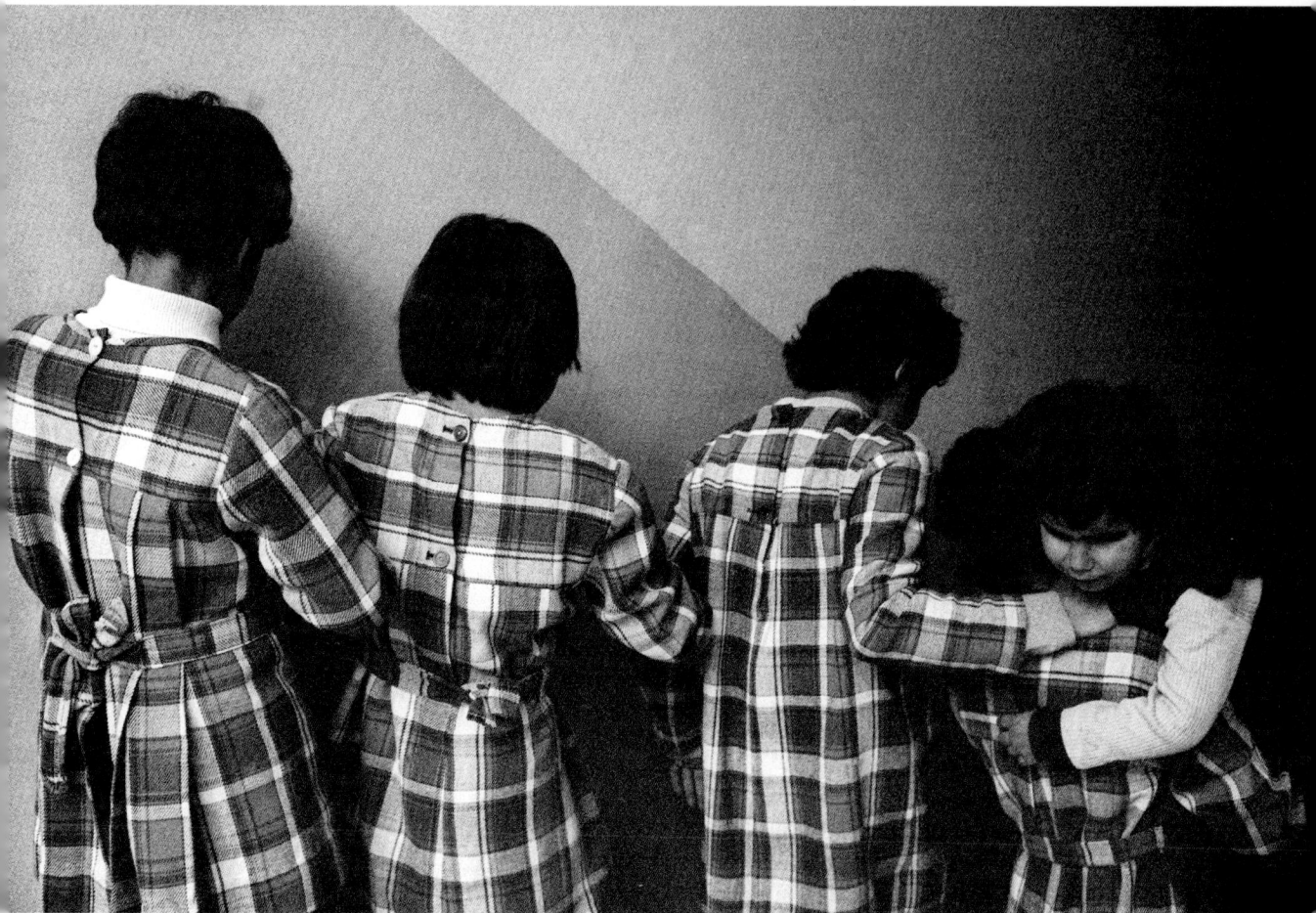

法国盲童学院的学生，1981年

当局却一直没有向学生提供该疾病的资料。这便是我们要做这种报道，而且需要在主流媒体中报道的原因。

江融：你能否谈谈让—路易把头放在门上的那张照片，以及他脸上的表情？那种表情令人难忘。你是否还记得拍这张照片时发生的事情？

阿特伍德：当时的情况历历在目。在我拍摄让—路易的四个半月期间，他非常虚弱，大部分时间躺在床上，白天一直有人协助护理他。我到他家的第一个星期，有一天，他的朋友提出要带他出去吃饭，结果，那是他最后一次出门。

让—路易站起来穿衣服，我坐在衣柜旁边的椅子上，背后有一扇窗。他走到衣柜时，已经非常累，他停了下来，把头靠在衣柜的门上，从窗户外进来的光正好照在他身上，我举起相机，只拍了一张，便拍到了这张照片。

其实各种情况中都有可能出现好照片，

法国盲童学院的孪生姐妹，1980年

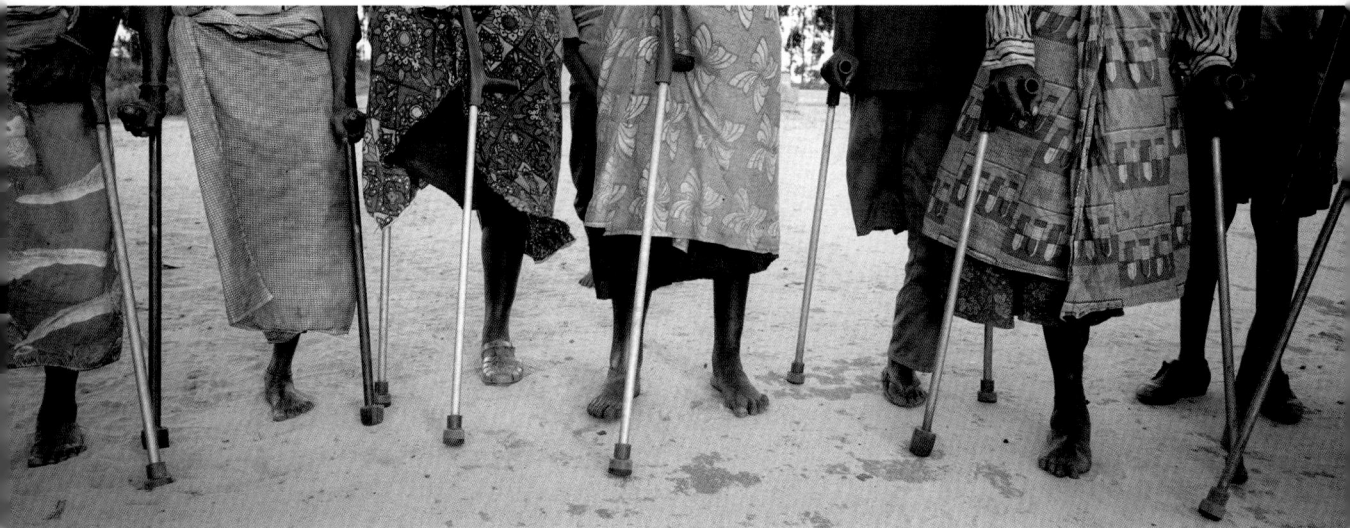

地雷受害者营地，安哥拉，2002年

我们的任务便是要用相机捕捉照片。人们总是忙于整理各种事务而看不到照片，因为他们没有观察。不要忘记，摄影是视觉艺术，你必须始终观察、观察、再观察，并能观察到你在看的东西。

江融：显然，你十分注意视觉线索。你曾说你的项目常常起源于你所注意到的一些视觉线索，例如，盲人上公共汽车，你对他们感兴趣，这便成为你的项目之一。苏珊·桑塔格曾说过，"要集中注意力，最重要的就是集中注意力。注意力是生命力。它使得你与他人沟通，它使得你渴望，并始终保持渴望。"因此，渴望是关键。

阿特伍德：当然是。我父亲生前是科学家，他总是十分好奇，我一定是遗传了他的好奇心。如果你停止渴望和好奇，你无法成为摄影家，像我这样的摄影家必须好奇。

江融：关于你拍摄的盲人项目，你说每

当你进入盲人学校的教室，总会告诉盲人学生你在现场。因为，你感到他们可能知道你在场，如果你没有告诉他们，盲人学生可能会认为你未经允许偷拍他们。你是否认为，拍盲人会更容易，因为他们看不到你？

阿特伍德：后天失明者是另一回事，他们的情况较为复杂。但先天失明者不知道摄影是怎么回事，因此他们不担心会被拍成什么样，他们在相机前自我意识不强。但我不认为拍盲人会更容易，只是不同而已。

刚才你问到偷窥的问题，我在拍摄盲人时，曾感到有可能成为偷窥者。如果我没有告诉他们我在场，那我就是偷窥者，就是在偷拍他们。

江融：你能否介绍一下拍摄盲人孪生姐妹的过程？她们是盲人，但十分自尊。你是在什么情况下拍摄这张照片？

阿特伍德：这两位姐妹是我拍摄的一所

地雷受害者，安哥拉，2002年

盲人学校的学生。她们总是在一起，而且常常手拉着手，她们的母亲总是将她们打扮成一模一样。她们实际上是三胞胎，还有一个男孩完全正常。她们是早产儿，被放在一个保育箱中，太多的氧气打入箱内，使得她们失明。我拍了许多这对孪生姐妹的照片，但觉得她们在走动或在教室里做某些事的照片还不够好，最后，我决定拍她们的肖像，她们只是在等我拍照时摆出姿势，但我没有让她们拉手或穿相同的衣服。

江融：你通常集中拍一个项目，试图通过了解被摄主题，寻找自己对该主题的理解以及你与该主题之间的关系，直到你对结果满意之后，才会开始另一项目。在拍盲人的项目时，你通过做该项目真正想要发现什么？

阿特伍德：刚开始，我认为在盲人的生活中，一定会有一个时刻，他们会意识到自己是瞎子，与其他人不一样。我在想是否能够表现这一时刻，因此集中拍摄盲人儿童而非成人，我曾经拍摄才两三岁的盲人儿童。但是事实上，我无法拍到那个时刻。对于盲人来说，看不见是他们生活的一部分，他们必须学会用不同的办法来度过看不见的生活。

江融：在某种意义上，盲人如同监狱中的囚犯，他们也是生活在一个受限制的世界中。我知道，你一直有兴趣做关于被禁闭或受限制者的项目，是什么原因促使你做女囚犯的项目？

阿特伍德：我一直想到监狱中拍摄。对我来说，监狱是最极端的禁闭，而且是人类发明的想法。刚开始时，我很好奇，想了解迫使某人与世隔绝的做法。许多年前，我要求进入法国监狱，但被拒绝。最后，因为有一个拍摄任务，我得以进入监狱。当时，法国司法部不允许女人到男子监狱中拍摄，而只能去女子监狱。我感到失望，认为女子监狱不如男子监狱有意思。我看到过男子监狱的照片，但没有看过女子监狱的照片。

然而，当进入女子监狱，与女囚交谈，听了她们的故事，看到她们在狱中的生活状况时，我意识到这才是应当拍摄的。1989年，当我开始该项目时，还没有人谈论这些女囚犯，也无人知道监狱中女囚犯的情况。

江融：换句话说，你并没有刻意专门做与妇女有关的项目？

阿特伍德：完全没有。人们常常这么认为，但事实不是这样。我出版过一本关于

法国外籍军团的画册，全都是男人。让一路易也是男人。盲人学童有男也有女。一些女权主义者认为，我的作品是为妇女而进行斗争。我的确捍卫妇女，但也捍卫男子。我认为，我所做的是见证，关于妓女的项目便是如此。重要的是，女摄影师可以去一些男摄影师无法去的地方，反之亦然。

江融：你能否再举一个男摄影师无法去的地方？

阿特伍德：例如妓院，男摄影师无法与妓女建立如同我所建立的那种关系，她们可能不会像对我那样对男人吐露心声。同样，女摄影师在修道院中可能无法深入拍摄，因为那是一个对女人封闭的地方。所以，我们需要男、女摄影师才能全面报道所有的事情。

江融：你曾说过，被摄者有可能在拍摄之后被利用。

阿特伍德：是的，因此，我在决定如何使用我的照片时非常谨慎。我从来没有付钱给某人让他允许我拍照，我也不允许我的照片被用来促销某个产品或做任何广告。除了大街上的人之外，我让几乎所有被拍过的人签肖像许可书。除非我有许可书，否则，我不会将照片给代理图片社让他们出售给杂志或报纸使用。

在我出版的妓女画册中，有一张照片没有肖像许可书。我知道该女子是经过登记的妓女，因此，不会因暴露她的妓女身份而伤害她，但我仍然有可能被告，因为我没有获得她本人的许可而使用她的照片。不过，这

张照片只用在画册中，没有在报刊或电视上使用。

江融：所以，你对被摄者的负责赢得了他们的信任。你认为，诚实是摄影师的终极责任，好奇和热情也很重要。除此之外，对于摄影师来说，还有什么很重要？

阿特伍德：所有这些都很重要。你必须知道为何要拍照。这不是游戏。摄影可能是危险的。如果你不是一个踏踏实实的人，如果你不知道自己的局限性，拍摄这些题材可能在身心方面都会有危险。

江融：如同你在阿富汗拍摄地雷的项目。

阿特伍德：那是经过周密考虑后冒的险。当你去那种地方之前，必须了解大量资料，你需要与当地工作人员交谈。当时有两位已在那里工作数周的排雷人员陪同我。有时，年轻摄影师认为他们可以到任何地方进行拍摄。如今，这种情况已经难以发生，世界已经变得十分危险。

有一点对摄影师很重要，那就是你必须保持冷静，不能因所拍摄的情况而过分激动，不知所措。像我这样的摄影师，有点像医生，每天医生都得面对疾病甚至死亡，她必须既要厚待病人，又要坚强到能够对他们进行治疗。

江融：你曾说过，有一次在监狱中，一名女囚犯割腕后，被拖出来，一路上鲜血直流，非常恐怖，你没想到会发生这种事情，甚至没有想到要拍照。

阿特伍德：有时，我可能过于震惊或感动而没有拍照。正如在该情况中，当时事情发生得太快，我对这个暴力场景没有准备。有了这么多年的经验之后，我对自己相当了解。如果我对拍摄某个镜头感到不舒服，我便不会拍摄。

江融：你赢得过许多奖，包括许多大奖。当你回顾30年的拍摄生涯，最大的收获是什么？

阿特伍德：我最大的收获是认识了所有我已经拍过的人，并得以进入到他们的生活中，这些非常特殊的关系成就了我的一生。

江融：谢谢。

穿透摄影的智者之思
——对话法兰克·福尼尔

1948年，法兰克·福尼尔（Frank Fournier）出生在法国南部圣塞维小镇，父亲是外科医生，希望他能继承父业，但福尼尔从小便喜欢摄影和电影。高中快毕业时，越战愈演愈烈，福尼尔想去越南，父亲火冒三丈，逼他上医学院。后来在医院手术室实习期间，他突然决定弃医从影。

在瑞士学习摄影课程之后，1976年他来到纽约，像所有新移民一样打拼，1978年开始在联系图片社担任编辑和行政工作。正式成为新闻报道摄影师仅五年，便以报道1985年哥伦比亚火山爆发组照获得1986年世界新闻摄影比赛突发新闻系列一等奖，其中《奥玛伊拉》获年度最佳照片摄影大奖。

福尼尔是第一批关注和报道艾滋病在美国和罗马尼亚肆虐的摄影师之一，在他三十多年的拍摄生涯中，报道过黎巴嫩内战、洛杉矶夏季奥运会、1987年华尔街股市崩盘、海湾战争期间库尔德族难民营、索马里战乱、波斯尼亚暴行和卢旺达灭绝种族事件，多次获得世界新闻摄影大奖及其他奖项。学医的经历，使得福尼尔较多地关注与生命有关的主题，尤其是妇女和儿童。近年来，他将镜头对准居住在纽约的外国移民，拍摄了题为"探看什锦糖果店"的项目。

作为世界著名摄影家，福尼尔十分平易

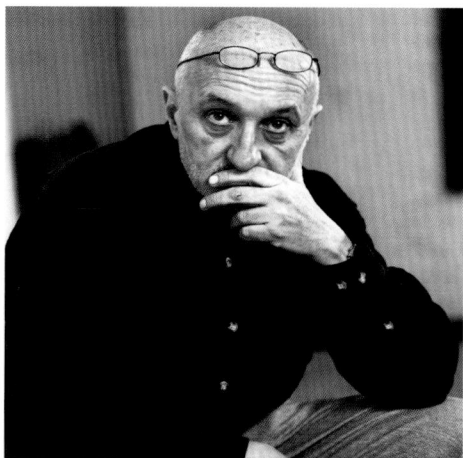

江融/摄

Frank Fournier

近人，并始终生活在经济拮据的边缘状态，经常为医疗保险和房租发愁。尽管如此，他仍坚守独立摄影师的身份，不从事商业摄影。以下的访谈是在他自己动手修建的简易工作室中进行。

江融：你何时开始为联系图片社工作？为何要为联系图片社工作？

福尼尔：我通过朋友介绍认识了联系图片社总裁普雷基。当时，他刚创立联系图片社，打算吸收一批报道摄影记者，专门报道

教皇保罗二世在演讲中，1983年

主流媒体不一定报道的故事。1978年开始在联系图片社工作时，我十分高兴，那是一种获得自由的感觉，能够从事拍摄任务我感到兴奋和满足。

江融：你的第一个拍摄任务是什么？

福尼尔：1980年，我接到第一个拍摄任务，《时代》杂志派联系图片社的阿龙·雷宁格（Alon Reininger）和我报道西班牙首次自由选举。当时独裁者佛朗哥刚死不久，教皇将在大选后访问西班牙。我和雷宁格进行分工，我们可以自行选择与大选有关的重要故事进行报道。

江融：拍摄任务通常是由谁决定的？

福尼尔：大部分的拍摄任务是自行选定的，这非常重要。我们不需要听从某个编辑告诉你说，"上级告诉我，这个拍摄任务很重要"，我们只靠直觉、经验和专业精神作为指导。

以色列总理拉宾、美国总统克林顿和巴解主席阿拉法特（左起），1993年

在这方面，普雷基有丰富的经验，并能告诉我们某个主题的难度。当我们有某个想法时，他往往会建议，"如果你要做这个专题，或许从这个角度切入会有意思。"

江融：能否举例说明？

福尼尔：有一次，普雷基问《时代》周刊的一名摄影记者查克·菲什曼（Chuck Fishman），"最近在忙什么？"查克说，"我打算拍一些关于马拉松的备售照片。"普雷基说，"如果我是你的话，我不会拍马拉松的备售照片。"查克问，"那你会拍什么？"普雷基回答说，"《体育画报》和《体育新闻》等杂志的摄影记者通常拍摄首先跑到终点的运动员。他们专门报道冠军获得者。这类照片的结果往往可以预料到。如果我是你，我会报道最后到达终点的人，我有兴趣了解这个人。"

虽然最后到达终点的人不是冠军，却有毅力跑到终点，对任何人来说，这都是精神和体力的巨大挑战。结果那一年，参加马拉

巴勒斯坦人住房被摧毁，黎巴嫩，1983年

松赛跑的人约有三万，最后一名恰巧是一位没有腿的人。你也许会问，"那么，我如何知道谁是最后一名？"普雷基会说，"你会从跑到20公里仍然不放弃的人之中寻找，这是你的工作，这便是你可能与众不同之处。如果做不到这一点，呆在家里算了。"这的确很难做到，但要靠直觉，要对事情有所了解，而且，还要有某种运气。这一切是成为良好报道摄影记者所必备的条件。

江融：那一名断腿的人是否有轮椅？

福尼尔：没有。他只有上半身，靠双手和指关节移动，靠臀部站立。第一天下来之后，他筋疲力尽，但只跑了三分之一路程。他的精神令人敬佩。第二天，他很早起来，继续剩余的路程。大家都已经跑完，而且早就离开，但他仍然以自己的速度在跑。他在勇气和决心方面与其他人进行比赛，完成了令人无法置信的故事。他不愿意被排除在外，这是值得关注和尊敬的。当然，到了第三天，所有的电视台和记者都跟随他，他成

奥玛伊拉·桑切斯在火山爆发引起的泥石流中丧生，哥伦比亚，1985年

了明星。

如果你没有预先注意到该故事，你的报道方式便会十分不同。我想这个故事特别能说明，我们如何进行报道，以及优秀的编辑对于我们的工作如何重要。报道摄影常常是个人完成的工作，但是团队的支持协作是非常重要的。不仅在你出发拍片之前，图片社在财务和后勤等许多方面发挥作用，而且在照片送回编辑时，图片社在确保照片能在故事的适当背景中发表方面，也发挥重要作用。因此，选择合适的代理图片社，对摄影师来说是非常重要的。

江融：联系图片社的摄影师几乎是最先报道艾滋病的，你是其中之一。你如何开始报道该主题？

福尼尔：我在1983年9月通过《纽约时报》的一篇文章了解到该疾病。我清楚地记得，当时我对自己说，"这是另一种癌症。"

雷宁格对艾滋病进行报道比我早，他总是有十分敏锐的想法和独特的看问题方式。

80岁的富菲・哈伦在等车时练习压腿，1990年

罗马尼亚感染艾滋病的儿童，1990年

他建议我们分头进行报道，他负责报道同性恋社区，我则集中在受艾滋病影响的家庭，尤其是妇女和儿童。我报道的一个家庭住在匹兹堡，父亲得了血友病，需要使用与血有关的产品，因此感染了艾滋病，并传给他太太和孩子。

我们在没有财政支持的情况下，对该病追踪报道两三年，试图了解实际情况。

江融：你是如何发现罗马尼亚感染艾滋病儿童的故事？

福尼尔：1990年1月底，《纽约时报》报道，罗马尼亚一些儿童感染艾滋病，被关在一个特殊医院。由于生活条件和对儿童的医疗护理太差，许多儿童感染艾滋病。此病在当地被认为是属于西方人的疾病，前总统齐奥塞斯库否认罗马尼亚存在该疾病。大部分父母将患病的孩子交给该医院之后，便无法再见到他们。这些孩子没有得到应有的治疗，而且缺乏医药，实在可怜！

江融：除了像艾滋病等摄影项目和专题

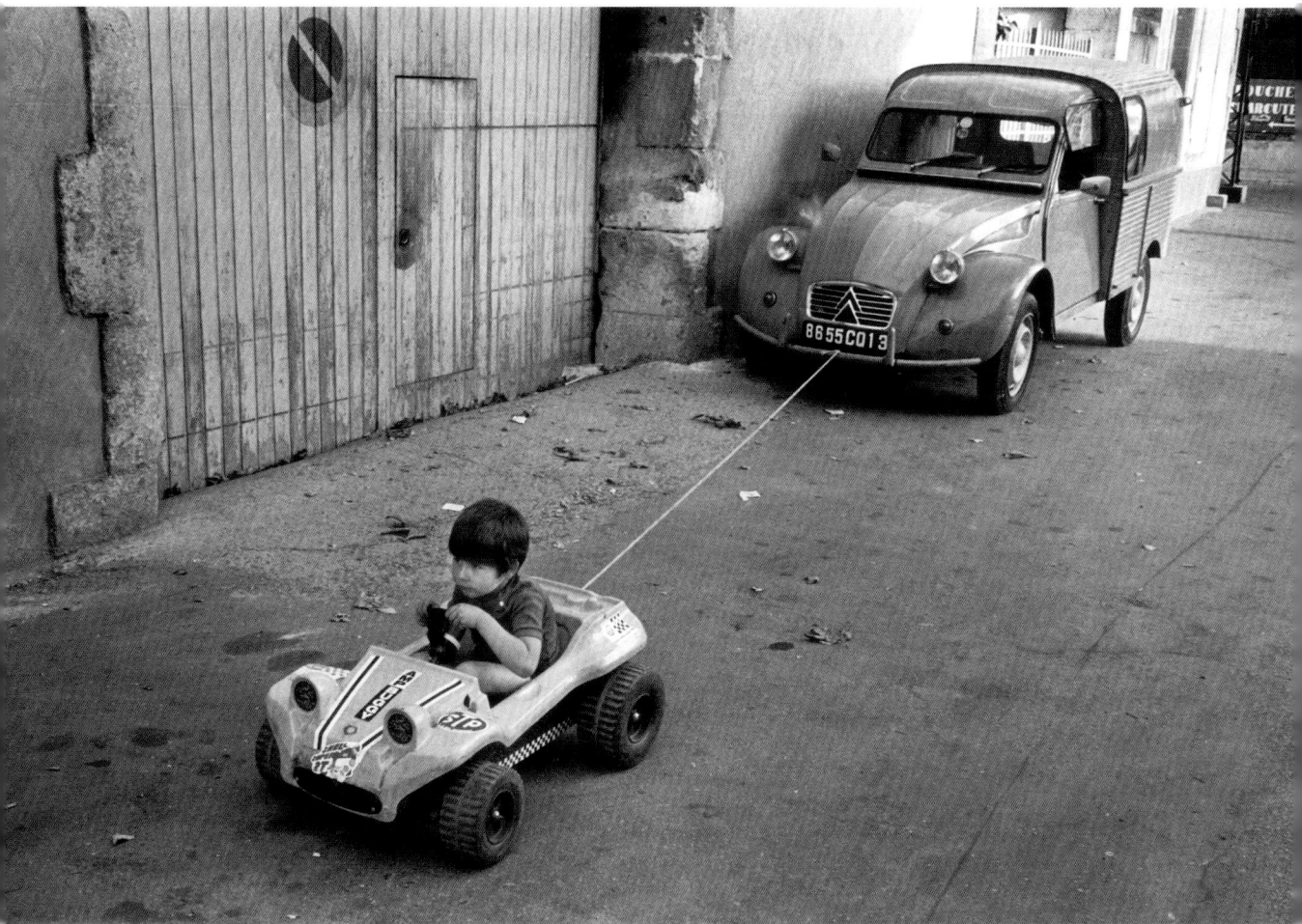

法国普罗旺斯的儿童，1976年

之外，你还到世界各国执行各种不同的拍摄任务，其中有些任务很危险，哪一次任务最为危险？

福尼尔：在黎巴嫩，有人朝我开枪，在萨拉热窝，子弹穿过我的摄影背心，那一次，我很幸运。

不过，新闻报道记者如何到达现场？他们发生了什么事？这些均不应当成为读者关注的重点。故事本身最为重要，其他都不重要。因此，报道摄影记者的重点应当是故事的质量。

江融：我们都知道对记者来说，到达故事现场很重要，如何知道已经到达故事的现场中心？

福尼尔：当你发现基本上只有你本人在现场，而且没有人查你的证件，只有你自己全神贯注地拍摄正在发生的事情，你便会知道，你已到达事件的中心。

江融：你曾说过，作为摄影记者你必须在故事现场中心，离现场一英里都不行。

卢旺达种族灭绝事件中，图西族人被屠杀，1994年

福尼尔：你必须到达现场，这是唯一能拍到照片的办法。不像文字记者，可以在事件发生之后十分钟到达现场，或到达离现场仍有一英里的地方，照样可以写出一篇有事实根据的报道。至于报道摄影记者，你不能离现场还有一英里，甚至十米都不能够报道，你必须在现场中心，而且，其他所有因素都必须对你有利，你的胶卷不能已经拍到第37张，或闪存卡已经没有记忆空间。

江融：那么，你如何界定新闻摄影记者和报道摄影记者？你如何界定报道摄影？

福尼尔：对该问题有不同的说法，我不想有任何歧视性的说法。我认为，新闻摄影记者通常为某机构工作，该机构向他们提供器材和资料，以及在某时到达某地的所有办法。他们必须立即报道正在发生的情况，并将照片发回该机构。报道摄影记者对故事有更深入的报道，他们对所报道的故事需要花

坦桑尼亚边界的难民营，1994年

更多一点的时间，而且，报道的角度和方式能够使观众对该故事有更多的了解。

　　江融：你能否与我们分享一下最令你难忘的经历？

　　福尼尔：我不知道如何回答。在许多情况中，除了报道之外，我们无法帮助别人，这使我们有很严重的心理创伤。你基本上一辈子都忘不掉这些人。他们不时会出现在你的脑海里，有时是路上的某种味道、某种声音，唤起了你的记忆，有时，他们又出现在你的梦中，因为，这些事件如此的紧张，令人难以忘怀。在战争中，看到儿童或任何人受苦，的确令人心碎，因为这些儿童就像自己的孩子，这些人就像自己的父母。

　　江融：作为报道摄影记者，你见过这么多的流血事件，这么多的痛苦，留下许多心理创伤。那么，亲睹卢旺达灭绝种族事件，是否是你创伤最为严重的一次？

福尼尔：的确如此。卢旺达所发生的灭绝种族事件是我从未见过的。在卢旺达拍摄任务快完成之时，我意识到，法国总统密特朗和美国总统克林顿从一开始便知道卢旺达的局势，我感到自己被愚弄了。由于这些领袖缺乏政治勇气和领导能力，没有及时做出决定，几十万名卢旺达人丧命，这些人不该死去。

江融：报道摄影记者是事件的见证人，他们进行调查和报道，使读者与事件发生现场联系起来。你曾说过，报道摄影记者能发挥桥梁作用。

福尼尔：是的，你能在读者与某个地方、某个正在发生的事件之间建立桥梁，而且，重要的是，你一定要追踪正在发生的事，而不应当寻找哪些是可以卖钱的故事或寻找能够讨人喜欢的题材。例如，没有奶的非洲母亲抱着一个孩子的画面，所有人都想拍这张照片，参加"荷赛"。获得荷赛奖固然很好，但不能老是拍一个题材。我感兴趣的是，对同一个题材能拍出不同的看法。

江融：有人说，报道摄影记者既不是警察，更不是上帝。

福尼尔：他们不是传教士，不是警察，也不是医生。他们的责任只是拍照，记录正在发生的事件。

江融：他们能采取立场吗？我的意思是，每个人都有自己的意识形态，这会影响照片的取向吗？

福尼尔：为何不可？

江融：你认为报道摄影记者应当在他们的作品中反映他们的立场吗？

福尼尔：为何不可？我对有自己观点的作家感兴趣。这位作家可能是右派或左派，对问题会有某种看法，但只要有论据就行，这样能了解到他们的想法。完全的客观是不可能的，最重要的是要诚实地记录事件。你必须有事实根据，你必须努力地工作，你必须尽可能了解事情的真相。

江融：摄影记者能否参与到某个事件中？

福尼尔：你不能参与正在发生的事件。如果正在发生示威游行，你不能作为示威者参与游行。如果有两派发生冲突，你不应当支持一派，反对另一派，但如果你认为，有一派的观点比另一派的观点更为有趣，那是无可厚非的。我的意思是，你不应当参与某个事件，唯一例外的是，当报道摄影记者需要主动抢救某人的生命。

江融：这就让我要问你如何拍奥玛伊拉照片的问题，那也是一个生死攸关的情况。

福尼尔：让我解释一下背景情况可能会有帮助。当我遇到她时，已经是星期六，而火山是在星期三爆发。所以，她一直被埋在水中。我知道，她难以活下来，因为她的下半身被倒塌的墙压住，需要训练有素的医务人员和先进设备，才有可能救她。如果将她很快拉出来，她也很可能会死于有毒的血液。我知道我无能为力，作为报道摄影记者，我唯一能做的是尽可能将报道做好。

江融：奥玛伊拉那张照片无疑是20世纪最有震撼力的照片之一。你能否谈一下摄影

海地民众庆祝独裁总统杜瓦利埃下台，1986年

的力量？

福尼尔：每天都有大量的照片发表，你也无法断定人们如何解读这些照片。大部分照片都随着报刊杂志被扔到垃圾箱。作为摄影师，你很难知道你的作品会产生什么影响。

我拍摄亚里桑那的那位老太太在公车站牌柱上做伸腿运动的照片，属于人物照片，我从来不觉得这张照片有多好，但竟然有这么多的人喜欢，这让我了解到照片如何能够对人的生命产生影响。

这张照片在法国《费加罗杂志》发表之后，她被邀请到法国，接受多家电视台的采访，其他杂志也报道她的故事，她很快便出名。这张照片被印成明信片，成为最畅销的照片之一，甚至保险公司都找她做代言人。通过她的照片和奥玛伊拉的照片，我意识到摄影的巨大力量。

江融：你认为如何能使照片有震撼力？

福尼尔：我无法告诉你。没有任何现成的公式，如果有的话，每个人都能做到，这样的照片不会有趣，因为每个人都在重复。一张好照片是用脑子和心拍出来的，这是我唯一能说的公式。有时候，公众会告诉你哪张是好照片，老太太的照片便是一个例子。

江融：所以，照片发表之后，便有自己的生命。

福尼尔：的确如此，这张照片被无数次复制。实际上，是这位老太太产生了这张照片，而不是我，我只是碰巧将它拍下。这便是为什么说生活是如此有趣和精彩，如果你与他人共振，他们会给你最好的礼物，他们会尊重你，会告诉你他们是谁，他们的想法、他们的信仰、他们为何生气、他们为何在爱恋中。他们给了你这么多，使你感到必须尽力将工作做好。你欠了这些人这么多，你拍的照片和你的报道必须适当、诚实和恭敬。这是至关重要的。

江融：要想拍到有震撼力的照片，需要大量实践。你曾经说过，摄影犹如弹钢琴。

福尼尔：是的，著名钢琴家鲁宾斯坦（Arthur Rubinstein）曾说过，他从两岁开始弹琴，16岁时，他认为没有人弹肖邦能够超过他。当他到了40岁时，才意识到，自己在16岁时说的话很愚蠢，因为现在他认为自己才开始知道如何弹琴。但在80岁时，他说，他在40岁时太狂妄，现在他才能弹得稍微好一点，因为在弹了70几年之后，他的手指才能弹奏得更自如一些，40岁时，他的手指还是太僵硬。

当你年老之后，你的膝盖可能不太灵活，但你在处理问题时已经与年轻时不一样，年轻时并非不能出好作品，但通常随着年龄的增长，你能拍得更好。

江融：有人认为，由于数码技术的发展，摄影现在正处于十字路口中。你如何看待该问题？

福尼尔：我认为，摄影是靠你自己创作出来的。由于数码相机的出现，以及报刊杂志的转向，报道摄影曾经处在十分困难的境地，但这种状况已经过去。

正如纽约市一样，人们常说，纽约处在十字路口中。20年前，市政府经济拮据，但后来又起死回生。5年前，纽约世贸大楼遇到了可怕的恐怖主义事件，纽约人处在严重的创伤中，但他们再次克服了困难。

江融：谈到纽约市，我知道，你从1999年开始做一个关于纽约市的项目。该项目称作"探看什锦糖果店"，你为何开始做该项目？

福尼尔：当时，纽约处在一个转变时期，结果该项目做得十分及时。"9·11"事件之后，纽约选出一位新市长。这些照片是在一个时期结束，另一个时期开始之时拍摄的。从该角度来说，这些照片相当有趣。

江融：有这么多的摄影家拍过纽约。

福尼尔：我不在乎。每天都有许多人在重写罗密欧与朱丽叶的故事。

江融：那么，你的纽约照片与其他人如何不同？

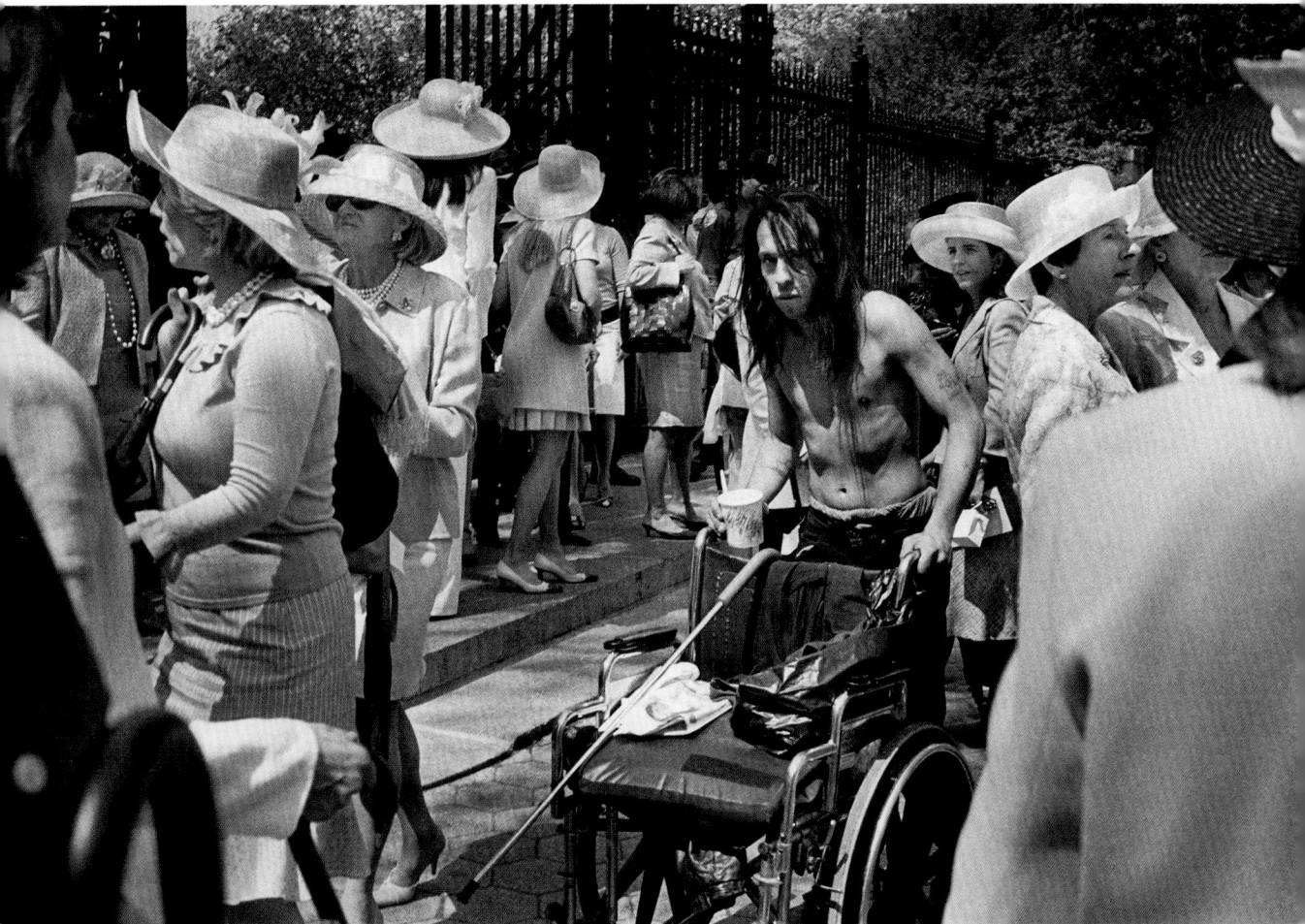

美国纽约上流社会刚结束在第五大道的派对，2003年

福尼尔：我不知道，我只知道，这些照片十分个人化。我采取印象主义的手法拍摄我工作所在地和我所尊重的城市。纽约是个十分迷人的城市，始终在发生着一些事情，你从来不会对该城市感到厌倦。我喜欢该城市，我并没有想与某摄影家进行比较，我只是做了我想做的一件事，也是想借此感谢该城市，仅此而已。

江融：是否在做任何新项目？

福尼尔：目前我正在做关于纽约市皇后区的一个项目。拍摄一条非常短的街，只有一英里半长。但在这条街上，有四十多座不同的寺庙和教堂，有穆斯林、印度教、神道教、天主教、基督教、犹太教和佛教等。

江融：有计划再到世界各国拍摄吗？

福尼尔：我已经到世界各国拍摄了25年，我需要反思如何才能工作得更好，尤其在去卢旺达之后。在某个时候，你需要停下

纽约时报广场的狂欢，2000年元旦

来，抽出一段时间思考一些问题，然后进行整理，之后再出发。现在我充满精力，我想再度出发，拍得更好。

江融：从事报道摄影30年，谁对你作为摄影家影响最大？

福尼尔：我十分尊重许多摄影家，如吉列·佩雷斯（Gilles Peress）和尤金·理查德斯（Eugene Richards），我认为他们的照片很棒而且有趣。但作为摄影家，最重要的

灵感来自生活，而非来自这些摄影家。我羡慕许多人，而且，看到好照片时，会高兴地妒忌许多人，但生活是我摄影灵感的最大源泉。

江融：你能否给中国摄影师一些建议？

福尼尔：中国摄影师应当拍摄我们西方摄影师正在拍摄的故事，因为他们的文化、背景和教育与我们如此不同，我期待看到他们如何看待我们所报道的故事和问题。应当

不仅只有美国或西方的观看角度，我们需要各种角度。应当有非洲或南美洲的摄影记者拍摄中国，或许才能表明中国曾经对某个问题的看法过于狭隘。

中国摄影师不应当模仿西方，那将十分悲哀而且无趣。我也感兴趣看到中国摄影师如何记录本国的问题，即使他们不理解这些问题，只要他们思考并致力于拍摄这些问题，就能拍出自己的作品。如果你利用自己的视角、文化和理解进行拍摄，你便会成功。

江融：谢谢你！

本访谈图片提供：法兰克·福尼尔

©Frank Fournier/ Contact

摄影并不给予答案，而是提出问题

——对话乔治娅·菲奥莉欧

世界上有极少数的摄影家，为自己定下长远的目标。他们选择游离在主流社会之外，拒绝商业浪潮和摄影市场的诱惑，避免现代技术可能造成的分心，以磐石般的定力，花十年甚至更长的时间，心如止水，潜心做一个摄影项目。摄影成为了他们置疑这个世界，开展个人探索的手段。著名意大利女摄影家乔治娅·菲奥莉欧（Giorgia Fiorio）便是其中的佼佼者。

菲奥莉欧从1990年开始拍摄拳击手，之后便一发不可收拾。为了探索封闭的男人世界，她花十年时间，先后拍摄了意大利军人、乌克兰矿工、俄国海军、法国外籍军团、西班牙斗牛士、美国消防员、马里沙漠骑兵和意大利水手。身材瘦小的她，背着沉重的摄影器材，下到一千四百多米深的矿井；跟随士兵前往波斯尼亚和乍得的战场；与消防队员、骑兵和水手共同生活。终于，她赢得了被摄对象的信任，完成了一部专门探讨西方社会集体意识中"理想"男子形象原型的视觉文献。

2000年，菲奥莉欧又踏上新的探索征程，这一次，她的眼界更加开阔，从菲律宾天主教徒扮演耶稣受难的苦行仪式，到海地巫术教的洗礼活动；从印度教徒在恒河每12年举行一次的大壶节，到埃塞俄比亚部落中的棍棒交战比赛；从藏传佛教徒前往喜马拉

江融 摄

Giorgia Fiorio

雅山的朝圣，到秘鲁安第斯山上印第安部落的祈祷……她在过去的8年里，走遍世界各地，包括中国的黄山和武当山，拍摄题为"福赐"（The Gift）的摄影项目，从世界各地不同宗教和信仰的仪式中，来追寻人类共同的精神遗产，探讨人与神以及人类周而复始的生存状况问题。

菲奥莉欧认为，人的灵魂是影子，人的肉体则是影子的影子，因此，她特别注重捕捉被摄者的姿势，认为人的姿势蕴含着人与这个世界的各种关系，而且，是亘古不变的。她的影像既入世，又很出世，十分空灵，仿佛来自另一世界，没有时空的限制。

菲奥莉欧还认为，摄影是置疑世界的方

"男人"项目，法国外籍军团，加蓬，1995年

式之一，并不给予答案，而是提出问题。因此，在过去的20年里，她一直以摄影向自己，也向观众提出各种问题。菲奥莉欧年仅41岁，但已经有评论家将她与世界著名摄影家萨尔加多相提并论。我们期待着又一个萨尔加多的诞生。

江融：我相信，人们最常向你提出的一个问题是，为何你花十年时间做了一个关于男人的摄影项目？是什么让你如此着迷而要做这个项目？

菲奥莉欧：我开始做该项目时，才21岁。刚开始研究做什么项目时，通常不知道

"男人"项目，西班牙斗牛士大卫·蒙托亚，1996年

"男人"项目，法国外籍军团，圭亚那，1995年

会发现什么主题，会是什么结果，也不知道会花多少时间。我更不晓得会做一个关于"男人"的项目。

当时，我在纽约国际摄影中心上课，毕业前三个月，我开始做一个有关拳击手的项目。后来逐渐进入这个对我开放的男人世界，并意识到，有责任介绍该世界。这是一个我不知道却又很想了解的世界。结果，我不仅拍摄了拳击手，而且，拍摄了矿工、士兵、水手、消防员和斗牛士。这些男人均来自西方社会，而且是一个封闭的群体，尤其很少对女人开放。他们的日常生活是在挑战身体极限。从某种意义来说，该项目是探索西方集体意识中的形象原型——属于这些群体的男子被视为20世纪的"理想"男人。

刚开始，我对这些男子所表现出来的尊严印象深刻，他们所选择的生活方式充满威胁。在极度的压力之下，人类能够迎接挑战，变得更加伟大。因此，我从拍摄一个人物形象转向另一个形象，结果拍了十年。但是，我最终发现，所有这些人物的力量恰恰表明了人类生存的脆弱。这就颠覆了一切。

江融：我也在想为何你没有再花十年时间做另一个有关"女人"的项目？

菲奥莉欧：我不会这么做。

江融：为何不会？

菲奥莉欧：不应当分门别类地选择拍摄主题，不应当拍了"男人"，而后拍"女人"，然后再拍"儿童"。我并非一开始就确定要做一个有关"男人"的项目，我是从社会的某一个原型着手，该原型碰巧是男子。另外，摄影并不给予答案，而是提出问题，它是置疑这个世界的方式。我更愿意置疑我不了解的世界。作为女人，我对探索男人的世界更有兴趣。观看女人，我会有一些偷窥的感觉。

江融：作为女人，你是否认为更易于接近所要拍摄的男人？

菲奥莉欧：不，我不认为如此。身为女人，只是当时我选定男人作为关注对象的原因之一。

江融：作为男人，我认为，更难于接近其他男子进行拍摄。

菲奥莉欧：对我来说，当时将男人作为拍摄对象是非常难的。但我认为，如果你尊重他们，他们慢慢地是会让你拍摄的。因此，我总是花许多时间与每一个拍摄群体在一起，过一段时间，就能与他们建立关系。

我并没有太多考虑这些关于性别的问题。我更感兴趣了解未知的世界，男人的世界在当时对我来说是陌生的，但也只是作为社会的组成部分进行拍摄。现在我正拍摄的项目包括男人、女人和儿童。这是关于人类而非只是关于男人的项目，它涉及人类生存的本质，是更为广义的人类。当拍完关于男人的项目后，我再没有将他们视为一个社会的类别，而是将他们视为人。

江融：你当时在做男人的项目时，将这些男子视为过去西方世界的"理想"人物。我在想为何你没有将东方的男子包括在内？

菲奥莉欧：因为相对于东方世界来说，这是我较为熟悉的世界。

江融：但你说过，你想了解那些你不熟悉的世界。

菲奥莉欧：是的。但我当时只决定做一个关于西方社会的项目，而不是世界任何其他地区的项目，我从一开始便做出该决定，因为我从国际摄影中心毕业后，不想做一个迂腐的项目。

江融：什么是"迂腐的"项目？

菲奥莉欧：就是人们通常所期待的那种摄影项目。我不想拍摄一个具有异国情调的地方，如东方；我也不想拍摄"可爱的"儿童，或"漂亮的"女人。我只想了解我不理解的世界，因此，我根据当时的记忆和过去想象中的"理想"人物，选择做该项目。过

"男人"项目，德国潜水兵，1999年

"男人"项目,西班牙斗牛士查维埃·孔德,1996年

去,我奶奶常常说,"男人很强壮。"我对此表示怀疑,因此,才做该项目。

江融:你曾说过,"这些男子面对一种完全真实的生活",这正是你试图捕捉的核心内容。而且,你总是要将个人的想象转变成你的摄影作品。因此,在你拍摄之前,也许你已经在脑海里有某种想象。

菲奥莉欧:是的。大家都有某种想象的记忆,但现实与想象总是矛盾的。摄影不仅只是呈现现实,还需要诠释现实。因此,摄影是现实和想象的结合,这才构成你的独到眼光。摄影不可能完全客观,它始终是一种

"福赐"项目，耶稣显灵节，埃塞俄比亚圣乔治斯大教堂，2000年

观点。

江融：我知道，文学是你获得观点的途径之一。你大量阅读，在去俄国拍摄之前，你读了大量俄国文学作品。

菲奥莉欧：是的。我阅读大量的文学作品和诗歌。我没有电视，而且，也很少上网。

江融：你为何反对现代技术？

菲奥莉欧：我尽可能保持童贞的眼光。我认为，摄影的功能之一是置疑这个世界。如果你观看的方式完全受当今影像的污染，那么，当你观看时，你便会先入为主地认为，已经看过了。

江融：所以，我认为，你的影像似乎来自另一个世界。

菲奥莉欧：当你阅读时，你也在想象。想象力强化你的愿望，你才会决定，必须去证实你的想象。例如，你知道，在这扇门之外，是一条走廊。假如你根本不知道门后面是什么，那么，就可能是大海。这就是说，如果你自以为是，便不会打开门。因此，我认为，我们应当保持某种童贞。

摄影也是一种体力活，你到达一个不同时空的地方，你接触到不同的人，只有通过你的想象力，才会找寻到你想要的东西，所以，摄影是一种欲望，如同恋爱。你在脑子里想象你所听说的这个人的各种情况，你从未见过面，却已经爱上，因此，你很想见到此人。摄影也一样。

江融：你是否认为，文学与摄影有矛盾，因为文学是"文字"而非"影像"组成的。

菲奥莉欧：对我来说，文字、诗歌和音乐均是能唤起和强化我想象力的不同手段，因为我会预先想象我所要拍摄的影像。我也喜欢观看不同时期的绘画，这有助于我的构图。

江融：从你的照片，能看出你深受意大利文艺复兴时期艺术作品的影响。

菲奥莉欧：我喜欢他们的构图，对我来说，这些艺术家的作品非常重要。我对画面中人物的构图十分讲究。

江融：你说过，你一直在做一部宏大的视觉叙事诗，你所出的每一本画册，成为该叙事诗中的一个章节。你已完成的有关男子的项目便是如此，你共出版七本画册，最终，你精选其中的最佳照片，将它们编成一本名叫《男人》的画册。我认为，你的确完成了一部视觉叙事诗。

菲奥莉欧：但我认为，我的作品既不是叙述性的，也不是描述性的。我的影像不是在讲述故事，它们不是报道摄影。相对于我正在做的项目，我所做的关于男人的项目更接近纪实摄影。就目前的项目而言，我的拍摄对象不是现成的，不在我的眼前。它不是关于某个人的项目，而是关于人类毕生求索的项目，他们到底在寻找什么是一个谜。我也不知道答案，否则，我也不会做该项目。

江融：那么，你如何界定自己？你是一位艺术摄影家，还是一位纪实摄影家？

菲奥莉欧：刚开始时，我是一名纪实摄影家，更多地拍摄与社会问题有关的摄影，现在我的摄影更多与人文有关，同时，又是我个人的探索过程。我的摄影中有艺术摄影的成分，因为我在构图和最终放大的照片制作方面很下功夫。对我来说，如果我自己不放大照片，便不存在我的影像。

江融：你将杰鲁普·西埃夫（Jeanloup Sieff）视为你的良师益友。他可是一位艺术摄影家。

菲奥莉欧：他并非是我唯一的老师，但我必须承认，他对我产生了重大影响。

江融：还有谁对你也产生过重大影响？

菲奥莉欧：唐·麦卡林在我开始创作时也对我产生重大影响。当我从国际摄影中心毕业后，做了拳击手和意大利士兵的项目，在法国阿尔勒摄影节上获奖。那一年，麦卡林在阿尔勒上有个大型回顾展。虽然他喜欢我的作品，却十分严肃地对我说，"你必须更上一层楼，你必须超越自己，走到你自己的对立面。"当时，我还无法真正理解这句话的含义，但我能感觉到他说话时的紧迫感。麦卡林的这番话让我意识到对摄影要做出道义上的承诺，至今，我一直铭记在心头。我认为，摄影是强有力的交流工具，摄影不仅只是拍照，它还必须有意义。面对当今的世界，这是一项重大的责任。

江融：我在想，你是否曾想过要成为像麦卡林一样的战地摄影家？

菲奥莉欧：没有想过。

江融：如果你认为，你所要拍摄的男子是将"死亡视为每天都可能发生的现实"，

"福赐"项目，旋转中的伊斯兰教苦修教士，土耳其，2004年

"男人"项目，"托纳罗帝号"上的水手，意大利，1999年

那么，你为何不到真正的战场上？

菲奥莉欧：当我拍摄法国外籍军团时，去过波斯尼亚战场，我也随他们到过乍得。我从来就没有想过要模仿麦卡林。我认为，艺术家有两类：一类是表达自己的艺术家；另一类是思考型的艺术家。事实上，灵感和表达是无止境的，只是我们的思想有许多限制。只要我们做好思想准备，拍摄主题便会降临到你的脑海中。

例如，我不喜欢寒冷的气候，但我已经五次到过喜马拉雅山脉和安第斯山脉拍摄，我感到必须去那里拍摄，我并没有决定去那里，只是觉得无法回避，我的直觉告诉我要这么做。

江融：我注意到，你喜欢用中画幅的相机，6×6和6×12画幅。你下矿井拍摄乌克兰矿工，是用什么相机？

菲奥莉欧：中画幅相机。

江融：当时你用闪光灯吗？

菲奥莉欧：是的。事实上，在矿井下用闪光灯会有问题，有可能引起爆炸。每天下井前，都必须确保是否能用闪光灯。

江融：你是否一直用黑白胶卷？

菲奥莉欧：是的。

江融：你是否认为黑白胶卷是唯一能表达你眼光的媒介？

菲奥莉欧：我喜欢其他摄影家的彩色作品，但我不是用彩色眼光看世界。我能看到不同影调和光线，我能看到高光、暗调和不同的灰度。摄影是一种语言，摄影家有不同的表达方式。通常，人们以"彩色"观看世界，因此，彩色摄影更接近现实世界，它更像散文，有许多有色彩的词汇；黑白摄影像诗歌，用词更简洁。

江融：2000年，你如何想到要做这个题为"福赐"的新项目？

菲奥莉欧：我做完男人的项目后，意识到我不想再做关于西方社会的项目。我非常想了解什么是每个人都有的东西，这是我们有限生命的秘密。因此，我十分谦卑地开始个人的探索，了解人类如何面对有限的生命，了解人类的信仰最早如何面对这个现实。

刚开始，我想从一种宗教拍摄到另一种宗教。当我第一次拍摄该项目回来之后，便立即意识到，这种方法是不可取的。我不是在盘点所有的宗教。

有一天，我在埃及开罗博物馆观看远古时期的伟大雕像，突然意识到，这正是我要寻找的。这些旷古的雕像及其永恒的姿势让我想起仪式的起源。我的项目不是关于宗教，也不是要采用百科全书的方式进行拍摄。我所要寻找的是世界各地仍然在采用的与人类起源有关的仪式，并探索人与上帝之间的关系。但我也非常谦卑地意识到，这只是我个人的追寻。

在做该项目期间，我有时会惊讶地意识到，物质世界是精神世界的基础。所有的仪式都是围绕着"循环往复"的过程：从生命到死亡，从无生命到有生命。它们都是关于创造、生育、新生和死亡。这个项目的题目"福赐"是一个有传递含义的词，它是人类历史上最古老的词汇之一，其含义包括给予、馈赠、接纳和回赠，这是一个循环往复

"福赐"项目，用椰树汁纹身的仪式，巴西，2007年

的周期：生死的轮回。尽管仪式各不相同，属于不同的文明，但都是与馈赠和感恩有关，而且都是用生命进行馈赠和感恩。

江融：从你上述有关该项目的描述，我能感觉到，它的含义十分深刻。但你认为是否能通过影像将这些认识传达出来？

菲奥莉欧：我不知道，但我一直在努力。我一直在对自己提出各种问题，我的影像也在对观众提出问题。它们没有答案，只是谜一般的证据。对于摄影师来说，这是重大的挑战，我的被摄对象不在眼前，它会自我呈现出来，你必须有福分才能看到，在这些被摄对象面前，我始终感到非常谦卑。

江融：刚才你提到十分重视各种姿势。你在做关于男人的项目时，发现"所有这些在不同状况中男子的姿势都是相同的，它们都是这些男子面对各种艰难困苦场面的相同动作，亘古不变"。你在做目前的项目时，又发现"所到之处，你会看到人们不断重复这些姿势"。你说过，对宗教信仰的教条不感兴趣，而是对各种姿势感兴趣。你为何对姿势如此感兴趣？

菲奥莉欧：因为我是摄影家，不是作家。如果我是作家，我会用词汇来描述我的感受。作为摄影家，我是通过你的一举一动来感知你，即使你不怎么动，我也能从你的姿态和面部表情加以感受。因此，人的姿势是对这个世界的反应，它们是我作品的关键。在做完"福赐"项目之后，我打算做一个世界各地雕像的项目。

江融：为何要做这个新项目？

菲奥莉欧：因为我想探讨世界各地的人如何在历史上表达他们对自己的感受。古代人对自己的感受是将上帝拟人化，这种感受经过几千年才逐渐地从神变成人。对我来说，这是一个非常让我激动的项目，当我观看雕像时，我注意到，雕像的影子正是该雕像原型的影子。想到这一点，便让我感到震惊和昏眩。

江融：我认为，你实际上是生活在自己的世界里，这是一个不真实的世界。你正在进行个人的探索，这种探索是宏大的，最终会产生视觉的史诗。你如何做到这一点？

菲奥莉欧：并非是我自己决定要到大风大浪中去经受考验，我发现自己已经被抛到大海中。从某种意义上来说，我别无选择，必须奋力游泳才不会被淹死。这是我无法回避的，只能去做，而且，希望自己能够坚强地做好。

江融：祝你好运！

本访谈图片提供：乔治娅·菲奥莉欧

©Giorgia Fiorio/ Contact

润物细无声
——对话肯尼斯·杰拉斯奇

肯尼斯·杰拉斯奇（Kenneth Jarecke）生于1963年，属兔，却有魁梧的身材，曾经是大学美式足球运动员。他刚出道时，还是大学生，便为美联社拍摄体育照片，因此，理所当然地被视为体育摄影记者。

大学毕业后，除了多次报道奥运会之外，杰拉斯奇投身到报道政治新闻和专题，特别是伊朗门丑闻和美国总统竞选中，很快便被认为是政治摄影记者。

第一次海湾战争爆发后，只有14名摄影师获准报道该战争，杰拉斯奇作为《时代》杂志签约摄影记者，成为其中之一。在报道过程中，他除了通过拍彩色照片执行拍摄任务外，还同时拍黑白照片创作自己的摄影日记，出版了一本题为《又一场战争》的画册。

在报道海湾战争期间，他拍摄到一张被烧死的伊拉克士兵尸体的照片，从该照片中可以看出，该士兵在最后一刻仍在求生。这张照片引起了大量争议，许多图片编辑不敢或不愿意发表，但该照片最终仍然得到肯定，使他获得1992年徕卡杰出摄影奖，这张照片也成为杰拉斯奇的经典作品。因此，他又被认为是一位优秀的战地摄影记者。

从杰拉斯奇的照片中能够感觉到，他善

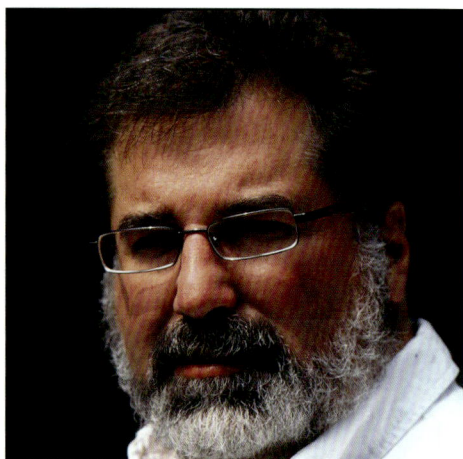

江融/摄

Kenneth Jarecke

于观察细微，不动声色地捕捉到许多容易被人忽略的细节，的确达到了"润物细无声"的境界。

江融：你为何被称作"特立独行"（maverick）的摄影家？

杰拉斯奇：因为我总是走自己的路。当我在大学时，我是美式足球运动员，我的队便叫做"Maverick"。"Maverick"是牛仔用语。如果在一群牛中，有一只牛独自带头走自己的路，这只牛便是"Maverick"。

上图　美国总统乔治·布什在八国集团首脑会议上，2005年
下图　伊拉克战争中美国第一位阵亡战士的葬礼，2003年

他们曾经说我是体育摄影师，之后是新闻摄影师、战地摄影师和政治摄影师。这些领域我都拍。我所感兴趣的是去发现有趣的画面，有时是体育，有时是政治，然后，与他人分享。

江融：你生在密苏里，现住在蒙大拿州，你为何要住在那里，而非纽约市？

杰拉斯奇：当我决定离开纽约时，大家认为我疯了。因为这不是一个好的商业决定。搬到离纽约3 000英里之外的地方居住，对事业没有帮助。但我要在一个更接近大自然的地方生活。

江融："大苹果糜烂"是你做过的关于纽约的项目，什么原因促使你做该项目？

杰拉斯奇：《时代》杂志让我做该项目。自从印刷技术进步后，该杂志一直只采用彩色照片。接受该项目时，我向杂志社建议用黑白照片做，因为大家所熟悉的有关纽约的照片几乎都是黑白照片。所以，我应当继续该传统。

该项目不是关于纽约辉煌的日子，而是关于纽约在财政和社会方面的绩效很糟糕的日子。所以，用黑白照片做该项目是一个有趣的选择。

该项目后来成为《时代》杂志的封面故事，而且，在全世界各地被采用，包括德国《明星》杂志和英国《星期日泰晤士报》。

这篇报道发表后，每当有摄影师出现在纽约市长办公室，他们总是一再查询，确保这个摄影师不是我。

江融：许多著名摄影家已拍摄过纽约，你在做该项目时，是否有压力？

杰拉斯奇：压力大极了。因为已经有大量关于纽约的照片，几乎所有伟大的摄影家都在纽约街头拍过，这给我产生大量压力。

江融：结果，你却成为《时代》杂志改成彩色版面后，黑白照片用在该杂志的第一个摄影家？

杰拉斯奇：的确如此，我的这个摄影专题（photo essay）改变了该杂志的面貌。

江融：多年来，你做了许多摄影专题。摄影专题与纪实摄影项目有何区别？

杰拉斯奇：摄影专题更像爵士音乐，纪实摄影项目更像古典音乐。摄影专题几乎可以说是即兴拍摄，其中有某种主题在内，但可以朝不同方向发展，而且有一根细线将照片联系在一起。纪实摄影项目则有固定格局和故事，纪实摄影家通常在一个项目上要花几年时间。

江融：你做了一个关于阿富汗妇女的非常有意思的摄影专题，这名妇女与她的母亲从美国返回阿富汗。讲故事者也是该摄影专题的主角，而视角却是你的。对我来说，这像是你在拍摄一个讲故事的人的照片。你如何能够使得主观视角与客观视角一致？

杰拉斯奇：因为它们都是主观视角。她是根据自己的背景来经历、体验，而我也是根据自己的背景加以体验和过滤。因此，两个人的视角都是主观的，但目标都是讲述真实的故事。

江融：你本人没有写该专题照片的文字说明。你为何让她写文字说明？

第一次海湾战争中，正在洗澡的美军士兵，1991年

第一次海湾战争中，伊拉克士兵，1991年

杰拉斯奇：是故意这样做的，为了使该专题更有趣。人们总是要尝试不同的做法。

江融：对我来说，它像是一部纪录片，一部短片。是否有人这么做过？

杰拉斯奇：我本人没有见过。我总是试图扩展摄影的外延。我猜想，这便是为何我被称作"特立独行"摄影师的原因。

江融：这是你自己发起的项目吗？

杰拉斯奇：这名阿富汗妇女是《美国新闻和世界报道》杂志的编辑。因此，是杂志社内部提议的。

江融：她和母亲都意识到你在拍她们的照片。这种情况下，你是否认为，他们会在你的镜头前表演？

杰拉斯奇：不会的。因为非常容易可以发现某人是否在表演。我试图用该专题的照片与观者进行沟通，这些照片不仅是供杂志使用，它们也有独立存在的价值。

江融：你做过另一个项目，题为"在路上"，你跟随民主党总统候选人约翰·克里

（John Kerry）在竞选路上一个月。我能否知道，你属于民主党还是共和党？

杰拉斯奇：我在这两党均没有登记。

江融：那么，你为何选择报道克里，而非布什？

杰拉斯奇：我在四年前报道过布什。

江融：在竞选途中，候选人大部分的活动是在表演，而且是预先安排的。

杰拉斯奇：绝对是这样。因此，我试图展示前台和后台，以及控制舞台者的情况。正是因为竞选是表演，所有人都是平等的被摄对象。

江融：为何你能够拍到许多克里独处的镜头？

杰拉斯奇：如果一个摄影师正好进入我的画面，便成为照片的一部分，这便是当时的情况。但我试图将其他摄影师、电视摄制组人员或保安人员排除在画面之外。

江融：当你拍摄克里独处时，他是否知道你在拍摄？

杰拉斯奇：他知道，这就像在舞台上，演员意识到观众的存在。

江融：你在里根执政时期也拍摄过大量照片。但据说，这些照片很有争议，没有人愿意将它们结集成书。

杰拉斯奇：的确如此，我一直有这方面的问题。有时，出版商认为，做人们期待他们做的事情更容易。但我拍摄的伊朗门事件和其他报道，在许多杂志上发表。

江融：你也拍摄了许多体育照片。为何许多摄影家喜欢拍摄奥林匹克运动会？这是否是训练自己的反应？还是因为体育比赛充满了各种情绪？

杰拉斯奇：我拍摄奥运会，是因为我要在最高一级和最大的舞台上与别人竞争。世界上最好的体育摄影家都在那里，大家都关注这些比赛。对我来说，虽然不是专职体育摄影师，但能与所有其他体育摄影师竞争，并将自己独特的视角带到这个舞台上，是很有意思的事情。所有的情况都会发生，尤其在夏季奥运会。即将召开的北京奥运会令我十分激动，一定又是精彩可期。

奥运会的精彩之处在于，所有的运动员花三四年时间训练自己以便能到那里竞争，这些训练都体现在最后的一刻。作为摄影师，你能够在体育馆最佳位置观看这一刻，你可能离他们只有十英尺，能看得清清楚楚。因此，奥运会不但充满情绪，而且十分壮观，竞争激烈，同时我也与周围的摄影师竞争。

江融：你通常使用标准镜头和广角镜头，在奥运会上，你需要用长焦镜头。

杰拉斯奇：的确如此。因此，情况完全不同。我给自己制造不利条件，但我喜欢这样，我喜欢夏季奥运会。因为，我每天能报道四五项比赛，16至18小时。我喜欢做并非一年到头都在做的事。

江融：现在，我想转向战争的题材。你花了三个月时间报道第一次海湾战争。那是拍摄任务吗？

杰拉斯奇：是的。只有14名摄影师获准报道这场战争，他们拍摄的照片必须供其他媒体共享。但刚开始，《时代》杂志并不想派我去，他们说我不再是战地摄影师。当

牙买加短跑运动员博尔特在北京奥运会比赛前，2008年

时，他们认为我是政治摄影师。因此，我必须说服他们。我告诉他们，这场战争会是一场非常具有政治性质的战争，我知道国防部如何运作，我也知道政治如何运作。对于第一次海湾战争，你不仅必须是战地摄影师，也必须是政治摄影师。

我当时有一种感觉，如果我去了，会拍出重要照片，而不是为了我的职业发展，或者想要成名才想去。我知道，战地摄影师会对这种共享照片制度（pool system）十分不满，而我可能知道如何在这种制度中工作，并获得成功。因此，最终我得以进入该制度。

江融：由于越战的经验，美国政府吸取了教训，开始在第一次海湾战争中采用共享

照片制度，以便能够控制媒体对这场战争的报道。你能否介绍一下该制度如何运作？

杰拉斯奇：共有7个新闻机构参与该制度，由14位摄影师组成。每个机构获得两个名额。

江融：谁提名摄影师？

杰拉斯奇：由不同机构提出，其他机构批准，他们挑选了14位最佳摄影师。

江融：因此，不是由国防部而是由同行决定。

杰拉斯奇：是的，但摄影师无法挑选跟随哪个部队。

江融：你是否被派到战区？

杰拉斯奇：我分配到炮兵部队。他们

北京奥运会中国队与美国队女子水球预赛，2008年

大炮的射程是20英里，所以，从来看不到敌人。我们看到的伊拉克士兵是那些投降士兵。

江融：那么，你在哪里拍摄到那个被烧焦士兵的尸体？

杰拉斯奇：在8号公路上。那天是停火的早上，我们开始向科威特挺进。当时是清晨。从样片中，可以看出我拍了三张，当时，我不知道那会是一张重要的照片。

江融：当你发现这具烧焦的尸体时，你的第一反应是什么？

杰拉斯奇：我当时想，最好还是要拍他。

江融：你甚至没有任何犹豫是否应当拍这张照片？

杰拉斯奇：我知道需要拍这张照片，我不知道是否会被发表。但我知道需要记录下来。是否会被发表，并不是我当时担忧的问题。

江融：为何这张照片会有争议？

杰拉斯奇：因为当你拍摄一个尸体时，它变成了一个物体，我们很难对一个物体动感情。关键是要保持死者的人性并加以展现。在这张照片里，你看到的不是一具尸体。你看到的是一个想要生存的人，他一直到最后都拼命想要活着。因此，才如此具有争议性和震撼力。假如只是躺在路上的一具尸体，你可能会不以为然，因为你看不到人

北京奥运会中国花样游泳队在竞技中，2008年

性。你不知道照片中这个想要活的人是谁，但你知道他是为了某个理由而想要活着，因为生命十分宝贵，或者因为他有一个家庭，他想再见到他的子女。

江融：换句话说，他也可能是一名美国士兵？

杰拉斯奇：这是普遍的真理。

江融：这张照片先在欧洲发表。为何不是在美国先发表？

杰拉斯奇：也许与广告有关。假如你是广告商，并试图推销汽车，你不希望读者在看到这张照片之后，翻过一页便看到被推销的汽车。这不是他们想要的。一些读者也会反对。

江融：这与美国的清教徒价值观念是否有关？

杰拉斯奇：我的立场始终是，在一个民主国家里，每个人需要对自己的行动负责。人们对政府的制度具有发言权，为了做出正确的决定，人们必须了解情况。

北京奥运会女子沙滩排球比赛，2008年

江融：有些编辑会认为这种照片不够高雅，你是否认为这与品味有关？

杰拉斯奇：的确如此，但我没有将该照片放在我的网页上，我也没有大肆宣传该照片。这张照片该什么样就什么样，它有自己的生命。

每过一两个月，我便会收到某人的电邮或来信谈论该照片。有人告诉我，他将该照片放在冰箱上，每天都看一眼。它让人们明白某些事情。他们在来信中告诉我关于该照片的各种想法。

江融：我记得，苏珊·桑塔格曾说过，如果读者看到恐怖的照片过多，会产生视觉疲劳。

杰拉斯奇：这不是一张可以随便发表的照片，否则会失去震撼力。但如果需要展示时，则需要有人愿意发表。作为记者，你需要负有责任。

江融：你经常拍黑白照片，但这张照片发表时是彩色的。彩色照片是否有不同的信息？

埃及开罗，2006年7月

杰拉斯奇：对于观者来说，潜意识中可能会有不同的效果。该彩色照片几乎是黑白影像。我拍完彩色照片，接着也用中画幅相机拍了黑白照片。我的画册《又一场战争》中包含有这张黑白照片。

江融：那么，哪一张更具有震撼力？黑白还是彩色？

杰拉斯奇：很难说，中画幅那一张展示全景，包括卡车，也十分有震撼力。黑白使得影像更加简洁。在有些情况下，黑白效果更好。彩色带有不同的信息，而且，更难拍，因为如果色调还原不对，或者画面中有人穿的服装颜色不对，或者背景的颜色不配等，都会改变照片所要传递的信息。因此，拍彩色照片难度更大。

江融：自从数码摄影技术出现，新闻报道摄影记者一直面临重大压力。你认为应当如何应付挑战？

杰拉斯奇：我认为这不是一场危机，而是一个机会。

叙利亚，2006年7月

江融：什么样的机会？

杰拉斯奇：随着因特网和数码相机的出现，每一个人都是平等的。《时代》周刊只要用鼠标一点便能看到，摄影家自己的网址也一样。我们拍照片是为了给人看。现在存在着这种机制，我们可以通过该机制展示照片，而不需要第三方参与该进程。因此，机会无穷。

江融：但也可能埋没在资讯的海洋中。

杰拉斯奇：这是关键问题。如果有一万人能够从因特网上看到你的照片，这意味着什么？如果我自己到处去向一万人展示照片，需要花多长时间才能做到？需要做多少工作来布展才能让一万人看到展览？一万人对于全世界来说，甚至一个国家来说不算太多，但仍然是很多人。我认为这已经产生了重大影响。

江融：尽管你仍然在使用胶卷，你已经采用数码相机。

杰拉斯奇：我已经一年多没有使用徕卡

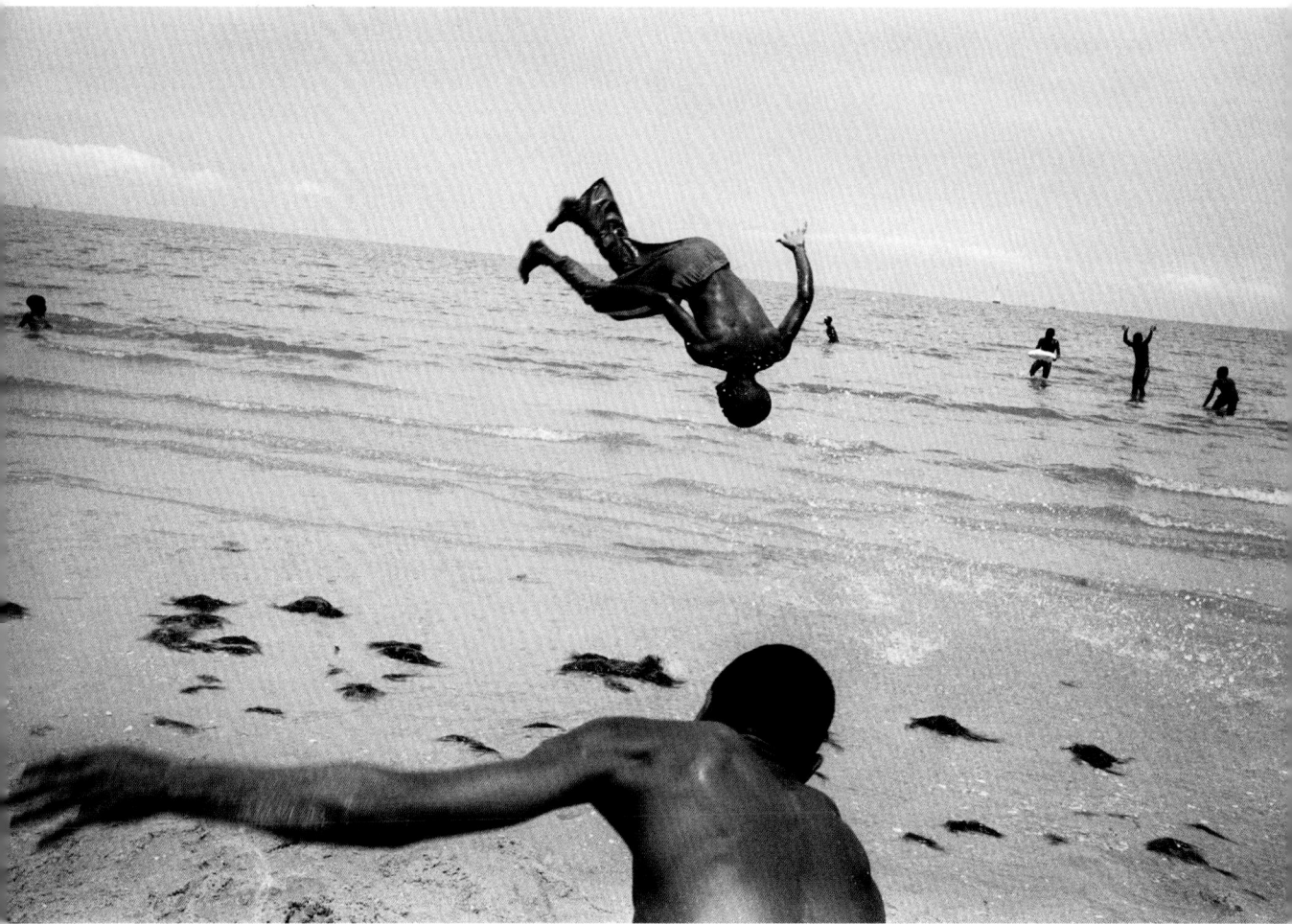

莫桑比克马普托，2002年8月

相机了。

江融：我注意到，你的新闻报道照片中，有一些艺术照片的成分。对于新闻报道摄影来说，这是否重要？

杰拉斯奇：是的，我始终用这一点来衡量照片的成败。应当知道什么是值得呐喊的。但有时候，轻声细语与呐喊一样有力量。如果某张照片能够存在，它不仅能存在于杂志中，它也能存在于因特网上，同样，

也能存在于某人的墙上或博物馆的墙上。这样能够有更多的人看到这张照片。你不需要冲着某人大喊大叫来打动他，你可以将他拉到一边，轻声细语地向他叙说。

江融：最近你在拍摄什么作品？

杰拉斯奇：我在拍摄杂志通常不一定发表的照片。

江融：什么类型的照片？

杰拉斯奇：爵士类。

纽约，1990年8月

江融：主题是什么？

杰拉斯奇：人，生活中的人。

江融：非常感谢。

"9·11" 恐怖事件后，公寓房里布满灰尘的茶具，2001年

爱德华·基廷（Edward Keating）上大二时辍学，到美国西岸寻找自我。到洛杉矶后，很快发现他对西岸的美好幻想破灭，之后沿横贯美国的66号公路徒步搭车旅行，最后又回到东岸的纽约定居。在这期间，他做过伐木工和出租车司机。

1981年，他重返大学，到纽约的哥伦比亚大学攻读美国文学，当年购买了第一台相机。他回忆说，"当我装上第一卷胶卷，走出店门，脑子里便出现这样一句话，'我一定能拍好。'"一语定终身，这句话使他踏上摄影路，矢志不悔。大学毕业后，基廷为几位摄影家担任助理，同时大量拍摄纽约街头的照片。不久便开始为《财富》周刊等杂志拍摄图片，并于1991年被《纽约时报》聘为专职摄影师。

基廷的报道生涯充满传奇和争议。他曾因为报道纽约布鲁克林皇冠高地种族动乱差点被暴徒打死，后脑缝了50针；又因为到科索沃报道，被塞尔维亚士兵逮捕，险些作为人质被杀，最后，他设法逃出。

在《纽约时报》任职期间，基廷将多年练就的街道摄影技巧应用到新闻摄影中，他与报社的记者11次被集体提名普利策奖，两次获奖，其中一次是因为报道"9·11"事件。基廷拍摄了一幅世贸大楼倒塌后附近公寓楼房中一套茶具的照片，令人难忘。正当基廷处在摄影事业高峰时，不幸的事情发生。2002年，在纽约州为报社采访关于恐怖主义"基地"组织的报道时，他拍摄了一个小孩在阿拉伯人开的餐馆前举着玩具手枪的照片，被当地报社记者举报有摆拍做法。虽然基廷否认有任何不当行为，最后还是被迫辞职。

目前，基廷成为自由职业摄影师。近年来，他重返年轻时曾走过的66号公路，原来繁忙的公路因高速公路的修建而基本荒废，沿途是破旧的楼房和加油站，居民过着封闭的生活，有许多异化现象，象征着美国作为帝国的没落。2007年基廷在平遥国际摄影节展示了他的作品，给观众留下深刻的印象。

跟着真相走
——对话爱德华·基廷

江融：成为《纽约时报》的专职摄影记者很不容易，申请时竞争一定很激烈。

基廷：的确如此。不过，我是他们所需要的合适人选，而且时机也很合适。

江融：为何这么说？

基廷：刚开始时，我在《纽约时报》担任自由摄影记者，并在此前拍摄了大量照片。当时，报社来了一批思想较为进步、开明的摄影编辑，他们想要一种更加个人化、带有分析性的照片。正好，我喜欢拍的照片不是仅停留在记录事实，而是带有某种政治和社会背景。我花十年拍摄的街头照片正是这类照片，我的风格正好是这些编辑当时想寻找的风格。

江融：不过，据我所知，你是为《纽约时报》社区版而非全国版拍摄。

基廷：即使当我被聘为《纽约时报》专职摄影记者时，他们也很少派报社的摄影记者到外地拍摄。当时报社的摄影记者得不到与文字记者相同的尊敬。不过，这种状况已经改变，许多人认为，我加盟《纽约时报》之后，对于该报照片的变化做出很大贡献。

江融：你在为《纽约时报》工作期间，采访了纽约布鲁克林区皇冠高地种族暴乱事

江融／摄

Edward Keating

件，并差一点被打死。到底发生了什么事？

基廷：那是1991年8月，大约有一百人用铁管、木棍和砖头打我，结果我的后脑缝了50针。

江融：他们为何要打你？

基廷：当时有一百多人侵入一家运动鞋店，我站在远处观察他们，但没有拍照，避免刺激他们。然而，我相信由于种族的原因，他们朝我冲过来，并差点把我打死。他们还抢走我的所有相机。

江融：这次事件对你打击一定很大。

基廷：当然。幸好有两名警察路过，把

我救了。

江融：事后，当警察让你指认嫌犯的照片，你为何决定不追究那些打你的人？

基廷：报复是得不到任何好处的。我这么决定，是为了自己保持内心平静。我想这是为了宽恕和误判。他们打我是不对的，但我决定就此罢休。

江融：你14岁时，曾看到一个黑人在你居住的以白人为主的社区里奔跑，你便报警。结果，此人是因为他的汽车没有油了，才跑去寻找帮助。对此，你感到十分羞愧。该事件是否影响到你决定宽恕打你的人？

基廷：所有事情都是相互关联的，我们在某个时候必须对周围发生的事情负责。因此，这两者之间一定有些联系。

江融：1999年，你到科索沃采访。你如何获得这项国际采访任务？

基廷：原本是《纽约时报》杂志派我到贝尔格莱德做一个报道。我得到这项任务时，北约与米洛舍维奇政权之间的紧张局势正在加剧，北约给予米洛舍维奇的最后通牒是两三天，因此，我被转派到阿尔巴尼亚。

江融：据说，你在科索沃时被逮捕。

基廷：我在阿尔巴尼亚停留了一周，之后，想通过一座桥从阿尔巴尼亚进入科索沃，那天有大约两万名难民从科索沃进入阿尔巴尼亚。当我快走到桥头时，有几名塞尔维亚人将我抓到塞尔维亚境内。

江融：你为何想要进入科索沃？

基廷：我想冒险进行报道，结果被拘留和审问。他们用枪顶着我的头部，威胁要打死我。其中只有一人能说一点英语，其他人站在他背后讥笑我或恫吓我。有一人将塑料袋罩在我脸上直到我难以呼吸才松开。

江融：他们知道你是美国人吗？

基廷：知道，因为我带有美国护照和《纽约时报》的记者证。

江融：你是否害怕？

基廷：当然，但我尽量不表现出来。

江融：后来，为何把你放了？

基廷：他们打了许多电话，可能是请示贝尔格莱德。我不断听到他们在喊"纽约时报"。同时，其他人在搜查我的物品。这时有一名士兵在我的摄影包里发现了一把口琴，他拿起口琴，顶着我的胸口大喊"鲍勃·迪伦（Bob Dylan）"，命令我吹迪伦的歌曲。我不理他。

过了大约一小时，他又在我的腰袋里发现另一把口琴，他又对我大喊"鲍勃·迪伦"。这次，所有人的眼光都注视着我，因此，我无法拒绝他的命令，我深呼吸了一下，演奏了我所能演奏的最大声、最疯狂和最有趣的一首迪伦的曲子，名叫《铃鼓先生》（Mr. Tambourine Man）。

当我演奏完毕，奇迹发生了，他们热烈地鼓掌，边大声叫喊边跺脚，十分激动。他们似乎认为我就是鲍勃·迪伦。之后，有一个人给了我一颗烟，另一个人为我点烟。我立即明白，没事了。我抽完烟之后，大家都看着首领，没有人知道会发生什么事。首领看了我一会儿之后，指着我的摄影包，让我离开此地。我抓起背包，以最快的速度，跑回到桥的另一端阿尔巴尼亚境内。

江融：现在我想专门谈一下你报道

"9·11"事件后，工人在切割大楼倒塌后的大片钢板，2001年

"9·11"事件的经历。据说，那一天你差点离开曼哈顿。到底发生了什么事情？

基廷："9·11"那天，原本我和太太计划与我们的好友、著名摄影家罗伯特·弗兰克以及他的太太一道去葡萄牙度假。我们的航班是当天晚上起飞，上午我打算从曼哈顿的住家到郊外的另一个房子拿点东西，但我睡过了头。飞机撞向世贸大楼之后不久，通往纽约市的所有桥梁和隧道便被关闭，如果我早起离开曼哈顿岛，便无法在当天回来。

江融：但即便如此，头两天你仍没有进入世贸现场。

基廷：作为记者来说，一想到无法进入现场，便感到十分沮丧，因为，"9·11"是我一生中遇到的最大新闻事件和美国历史上最大的事件之一。

江融：即使有《纽约时报》的记者证，你也无法进入吗？

基廷：没有任何媒体记者获准进入，只有一些自由职业的记者设法进入。我花了两天最后才进去。

江融：据说，你因此被捕。

基廷：我在四个月之后才被捕，之前，我做了大量自发的报道。我与现场的合同工建立了关系，他们会将通行证借给我，以便我能进去报道。当我被捕后，警察要我告诉他们，是谁给我通行证。我拒绝告诉他们这些合同工的名字。这么做会毁了他们。这是记者的规矩，他们不会泄漏线人的姓名，大部分记者宁可蹲监狱也不会破坏这种信任。因此，我上了法庭，并被判罚做一些服务社区的事情。

江融：作为记者，你不应当偏袒某一方。但你说过，"9·11"的确对你的内心打击很大，因为它发生在你的国家，你所居住的城市。你认为，"从记者的职业角度来说，世贸大楼的废墟不同于我所到过的任何地方。"那么，对于像"9·11"这样的大事件，报道摄影记者应当如何反应？

基廷："9·11"是对我的国家的袭击，对我所居住的城市以及我祖父和我父母曾居住过的城市的袭击。这对我造成很大冲击，但并不影响我对真相的关注。我想，有时我们的偏见会渗透到我们的作品里，但你仍然应当尽可能客观。你要跟着真相走，无论真相会引领你到何处，不幸的是，你并非总能走到你想到达的地方。我不会让我的偏见决定报道的走向，最好是要敢于批评你感到亲近和重要的事情。

在"9·11"发生一周之后，我得到了一个十分敏感的情报：个别救援人员洗劫现场一些废弃商店。我将该情报给了与我合作的文字记者。这种报道可能对救援人员产生非常不同的印象，而且会减损他们的英雄地位。有人批评我们做了这项报道，但我认为这个报道是有必要的。

江融：你为何认为世贸大楼废墟是一个不寻常的地方？

基廷：从视觉上来说，从未见过这种场面。我们从未遇到这类袭击，仿佛是科幻电影中的场面，非常超现实。

江融：你说，当你到达现场，大量的尘土是令你印象最为深刻的东西之一。到处都是尘土，而且你拍了一张尘土中茶具的照片，尽管照片中没有人，但这张照片非常有力量。

基廷：这张照片是我获得普利策奖的作品之一。"9·11"是一个特殊事件，因此反映该事件的照片也应当不同寻常。我知道，我必须改变方式拍摄该事件。

江融：当你进入放有该茶具的房间时，你的反应如何？

基廷：当我进入世贸废墟现场，我告诉自己，一定要从该事件中寻找一张非常好的照片，我不知该照片是什么样，当我看到之后，我会发现的。

这张茶具照片非常美，它很安静，不张扬，你从照片里得不到太多信息，但在发生如此巨大的恐怖和毁灭之后，这种照片的确发人深省。许多人看了之后，说不出话来，它是一张人们能够认同和联想的照片，而且能够让人从恐怖中开始恢复过来。

江融：这张照片也像凝固的时间。

基廷：是的，它没有时间的概念。

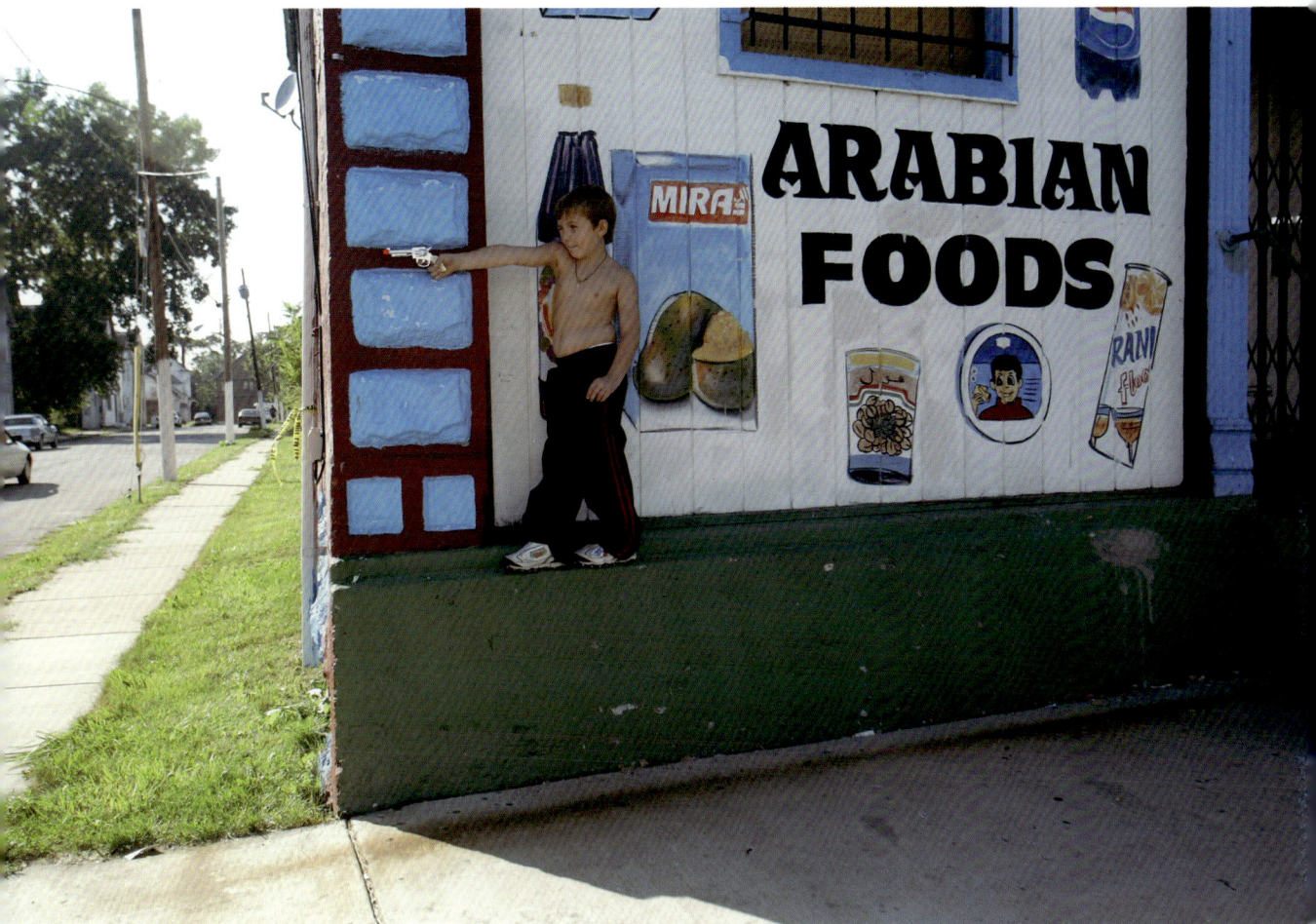

美国纽约州水牛城，2002年

江融：如同西班牙画家萨尔瓦多·达利题为《持久的记忆》那幅画。

基廷：是的。有趣的是，当我刚进入这个房间时，我看到该房间充满了从窗外冲进来的各种各样的碎片，几乎所有的东西都被打翻和毁坏。然而，在该房间的中间，这套茶具正对的窗户，却没有受损，而周围的东西都被损坏。我拍了所有被毁坏的状况，并拍了窗外的情景。有四五次经过该茶具，每次看到它，都感到惊讶，我当时太震惊了，

差一点没有拍这张照片便离开该房间。

江融：你总是喜欢拍黑白照片，为何用彩色胶卷拍这张照片？

基廷：最后，我突然意识到，需要拍它。我通常不拍静物，主要拍人。因此，刚开始我没有想到要拍。幸好我只是在一间房间里观察，如果我只匆忙经过该茶具一次，很可能就错过。最后，我对它沉思片刻，决定用彩色胶卷拍摄。我总是用彩色胶卷为报社拍照。

深夜在餐馆娱乐室的妓女

　　江融：我认为，这张照片彩色效果更好。

　　基廷：不知为何，彩色使得这张照片更美。尽管发生了这场恐怖事件，生活仍然是美丽的。

　　江融：你和《纽约时报》的其他摄影记者因为报道"9·11"而获得2002年普利策奖。2002年是你摄影职业生涯的一个高峰。但在同一年12月20日，你在纽约州水牛城报道一个故事后，引起争论。你拍的那个男孩的照片为何会引起争议？

　　基廷：这张照片引起了政治上的争议。当时，水牛城有五个居民被指控在阿富汗参加恐怖主义"基地"组织的培训，之后受命派回美国成为暗藏的"基地"小组。因此，对该城市有许多负面的报道。当地的一些摄影记者对于我拍这张照片的内容不满，认为会使得他们所在的城市难堪，所以，他们决定对我这位外来的摄影记者发动反击，告了我一状，使我成为受害者。

纽约中央公园大草场野餐

江融：别人告你摆拍新闻照片，你是否让照片里的男孩用玩具手枪对准你？如果是的话，你认为是否有理由这么做？

基廷：我没有让这个男孩将玩具手枪对着我拍照。我当时是拍这个男孩的肖像，只要我将该照片作为肖像而非自发事件提交给编辑，我可以随意拍摄我想拍的照片。这张照片是作为肖像拍摄，并作为肖像提交给编辑，但《纽约时报》的一名图片编辑将它作为新闻照片发表。这位编辑在将该照片用

在报纸上之前完全知道该照片的来龙去脉，但仍然决定那么用，我却为此举付出惨重代价。

江融：实际情况到底如何？

基廷：最早是《纽约时报》新闻部派我去采访这个故事，当我到达水牛城之后，《纽约时报星期日周刊》和"每周回顾"版面这两个非新闻的部门编辑也让我提供照片，但不是新闻取向的照片，而是能够涉及全球恐怖主义问题的观念性照片。因此，当

纽约市的一场婚礼，2005年

我在为新闻部拍摄这位男孩的照片时，我想到为"每周回顾"编辑拍一张这个男孩的肖像照。结果，这张照片最终被用作新闻照片。

这便是实际情况。但出于政治上的权宜之计，《纽约时报》没有为我辩护，反而要解雇我。最终，我与他们达成协议，自动辞职。

江融：你在为《纽约时报》工作时，还为该报一个名为"婚誓"的每周婚礼专栏拍照。这种照片是商业摄影吗？

基廷：绝对不是！婚礼是人生经历的一件大事。我拍的婚礼照片与通常的婚礼照片非常不同，十分具有新闻报道风格，大部分是用黑白胶卷拍的。我将写实主义和新闻报道的方式融入婚礼摄影，寻找"决定性瞬间"，而非陈腐浅薄的婚礼照片。

当《纽约时报》的读者看过我的婚礼照

时装设计师辛西娅·罗利在纽约皇后区举办婚礼

片之后，他们越来越多地要求拍摄较少摆拍的婚礼照片。我的婚礼照片对美国婚礼摄影业产生了重大影响。

江融：刚才你用了卡蒂埃—布勒松的"决定性瞬间"一词，不过，我知道你是罗伯特·弗兰克的好友，而且一直在步他的后尘。在你拍的街头以及66号公路项目的照片中，我可以看到你采用弗兰克的手法多于卡蒂埃—布勒松的手法。

基廷：我在婚礼照片中采用"决定性瞬间"手法，因为婚礼的确有这些关键的时刻。新婚夫妇希望拍到他们在婚礼上接吻、切蛋糕和其他重要的时刻。因此，我采用"决定性瞬间"作为一种拍摄手段。

但总的来说，我的照片不像卡蒂埃—布勒松，他的照片十分讲究精确的几何构图。然而，弗兰克的照片不拘泥于形式，它们更多是将作者内心产生的感情和想法投射到照片中，它们大多不讲究完美和对称，但弗兰克的照片更像是投掷出去的石头，几乎可以说是带有敌意，甚至愤怒，以及无法言说的怜悯。同时，它们也带有同情心。

江融：当你看弗兰克的照片时，也能发现重要的瞬间，这是弗兰克特有的瞬间。

基廷：这种瞬间也十分有趣。它不是卡蒂埃—布勒松式"达到高潮的瞬间"，而是"次要的瞬间"，但与"决定性瞬间"一样重要。

江融：你在纽约街头拍了大量照片，并在"徕卡之家"摄影艺廊举办过一次这类照片的展览，为何该展览题为"流亡在纽约"？

基廷：该标题暗指滚石摇滚乐队的一张题为"流亡在大街上"的唱片。顺便说一下，该唱片的封面照片是罗伯特·弗兰克拍的。对许多人来说，他们觉得来到纽约，就如同来到宇宙的中心，可以随心施展。但一旦你到达之后，可能会发现自己陷到纽约，站在队伍的末端。当你意识到自己所处的地位难有作为时，你会开始反思，这如同流亡。

江融：从你在纽约街头和66号公路拍的照片来看，你捕捉到人的疏离感。甚至在你的婚礼照片中，也能看出参加婚礼的人之间缺乏交流。我认为，这很像弗兰克照片中所捕捉到的情景。

基廷：我相信，最终我们是孤独的，我们需要别人，但我们只能相信和依靠自己。这是我对生活的感悟，也许婚姻能够弥补这种孤独感。

江融：这是否也是你做有关66号公路项目的原因？

基廷：最早是《纽约时报星期日周刊》杂志让我做一个关于66号公路的报道。66号公路曾经是连接芝加哥到西部加州，横贯美国中西部许多大城市的主要公路，它曾经过许多主要街道，沿途修建了许多建筑。但这条公路已被遗忘，现在的交通绕开这些城市的中心，这些社区由于没有旅行者和游客，开始缓慢地消亡。

我在拍摄这条公路时发现那里的人被遗忘，而且非常孤独。美国总是更加强调个人，而非群体或社区，66号公路便是这种观念的充分体现。正如某人被隔绝，或太老了而变得没有任何实际用处，66号公路变得老旧，被高速公路取代。为了所谓进步，这条公路以及住在公路附近的人成为牺牲品，所有这些人都流亡在无人知晓的地方。

这也是美国的行事方式，我们不断地摧毁旧的东西，包括旧的建筑，然后盖更大的建筑，而不顾周围的人及其文化。这是注重利润的文化。因此，66号公路是关于美国及其价值观念的强有力暗喻。

江融：现在，你成为自由摄影记者，作为《纽约时报》记者与自由摄影记者之间有何不同？

基廷：在《纽约时报》工作时，每天都有令人感兴趣的拍摄任务，而且，有强大的团队在背后支持你，还有资产数百亿美元的公司在背后保护你。现在的情况十分不同，我必须自己找工作，并直接与顾客打交道。但为《纽约时报》工作时，我在某种程度上始终意识到我是在为报纸工作，这种意识多少会影响我的拍摄。

现在，我再次能够拍摄我想要拍的作

66号公路上的汽车修理工

品，我有相当程度的自由。正如美国著名蓝调歌手罗伯特·约翰逊（Robert Johnson）所说："我到纽约42街与百老汇大道交界的十字路口，将我的灵魂出卖给魔鬼，以换取荣耀和名誉。"离开报社后，我最大的挑战是如何将我的灵魂赎回。我认为，虽然可能少了一些帮助和支持，但总的来说，自己应付得不错。

江融：展望未来，你对摄影是否感到乐观，尤其是传统的摄影？

基廷：我是属于使用胶卷和拍摄黑白照片的最后一代摄影师。数码相机已存在大约十五年，而且会不断进步。我认为，数码摄影是一种奇迹，十年前，摄影做不到的事情，现在都是可行的。

不过，我个人不喜欢数码影像的感觉，太清晰，反差太大。而且人们现在拍数码照片，会花大量时间查看机背显示器上的图像，而没有花更多的时间观察被摄主体。这对摄影本身来说非常不利，好像人们通过

纽约时报广场公共汽车站，1996年

尼泊尔村庄，2007年

观看机背上的画面，便能知道是否拍到自己想拍的照片。摄影变得更多关注是否"拍到它"，而不是注重去发现。"它"是什么？可能都得不到答案。

现在人们边拍照片，边做出决定，在刚拍完一张照片不到五秒钟便将它删除。不能因为你不知道某张照片的好坏而将它删除。我可能拍了一张黑白照片，将它放大到16英寸×20英寸，挂到墙上两年之久，仍然在思考该照片。你对自己的摄影要有信心。如果你不断查看所拍的照片，你就始终处在怀疑中，对自己缺乏信心。应当先将照片拍下，然后再加以思考。

江融：非常感谢。

本访谈图片提供：爱德华·基廷

©Edward Keating/Contact

运气是我自己创造的
——对话斯蒂芬·杜邦

2005年10月19日，澳大利亚一家电视台播放了美国士兵在阿富汗焚烧塔利班士兵尸体的"独家新闻"，《纽约时报》在次日也刊登了相关的照片。该消息迅速传遍全世界，引起各方的震惊。美国政府立即通知其在世界各国的使领馆，注意该事件可能引起穆斯林世界的强烈反应。焚烧尸体既亵渎了穆斯林尊重死者的神圣传统，也违反1949年《关于战俘待遇的日内瓦公约》。

该"独家新闻"由澳大利亚新闻报道摄影家斯蒂芬·杜邦（Stephen Dupont）提供，这一爆料使杜邦一夜成名，并获得许多大奖。当记者在采访中问他，拍摄到这则新闻是否靠运气，杜邦认为："运气是我自己创造的。"的确，他曾多次前往世界上一些最危险的战区进行报道，做了许多摄影专题项目。自1993年以来，他更是经常前往阿富汗报道该国的内战，从某种意义来说，拍摄到这个"独家新闻"的确并非偶然。

杜邦1967年出生在澳大利亚悉尼。18岁起，他独自周游世界达三年之久。深受著名战地摄影家唐·麦卡林传奇般人生和悲天悯人的战争摄影作品影响，杜邦选择了自学摄影，决定像麦卡林一样到世界各国通过摄影见证历史。他当过男模特，打工挣钱来购买摄影器材，同时，到杂志社毛遂自荐，要求

江融/摄

Stephen Dupont

拍摄任务。经过多年努力终于如愿以偿，成为当今备受瞩目的一位报道摄影家。

1994年，作为世界十位最有前途的年轻报道摄影师之一，杜邦参加了荷兰世界新闻摄影基金会举办的第一届大师班，第二年便因报道印度传统摔跤学校而获得荷赛体育摄影报道类首奖。1997年、1998年和2005年还赢得美国密苏里大学颁发的年度照片大奖的有关奖项。杜邦所拍摄的焚烧塔利班士兵尸体的照片，使得他获得普利策奖的提名，以及罗伯特·卡帕金奖的鼓励奖。2007年，杜邦获得尤金·史密斯奖，奖励他长期在阿富汗所做的摄影项目。

阿富汗特种部队士兵搜查塔利班战士，2005年

江融：在拍摄阿富汗项目过程中，尤其是拍摄阿富汗抗击苏联占领军领袖马苏德（Massoud）系列照片时，你有机会非常接近战区。除此之外，你是否到过其他战区？

杜邦：我到过许多战区，第一个真正的战区是1991年到斯里兰卡。当时我25岁，而且差点被打死。我骑着摩托，从政府控制区进入泰米尔猛虎组织所在地区，子弹从我的身边呼啸而过。当我驶向边境点时，泰米尔士兵用自动步枪不断朝我射击，我赶紧骑到路边垄沟躲下，在强大的火力之下，我感到时间仿佛凝固。最后他们才停止开枪。

江融：该事件是否使得你不敢再到战区？

杜邦：完全没有，反而使我更想去战区。

江融：为什么？

杜邦：刚开始，我有那种死里逃生的

感觉，差不多有三四天我都感到十分震惊，这种感觉逐渐消失之后，生还的慰藉突然产生。死里逃生的经历使我产生了侥幸心理，认为自己好运。我天真地认为，如果能逃过这一劫，便能逃过生活中所有的劫难。

另外，我对自己那次表现也很有意见，在逃过这一劫难的过程中，我没有拍到任何战斗的照片，只是忙于逃生。幸好我知道他们一个指挥官的名字，他们才放了我。但不让我上前线，只允许到难民营。在拍摄难民过程中，我意识到，战争摄影不仅仅是要拍打战的场面，难民营里也有许多感人的故事。

江融：多年来，你做了许多项目，你是有意识地做这些项目，还是只是接受各种拍摄任务？

杜邦：我从一开始便想做项目，摄影就是要做长期的项目。在这方面，尤金·史密斯和塞巴斯蒂安·萨尔加多对我影响很深。他们都是到实地通过摄影专题进行深入报道，最终编成画册。因此，我一直想拍项目编成画册。

江融：让我们谈谈你在阿富汗拍摄的项目。你为何要到阿富汗？

杜邦：自从1993年以来，我一直在报道阿富汗。第一次到阿富汗是因为要去塔吉克斯坦报道难民危机。当时塔吉克斯坦发生内战，难民涌入阿富汗。当我到达喀布尔时，阿富汗的内战也处在高潮，火箭炮弹不停地落到该城市，我将注意力放到战争的受害者上，拍摄喀布尔民众如何经历战争的痛苦。

江融：我注意到你也与作家一道去拍摄

巴布亚新几内亚黑帮分子，2004年

项目。你是否认为报道摄影记者应当与作家合作？

杜邦：很难说。除了在一些情况中，我更喜欢独立报道。与作家合作可以是一件好事，但首先需要相互尊重、信任和友谊。与作家或另一位摄影家共同采访的好处是，有四只眼睛，而且有人相互掩护。

江融：如果在一些问题上你与这位合作者意见不同怎么办？

杜邦：问题不在于意见是否一致，而是要聆听意见。对各种建议采取开放态度，使你有更多选择。无论你是否采纳，亲密朋友给予的建议总是有帮助的。

江融：我注意到，你以澳大利亚为基

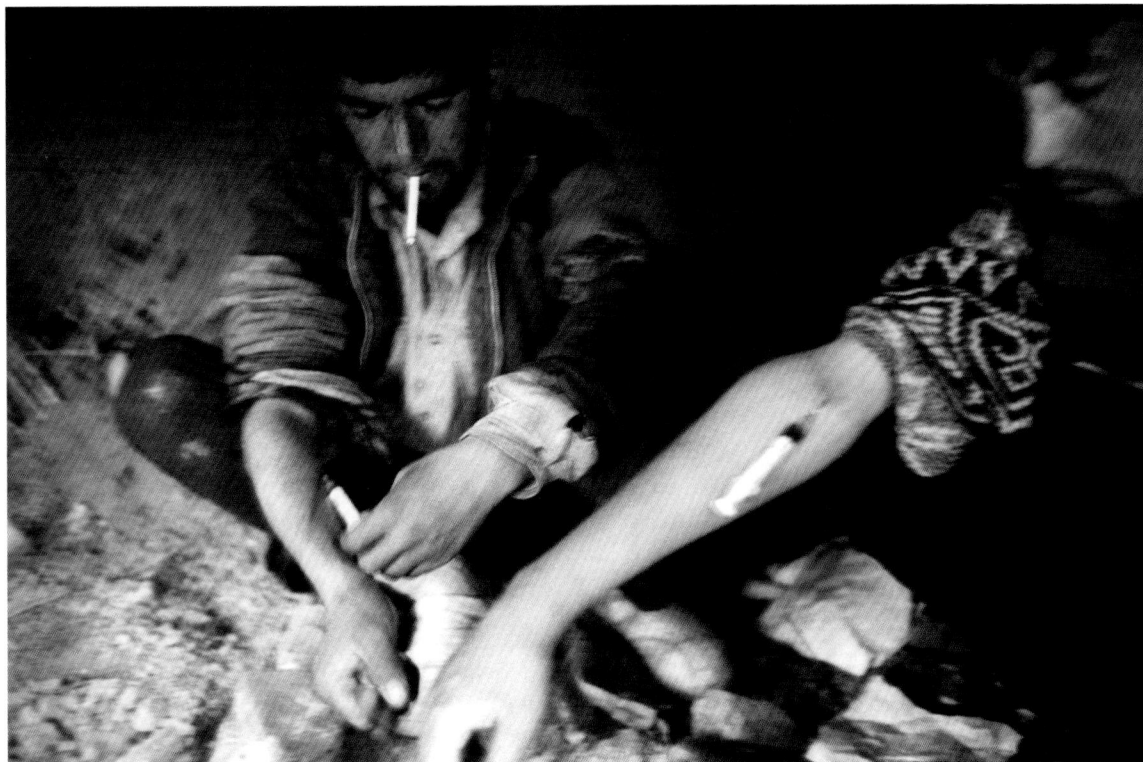

一对阿富汗兄弟在注射吗啡，喀布尔，2006年

地，常常到附近的地方拍摄，如东帝汶、印度尼西亚和巴布亚新几内亚。澳大利亚有点偏远，将它作为基地有什么优势？

杜邦：对我来说，远离世界的喧嚣，就是我的优势。澳大利亚是我的心灵绿洲，我需要在这里思考和治疗心灵的创伤。当我回到家中，面向太平洋时，我感到十分自由。我回到美丽的乐园，将恐怖留在身后。这样我才能取得心理平衡。我感到很幸运。

江融：当你从地狱回到乐园时，你的第一个反应是什么？从地狱到乐园的心理状态调整是否容易？

杜邦：刚开始我难以适应，现在经历了许多生活的变迁，随着年龄增长，能够更容

易适应。有时在家中，我害怕接到另一个拍摄任务，因为大部分情况下，又要上飞机去报道另一场战争或自然灾害，更糟糕的是，有时需要去执行我不感兴趣的拍摄任务。但是，如果在家呆上一两个月，我的脚又会开始发痒，很想拍摄下一个故事。

江融：你报道过卢旺达灭绝种族事件，另一位摄影家法兰克·福尼尔从卢旺达返回之后，很长一段时间无法再拍摄，他不想再回去拍摄那些恐怖事件，而是思考今后应当拍什么。

杜邦：我知道许多摄影家从卢旺达回来之后很长一段时间无法工作，我却能够工作，每个人的情况不同。关于卢旺达我常常

印度大壶节，2001年

还会做恶梦，但不会阻止我继续工作，相反地，会使我更加有决心。

江融：为什么？

杜邦：我也不知道为什么，只知道继续不断工作，迫使自己不断创作。摄影就是要见证历史，亲历历史，而恐怖是不会消失的。从卢旺达回到家中之后整整一个星期，我情绪上感到非常累，喝了许多酒，并与一位也刚从卢旺达回来的好友一道谈论我们所经历的恶梦。好几个星期，我仍然能够从自己的衣服和鼻孔中闻到腐烂尸体的恶臭。我无法摆脱死亡的臭味，它一直跟随着我。

目睹和拍摄大屠杀的场面的确会留下心理创伤。回来之后，很难编辑所拍摄的照片，但我认为有责任将照片发表，让更多人了解实际情况，这种责任心驱使我保持头脑清醒。卢旺达所发生的可怕事件永远不会被忘记。唯一能够让我继续下去的办法是再去报道另一个故事。

江融：有时也许你需要暂停拍摄恐怖故事。你拍摄的印度大壶节，对你来说，应当是一种解脱。当你拍这类照片时，你的感觉如何？

杜邦：我的感觉与在拍摄战争照片时一样。

江融：真的吗？

杜邦：我不是说感觉更好。我真的认为，大壶节是我拍摄过最令人激动的主题之一，它如同《圣经》上的故事，而且十分狂热。有人说，那次是人类在一个地方人数最多的一次聚会。六个星期里，约有六千万朝圣者参加大壶节，即使按照中国的标准，那次人数也是很多。

江融：你在何时、何处首先发现该节日？

杜邦：我在这次大壶节举行前四年便进行研究，这个大壶节每148年才举行一次，我知道必须拍摄该节日，他们称这次为超级大

巴勒斯坦人躲避以色列军人的射击，2001年

壶节。在这一天，几个行星与月亮以特殊的方式排列。唐·麦卡林拍摄的大壶节不是这一次。

我被大壶节壮观的场面所吸引。它是一场光怪陆离的表演，一次宗教狂欢节。在世界各国中，除阿富汗之外，印度对我的摄影给予了最多灵感。

江融：你为何会对印度如此着迷，麦卡林对印度也一样着迷。是否因为印度有许多特别适合拍照的地方，还是因为印度特别贫穷？

杜邦：不是因为印度贫穷。我喜欢印度有几个原因。第一次访问印度时，我才18岁，那一次旅行，我生病了，所有人到印度都容易生病。当时我病得很重，同时也玩得快乐。我对印度既恨又爱。从视觉上来看，我从未见过如此精彩的国家。似乎时光倒流，或者没有时间概念。我对印度教十分着迷，喜欢印度食品和印度人，印度是一场喜

剧，它总是能让我发笑，我从中获得许多灵感，尤其是它的历史和印度教。

江融：你曾拍摄过狗的故事，尽管是关于狗的生活，却十分感人。那是一次拍摄任务吗？

杜邦：我拍的最好作品往往都不是来自拍摄任务。很高兴你提到我拍狗的故事，那是我最喜欢的作品之一，但从未发表过。

江融：这些照片看上去很像约瑟夫·寇德卡（Josef Koudelka）的照片。

杜邦：多少年来，寇德卡一直给我许多灵感，他是一个传奇。他拍摄的吉卜赛人和流放的作品令人不可思议。我到罗马尼亚拍摄狗的故事，是因为这个故事十分离奇。我在《纽约时报》读到一则关于布达佩斯市长将要屠杀30万条狗的消息。当时，我从未去过罗马尼亚，他们要杀野狗，而且又是冬天，我想能拍出好照片。因此决定去报道该故事。

江融：这些作品的确很好，让人意识到，虽然狗是动物，却与人很相似。

杜邦：这正是我当时的感觉，当我拍它们时，尽量将他们拍得像人一样。

江融：2006年，在平遥国际摄影节上举办的"联系——新闻报道摄影的艺术"，展出了你在巴布亚新几内亚用宝丽莱(Polaroid)相机拍摄的黑帮照片。你为何要冒险拍摄这组摄影专题？

杜邦：我并没有冒生命危险，我于2004年与这批黑帮见面，但从没有想到过会死。巴布亚新几内亚首都莫尔斯比港是危险的，但不是巴格达。我曾对巴布亚新几内亚的黑帮做过一些研究，决心要拍摄一个摄影专题。

江融：你为何决定要用宝丽莱拍摄该专题？

杜邦：飞往巴布亚新几内亚之前，我决定带上宝丽莱相机及其正负片胶卷。我想尝试不同的、富有挑战性的拍摄方法，用肖像形式拍摄这些黑帮成员，让他们在相机前摆出他们想要的姿势，以便展示他们独特的个性。我力图使照片简洁，让这些黑帮成员展现他们自己，效果会十分有冲击力。我认为，这些肖像说明了巴布亚新几内亚帮派文化、暴力和社会对他们的忽视。

过去，我从未以这种方式拍过肖像，使用宝丽莱相机，能够让我的被摄对象当场看到结果并将一次性照片给他们，同时我能保留底片。迄今为止，我很喜欢用宝丽莱拍摄的照片效果，它的照片有一种原始和粗犷的感觉，特别适合该主题和所反映的暴力。我也用传统的方式到大街上拍摄报道黑帮的照片，但达不到我想要的效果。这一组宝丽莱肖像效果更好。澳大利亚媒体有许多关于巴布亚新几内亚暴力的消息，但都十分消极，而且报道不理想。我认为应当要以诚实和有力度的方式报道该问题。

江融：我们已讨论了你的大部分项目和系列照片，但尚未谈到你已出版画册的两个大项目，一个是关于摔跤运动员，另一个是关于印度最后的蒸汽火车。你为何要做关于摔跤运动员的项目？你本人是否是摔跤运动员？

杜邦：我不是，但大家都这么认为。好几次，我在拍摄摔跤运动员时，曾经有职业摔跤运动员与我挑战，但我从来没有与他们比试，否则，他们会把我摔死。当我还在做蒸汽火车的项目时，产生了做摔跤运动员项目的念头。1994年至1995年期间，我在印度拍摄最后的蒸汽火车，看到当地一份杂志关于新德里一所摔跤学校的报道及其照片，我认为十分有趣，而且有视觉冲击力。因此，便到这所摔跤学校拍照片，这成为我拍摄火车项目期间的一种调剂。摔跤运动员的照片在英国《独立报》杂志上发表，并获得当年世界新闻摄影比赛体育类的首奖。从某种意义上来说，该项目比拍摄火车的项目更加成功。

在出版印度最后蒸汽火车的画册之后，我便想出版一本摔跤运动员的画册。经过研究之后，我决定不是拍所有形式的摔跤，

被美军焚烧的塔利班士兵的尸体，阿富汗，2005年

而是专门拍摄传统摔跤。传统摔跤是另外一种冲突形式，从历史上来看，它是最早的交战方式，因此，我认为它会是一个很有意思的项目，但没有想到自费断断续续地做了十年，直到我认为能编成画册为止。

江融：那么，你为何要做关于印度最后蒸汽火车的项目？

杜邦：该项目的想法是在读报纸上的一篇文章时产生的。我对于世界上即将消失的

事物感兴趣，另外，印度是我有兴趣做该项目的另一个原因。我想到了萨尔加多拍摄的印度和手工业工人的照片，感觉到这会是一个很有意思的项目。因此，全身心地投入到拍摄与蒸汽火车有关的人和事物中去，如车间、工人、旅客、沿途的风景和列车等。

但是，总的来说，该项目是关于"人"而不是"火车"，因为我最感兴趣的是与这些列车有关的人的生活，火车只是这些人的

直升机正在沙漠中给美国空降兵提供补给，2005年

奋斗和故事的背景。

江融：所有报道摄影记者或记者都想抢到独家新闻，你认为大家相互竞争抢独家新闻是否是一种正常的做法？

杜邦：我不认为是正常的，但我也不认为能够刻意寻找独家新闻。独家新闻往往在你最不经意时出现，因此是偶发现象。

江融：那么，你拍摄的美军士兵焚烧阿富汗塔利班士兵尸体的照片是否是独家新闻？

杜邦：绝对是，因为我是唯一的目击者。

江融：是否也有人拍摄到该事件的录像？

杜邦：录像也是我拍的。在过去几年里，我也大量拍摄录像。对有些项目来说，我可能会既拍录像又拍照片，这是我个人尝试的新方向，这也是纪实摄影。

江融：这是多媒体。

杜邦：的确是这样。另外，录像可以作为一个备用材料。如果我看到一个有趣的情

日本相扑运动员打扫竞技场，2000年

况，我会用录像机拍摄。从挣钱角度来说，这给予我双重机会，我能够将录像出售给电视台，这样更好。有幸的是，这种情况在焚烧塔利班士兵尸体的事件中发生了，我不仅拍了照片，而且还录了像，但是，更重要的是该事件，而非是否拍到好照片或好录像。该事件实在太重要，必须进行录像。

江融：是否因为电视对摄影的重大影响，人们已开始谈论"流媒体"？例如，美国摄影家德克·霍尔斯特德（Dirck Halstead）一直在推广这种做法。

杜邦：是的。但每一个人都有自己的理念，我的想法是录像与摄影并不矛盾，如果我两样都做，可能会是一种平衡，因为我想将二者结合起来，但不想同时是录像记者和摄影师。不过，有时会感到十分沮丧，因为当我拍摄录像时，可能会无法捕捉到一些照片，反之亦然。我并没有在所有项目中采

古巴印象，2001年

用该方式，对我来说，这种方法十分新颖，我正在试验。我喜欢挑战自我，学习新的东西，并试图寻找到新的方式，这是一种带有声音和动态图像的摄影。我在拍录像时所采用的原则类似于我的摄影原则。

江融：这张塔利班士兵的照片，使你获得了许多奖项。对我来说，这十分具有讽刺意味：你精心拍过许多其他作品，但这次碰巧拍到这张照片，便成了独家新闻，如果我当时在场，甚至业余摄影师在场，也能拍到这张照片。

杜邦：正如我刚才所说，这张照片更多是关于该事件，以及随之产生的争论和影响。从某种意义上来说，它成为了一张有象

征意义的照片。但该照片只有《纽约时报》发表，包括巴黎《竞赛》杂志等所有其他报刊均不敢发表，因为他们担心会引起穆斯林骚乱。

我拍摄该事件的录像如野火般在因特网上迅速流传到全世界，在48小时内，该事件成为全世界最重要的消息。美国国防部长唐纳德·拉姆斯菲尔德（Donald Rumsfeld）出来公开谈论该事件，大家都在讨论这件事，并感到担忧。我认为，因为发生伊拉克阿布格莱布监狱虐俘事件，以及《古兰经》被冲下马桶的丑闻，媒体不敢发表该照片。幸好，《纽约时报》敢于发表，该照片才公诸于世。

当时该事件的录像比照片产生的影响

身穿罩袍的阿富汗妇女，2001年

更大，世界各地的人都看到该录像，它触及了大家的心灵，改变了美国军方的政策，美国军事法庭还指控涉及该事件的一些美国士兵。另外，它还改变了美国的心理战术，该事件发生后，美军在阿富汗发行一本帮助士兵了解当地文化的小册子。我的其他照片或录像从没有产生过如此巨大的国际影响。

江融：你为何认为录像的影响超过照片？你是否认为静态照片不如录像有力量？

杜邦：我不同意这种说法。我仍然认为，在现有媒体中，照片最具有影响力，因为静态照片能够给人深刻的印象。如果回顾历史，你会发现，人们记忆最深的是一些有象征意义的照片，而非电视录像。这才是摄

阿富汗抗击苏联占领军游击队领袖马苏德，1998年

影的真正力量所在，但照片必须发表才能产生效果。

《纽约时报》发表该照片产生了很多影响，该照片被提名普利策奖，它获得了美国海外新闻记者俱乐部罗伯特·卡帕金奖的鼓励奖，目前仍然在世界各地获得各种奖项。该事件的录像可能有助于该照片产生影响，但照片仍然更具有影响力，它捕捉到尸体在燃烧以及美国士兵为背景的瞬间。如同其他了不起的照片一样，该照片记录了我们历史上的一个重要事件，因此，将会比录像更为长久地留在人们的记忆中。

江融：回顾过去二十多年的摄影经历，你是否认为因为运气好才拍到这次独家新闻？

杜邦：我认为，运气是我自己创造的，因为我始终没有放弃报道该事件。你必须到现场，必须耐心。我那次去阿富汗不只是停留几天，我跟随美国士兵六个星期。当运气来临时，你必须充分加以利用。如果我没有坚持上山，坚决走到山顶，就不会拍到该照片。我知道山顶上有尸体正在焚烧，当我到达山顶时，没有想到我当时所见到的情况后来会产生这么大的影响。我只知道这是重要的，能反映美国在阿富汗的一些情况，需要拍照和录像。我到阿富汗的任务始终是反映美国在阿富汗的行动。

江融：许多摄影家在晚年得出的结论是：摄影无法改变世界。你怎么认为？

杜邦：改变世界是不可能的，但摄影肯定能改变一些状况。例如，阿布格莱布的虐俘照片及其产生的影响。如果你回顾历史，便能清楚地看到这一点。

江融：从事摄影二十多年，摄影是否改变了你？

杜邦：就摄影本身来说，我已从35毫米相机转变成采用不同画幅的相机，并刚买了一个针孔相机。我喜欢尝试新相机和新胶卷以及录像。随着年龄增长，我也不断变化，只是想富有创意。我可以一辈子用徕卡相机来创作，但这绝不会令我满足。改变不同的画幅，能使我兴奋。

江融：你的世界观是否有改变？

杜邦：这种改变更多涉及我的摄影经历，以及我所看到、感受到和听到的世界，而非涉及如何改变世界。

江融：数码摄影正对传统摄影产生重大影响，你是否准备好迎接数码摄影的挑战？

杜邦：我主要还是拍摄胶片，并会尽可能长久地拍摄胶片，使用暗房。我不太喜欢使用数码相机，我对数码技术感兴趣的部分是，拍摄传统胶片，然后进行扫描，并通过电脑中Photoshop软件替代暗房处理之后打印，这的确十分便捷。

江融：那么，总的来说，你对摄影的未来抱乐观态度？

杜邦：是的，我认为，今后胶片拍出的照片将更有价值。当所有人都在使用数码相机，谁若坚持采用胶片摄影，这些照片将会很有价值。我有可能是错的，但我始终相信胶片档案会存在很长时间。不知道数码相机会存在多久？大家都在使用数码档案拍摄，但该档案能存在多久？我们知道照片能存在多久，因为摄影术已存在一百多年，而数码技术只存在了二十多年。他们说，数码照片能持续保持不变一百年，这是胡说。因为他们如何能够知道？他们不能这么说，数码照片尚未持续这么久。我不认为数码技术能够产生如同传统摄影那么持久的效果，人们将会意识到这一点。

江融：谢谢。

本访谈图片提供：斯蒂芬·杜邦

©Stephen Dupont/Contact

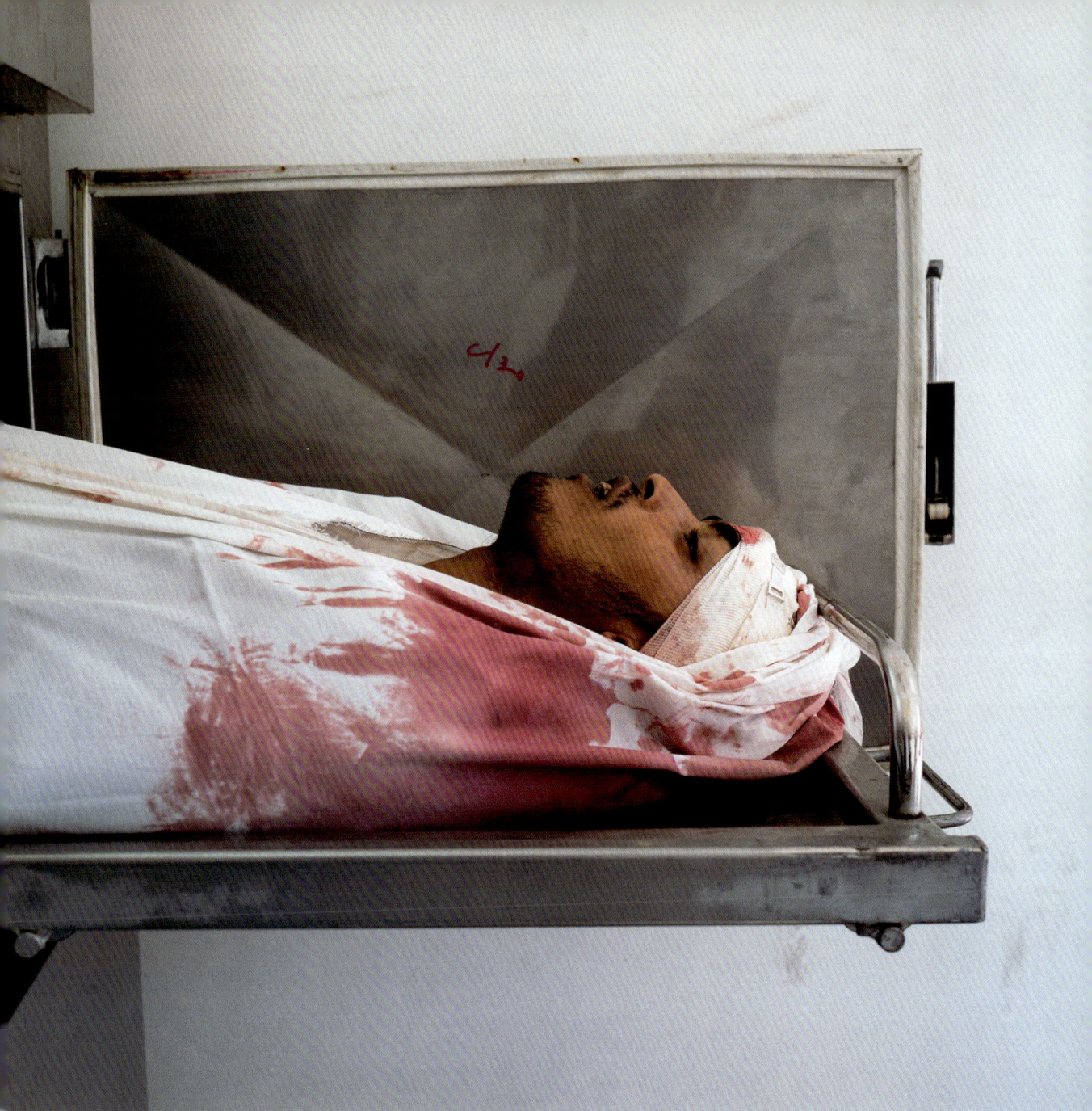

被以色列军队的狙击手打死的巴勒斯坦人，2004年

　　1973年出生在美国宾州的克里斯廷·阿什伯恩（Kristen Ashburn），被评论家认为是近年来国际上最优秀的新锐报道摄影家之一。她在罗切斯特理工学院上大学期间，曾利用暑假五次到罗马尼亚孤儿院做义务护士，照顾神经受损的儿童，并在美国成立了一个领养这些孤儿的相关非政府组织分会，由自己担任主席，还领养了两位需要到美国治疗的孤儿。在做义工期间，她开始利用摄影来报道这些孤儿的痛苦状况，并获得美国新闻摄影家协会的资助拍摄该项目。从此，她走上了报道摄影之路。

　　2001年，阿什伯恩决定以摄影为职业，自费到津巴布韦报道艾滋病毒/艾滋病的严重状况；她也曾经冒着被传染的危险到俄国西伯利亚监狱拍摄患有肺结核的囚犯；她拍摄

镜头后面，是悲悯洒落
——对话克里斯廷·阿什伯恩

过罗马尼亚吉卜赛人、伊拉克战争爆发一年之后的状况、以色列与巴勒斯坦的冲突，以及印度洋海啸等。同时，她还担任"通过儿童的眼光：卢旺达项目"摄影主任，辅导1994年卢旺达种族灭绝受害者的孤儿拍摄照片。

近年来，她的努力不断得到奖励。2004年，被美国《摄影界新闻》杂志评为30位30岁以下最有前途的摄影师之一，并获得法国女报道摄影家协会女报道摄影师奖。2005年，获得世界新闻摄影比赛新闻人物类一等奖。2006年，获得盖蒂基金会奖金。2007年，她获得了美国海外新闻记者俱乐部颁发的约翰·法伯奖，美国密苏里新闻学院颁发的国际年度最佳新闻摄影照片奖，以及美国全国新闻摄影师协会年度最佳摄影师奖。

江融/摄

Kristen Ashburn

江融：你是如何对摄影产生兴趣的？

阿什伯恩：我始终对摄影能够记录个人和社会的变化感到好奇。因此，我开始想象如何利用摄影记录自己不同的时期。

江融：你是否记得使你印象深刻的第一幅照片？

阿什伯恩：我记得刚开始学摄影，朱丽娅·玛格丽特·卡梅伦（Julia Margaret Cameron）的照片令我印象深刻。我很感兴趣

的是，她的肖像不仅记录了一个历史时期，而且让我们对卡梅伦本人有所了解，她利用想象力设计的奇异布景将肖像推向新的高度。

江融：你既被视为纪实摄影家，又被视为报道摄影家，你认为纪实摄影与报道摄影是否有区别？

阿什伯恩：如今，报道摄影记者使用数码相机，比十年前工作得更快。在报道时，他们必须从现场将照片发回以便赶在截稿之前送到。而纪实摄影师通常有更多时间来报道某个专题。这两种方式我都采用，如果可能，我喜欢花更多的时间来报道专题，这样

巴勒斯坦阿克萨烈士旅自杀爆炸手，2002年

可以将相关的内容放到你的故事中，有助于观众了解你所报道的问题。

江融：你在大学时，刚开始并不清楚自己要从事的是商业摄影、艺术摄影还是报道摄影。什么原因促使你采用纪实摄影，并成为报道摄影师？

阿什伯恩：当我还在上大学时，有机会到罗马尼亚义务协助孤儿。他们被关在孤儿院，像囚犯一样对待，甚至还不如动物。在社会上绝对听不到这些儿童的声音。作为援助人员，罗马尼亚政府不允许我拍摄，担心会有不良的报道。因此，我决定用摄影披露这些孩子所处的可怕境地。

江融：你是如何发现罗马尼亚孤儿的状况？

阿什伯恩：我在电视上看到关于这些孤儿院儿童的节目，我特别想去帮助他们，因此做了一些研究，结果发现我的一位亲戚成立了一个基金会收养这些儿童。后来，我协助其在美国成立了第一个分会，并收养了两个需要治疗的孩子。但是，我去罗马尼亚的目的不是成为摄影师，而是担任援助工作人员。

江融：可以说，你既是一名活动家，又是一名摄影家。作为报道摄影师，你是否可以对你报道的事件采取一种积极参与的态度？

巴勒斯坦阿克萨烈士旅成员，2002年

阿什伯恩：我认为，每一位摄影师均有自己的见解，每个人也都有自己的世界观。作为报道摄影师，我不会在遇到某种形势时，不分青红皂白地加以判断。我的目标是记录我所见到和所体验的一切，诚实地反映所发生的一切。所以，我首先是一名报道摄影师。如果我十分受感动，以至于我要参与某事件或某状况，那是次要的。

江融：带有自己观点的报道摄影记者是否能客观地报道？

阿什伯恩：你不能将先入为主的观点应用到你想要报道的某个情况中。我通常会深入地卷入我要报道的故事中，这种深入的经验有助于我诚实地工作。例如，我在津巴布韦报道艾滋病毒/艾滋病的问题时，我与许多被摄者住在一起。看到他们每天与疾病做斗争，这有助于我理解该流行病的复杂性。非洲撒哈拉以南的艾滋病统计数据，是最初使我开始报道该故事的原因，我想要使这些数据人性化。

江融：你是如何发现津巴布韦的艾滋病问题？

阿什伯恩：我在《纽约时报》上读到有关文章，意识到感染艾滋病毒者的人数大得惊人。我无法理解40%人口感染艾滋病毒意味着什么。我做了大量研究，不断地存钱，最后辞掉为一位时装摄影师服务的工作，前往津巴布韦拍摄该项目。我冒了一次很大的险，但我知道必须致力于该项目。

江融：你所用的"冒险"一词的含义是什么？

阿什伯恩：我不是指安全方面的危险。作为摄影师，我们致力于拍摄对我们来说很重要的故事，但可能有资金困难和难以发表的问题。我花大量的时间和资金来做该项目，却不知道是否能得到资助继续该项目，甚至不知道是否能发表。

江融：那么，你去津巴布韦和中东等冲突地区，是否想到有一天会回不来？

阿什伯恩：也许在内心深处始终有这种念头，但我试着不把精力放在危险上。我在津巴布韦时，由于当地的政治形势，我的行动十分谨慎。拍摄每一个故事都有风险。

江融：你在津巴布韦住在哪里？

阿什伯恩：我住在不同人的家里，不过，我总是有一个比较固定的地方。

江融：你如何接近艾滋病患者？

阿什伯恩：我会向他们解释拍摄的目的，以及我打算如何使用这些照片。我总是先问他们是否愿意公开自己的状况，有些人同意，另一些人不感兴趣。通过这种过程，你会发现有人愿意参与。

江融：从你的照片可以看出，你是在很近距离拍摄他们，而他们不觉得受干扰。

阿什伯恩：我与他们住在一起，并与他们交朋友。只有通过花时间与他们在一起生活，你才能拍到十分亲密的照片。

江融：我注意到，除了徕卡相机之外，你也用中画幅禄莱相机。你为何要用中画幅？

阿什伯恩：我想做一些尝试，我是自己做这个项目，对画幅没有任何限制。

江融：你用Tri-X胶片，然后扫描底片，

26岁自杀爆炸手的母亲（左）和妻子（右），2002年

6岁的玛丽看望患艾滋病的母亲，津巴布韦，2006年

再用Photoshop修版，这种照片可以被认为是经过数码改进的照片吗？

阿什伯恩：不能这么认为，因为我采用的方法与我在暗房中的方法一样。你可以使用Photoshop来清除照片上的污点，你也可以用它来加光或遮挡。但照片的内容最重要，

我从来不修改照片的内容。

江融：你在洗印店中的经验有助于你修版。

阿什伯恩：如果你在暗房里呆过很长时间，上述手法便成为你的本能。的确，在洗印店的经历有助于我学习摄影的材料。正

32岁的艾滋病病人戈德菲，津巴布韦，2004年

如画家一样，你必须学习摄影媒介，必须学习使用各种工具，而且要掌握这些工具。Photoshop和扫描并不容易学。作为摄影师，这是不断学习的过程。

江融：你的上述说法产生了一个关于摄影本质的问题。你认为什么是摄影的本质？

阿什伯恩：对我来说，摄影的本质始终是记录我们的世界。观者可以通过照片与永远消逝的片刻直接联系起来。照片可以诚实反映真实事件，但愿还能留给后代。

江融：20世纪80年代末，许多人认为摄影取得了胜利。但是，随着数码革命的来

掘墓者每次要挖8口墓，津巴布韦，2002年

临，有人认为，摄影的本质已发生改变，他们甚至认为，摄影处在危机中，尤其是当任何有手机相机的人均可以用手机拍照之时。

阿什伯恩：我认为，任何类型的相机均会加强摄影的力量。例如，在伦敦爆炸案中，地铁里的人能够用手机相机拍摄发生的

情况。我不会因为别人有手机相机而感到威胁。我很高兴，业余摄影师也能拍出照片，协助保留历史。

江融：你知道，卡拉OK在东亚最为流行，尤其在中国和日本。有了卡拉OK之后，几乎所有会唱的人似乎都唱得像专业歌手一

样。你是否认为，有了数码相机之后，摄影变得太民主？

阿什伯恩：我不认为这是个好例子。就拿U2歌手Bono来说，如果我唱卡拉OK，我唱不了他那么好。柯达曾经发明生产布朗尼相机，使得个人和家庭能够廉价和方便地记录他们的生活。相机正变得越来越容易使用，但这并不意味着每一个人均会变成摄影师。我认为，摄影将会在社会中发挥不同的作用。令人兴奋的是，人们能够用相机记录世界，而且相机正变得越来越小，更容易携带。

江融：所以，你既使用数码相机，也仍然使用胶卷。你甚至说过，最终你将使用数码机背拍摄。

阿什伯恩：我不认为二者必须择其一。例如，目前我买不起中画幅相机的机背，因此，如果我使用中画幅相机，我便无法用数码的方式拍摄。但如果我能够使用数码机背，我绝对会使用，因为我就不需要冲洗胶片和扫描底片。在为新闻机构工作时，他们常常立即需要照片，在这种情况下，我别无选择。我必须用数码相机拍摄。

江融：你认为数码相机的感应器已经能够产生与胶卷质量相同的照片了吗？

阿什伯恩：感应器当然已经非常接近底片的扫描效果。

江融：但你是否也认为，扫描的效果也能产生底片的艺术效果？

阿什伯恩：在许多情况下是可以的。我们生活在一个信息传播很快的时代。如果你是作为报道摄影师，在报道一个事件中与别

人竞争，你主要关切的问题可能不是照片的影调。不过，如果我做专题项目，有更多的时间，而且能够更加灵活时，我始终会考虑选择使用哪种相机和胶卷更合适。

江融：谈到照片的影调问题，我注意到，你在津巴布韦拍摄的照片有一种十分特殊的影调。而且，你非常注意使用光源，无论是从窗户还是大门进来的光；同时，你的照片细节仍然丰富。

阿什伯恩：我使用自然光，因此，必须十分注意光源。

江融：你使用三角架吗？

阿什伯恩：不用，但我常常依靠墙或椅子。我常常被迫使用1/15秒。

江融：你是否始终使用黑白胶卷拍摄专题项目？

阿什伯恩：不是的。要看项目而定，我也大量使用彩色胶卷。

江融：你拍摄的被以色列狙击手打死的巴勒斯坦青年的照片，使你获得世界新闻摄影比赛新闻人物类一等奖。一个拥护巴勒斯坦的组织在网站上使用该照片，他们还署名是你拍的照片。换句话说，一张照片可以被不同的人用于不同的目的。

阿什伯恩：他们不应当这么做，使用我的照片必须征得我的同意。

江融：我的问题是，在这个信息和通信技术的时代，影像可以是十分强有力的工具，可以被用作不同目的，包括宣传。影像能否中立？

阿什伯恩：任何组织或个人未经许可为

津巴布韦的墓地，2003年

自己的目的使用摄影师的照片均为非法。人们必须遵守国际版权法。我的照片只能在经过我许可的出版物中使用，而且应当付钱给我。有时，我会将照片捐给某组织或出版物使用，但须预先同意，而且规定十分明确。

至于巴勒斯坦组织使用我的照片为他们的目的服务，显然我拍此照不是为了该目的。这幅照片的目的不仅表明这位年轻人的死亡，而且也强调在加沙每天都有许多人因冤冤相报而死亡。除了这张照片之外，没有太多关于这位年轻人死亡的报道。

江融：对我来说，这张照片既有震撼力，又有凄凉美。刚看照片时，不知道是谁，仔细一看，才意识到这是一名受害者。

阿什伯恩：是的，他很年轻，看到这么年轻的人死亡，是很难受的，尤其是他死得很无辜。当你知道该照片背后的故事时，你会开始意识到暴力是毫无意义的。我拍这张照片不是为了要让它看上去美丽。当时，他在停尸间，十分安静的片刻，在该片刻里，所发生事件的一切疯狂和残暴均消失，唯一能证明该事件的是渗透到被单的鲜血，然而，他的脸似乎完全没有被破坏，他仿佛在睡觉。

江融：近年来，你得了许多奖，也曾被认为是30位30岁以下最有前途的摄影师之一。但这些奖也会对你提出挑战，因为人们会期待你拍出更好的照片。你是否感到有压力？

阿什伯恩：我开始摄影不是为了获奖。我很高兴人们喜欢我的作品，我希望与他人分享我的经历，以便反映世界上发生的各种事件，这才是摄影最令我感到满足的方面——拍出能让人有感触的照片。

江融：谁是你最喜欢的摄影家？

阿什伯恩：我对约瑟夫·寇德卡的照片深有感触。他对我的早期摄影影响较大。但我没有刻意模仿任何人的风格。

江融：我认为，联系图片社年轻一代摄影师正接过诸如大卫·伯耐特、阿龙·雷宁格和法兰克·福尼尔等老一辈摄影家的旗帜，你是否同意这种看法？

阿什伯恩：成为联系图片社的一员就像成为一个大家庭的一员。图片社的操守是至关重要的，联系图片社支持摄影家的权利，我相信这一点。而且，长期以来，联系图片社一直保持着正直的操守，尊重新闻报道摄影。对我来说，这是很重要的。

不仅联系图片社年轻一代摄影师十分多产，而且像大卫·伯耐特和法兰克·福尼尔等已成名的摄影家仍然十分活跃。看着这些摄影家不断改变自己、不断地进取，的确十分令人鼓舞。例如，除传统相机之外，大卫还使用Holga简易塑胶相机、针孔相机、Speed Graphic老相机以及数码相机，有时在拍摄一个事件时，同时使用这些相机。他十分富有创意，而且不断重新改变观看的方法。我很高兴而且也十分荣幸能成为这个团体的一员。

江融：谢谢你。

不冒风险不值得成为艺术家

——对话罗伯特·弗兰克

瑞士裔美国摄影家罗伯特·弗兰克（Robert Frank）生于1924年，不到23岁便远渡重洋，只身冒险来纽约闯荡。尽管很快得到《哈泼市场》艺术总监亚历克塞·布罗多维奇（Alexey Brodovitch）这位伯乐的垂青，在这家著名时装杂志拍摄照片，但半年后，他便不满足于时装摄影的肤浅，勇敢地辞职并开始自由摄影家的生涯。

1955年，在美国著名摄影家沃克·伊文思（Walker Evans）这位前辈的帮助下，弗兰克开始了纵横美国之旅，他开着一辆旧车，用两年的时间几乎跑遍了美国本土。他利用徕卡相机不抢眼，以及高速胶卷、大口径镜头和预设镜头焦段等便利，大量抢拍所见到的一切，有时，来不及将相机放在眼前聚焦，便在胸前甚至胯部盲拍，即使在光线弱到大部分人认为根本无法拍照的情况下，弗兰克仍然举起相机拍摄。1958年，弗兰克从近三万张底片中精选83幅，由法国一家出版社出版了《美国人》这本具有里程碑意义的画册。

如同弗兰克的名字在英文中意指"诚实"的含义一样，他从美国大城市和中西部小镇日常迂腐的生活中，用影像真实地记录了他所见到的美国和美国人。正如美国著

江融/摄

Robert Frank

名女摄影家玛丽·艾伦·马克（Mary Ellen Mark）所述："罗伯特·弗兰克是一个纯粹主义者，他的观察是如此的诚实，并且没有窜改他见到的事物。"

但是，在20世纪50年代，美国战后经济起飞，出现一派繁荣昌盛的景象，在麦卡锡主义反共的思潮笼罩下，大部分美国人仍然无法接受弗兰克对他们不光彩一面的逼真揭示，惊呼"这不是我的美国"。美国《大众摄影》杂志的编辑竟然对《美国人》的照片如此评价："无谓的模糊、颗粒粗、混乱的曝光、倾斜的地平线，总而言之，是草率之作。"

政治集会，芝加哥

然而，沃克·伊文思很早便发现弗兰克照片不同凡响之处，1957年，他在评价弗兰克的《美国人》时指出，"它与有关《人类大家庭》的照片所产生的一切矫揉造作的'情调'迥然不同"。后来，人们对《美国人》的评价莫衷一是，有人认为，它是对1955年在纽约现代艺术博物馆开幕的《人类大家庭》展览的揶揄；另外有人将弗兰克划归为"垮掉的一代"，断言《美国人》是"垮掉的一代"所推崇的价值观在视觉方面的表现；还有人认为，罗伯特·弗兰克以一个来自欧洲"异邦人"的眼光，对美国的所谓文明进行了深入观察。关于《美国人》的解读众说纷纭，至今仍然有人津津乐道。

随着时间的推移，越来越多的年轻摄影家开始模仿弗兰克的摄影手法，而且，人们认识到《美国人》的拍摄手法打破常规，改变了世界摄影的方向，以及人们对摄影审美的传统观念。弗兰克却没有以"英雄"自居，他认为，《美国人》只是一个年轻人出于对他所归化国家的好奇，试图通过摄影来表达他对这个国家及其人民的感受，如实地记录了他所见到的人和物。

在《美国人》出版之后，弗兰克很快便重新改变自己，开始与他人合作拍电影，并留下了许多部至今仍被视为独立制片电影的经典之作。1971年，他与第二任妻子琼·利夫（June Leaf）一道自我流放，将自己放逐到加拿大新斯科舍的一个小岛上，远离尘嚣，并又回头拍摄静态的照片，但他没有重复自己，这一次，他使用5×7一次成像的宝丽莱相机，而且使用多幅接片组合成作品，很少用单幅照片，还常常在底片上刻上文字，与他早期的作品完全不同。

1974年，弗兰克的女儿不幸在飞机失事中丧生，不久，儿子又被诊断患有精神分裂症，这对他打击沉重。他将痛苦的内心感受表达在他后期的作品中，使得这些作品非常个人化，充满了强烈的悲痛、孤独、无奈和厌倦等情感。

弗兰克在《美国人》等早期作品中，将个人的内心感受表达到其照片中，但那些照片是关于"公众"的社会问题；在后期作品里，他同样倾诉了他的内心感情，这时是关于"个人"的问题。但是，无论是关于"公众"，还是关于"个人"，都是他真诚如实的记录。

笔者有幸于2007年7月22日在弗兰克位于纽约曼哈顿下城一栋破旧的楼房工作室采访他，发现这位83岁的老人并没有"垮掉"，他和蔼慈祥，但十分固执刚强。虽然已上了年纪，脑子仍十分敏锐。他物质生活简朴，然而，可以感觉到，他的精神却是丰富的，他是心灵的守望者。

弗兰克曾说过，"摄影是关于过去的事情，照片会让你感觉衰老"。但弗兰克拍摄的《美国人》却是留给后人看的。关于《美国人》的讨论仍将继续，弗兰克始终会是一个谜，但他的勇敢冒险精神也会激励着一代又一代的年轻艺术家不断地走下去，走下去！

游行，新泽西州霍博肯

江融：你怎么产生到美国各地周游并拍摄"美国人"项目的想法？

弗兰克：在做该项目之前，我在美国已住了八九年，但除了新泽西州一日游，并到过圣路易斯之外，尚未看过美国大部分地方。我知道该国幅员辽阔，两岸临海，自然会对它好奇。的确是当时的好奇和活力，驱使我坐上汽车，横跨美国。拍摄"美国人"的旅行分两部分，我先去底特律，然后回到纽约；之后，我从纽约去德州，又从德州去

洛杉矶和旧金山，再回到纽约。

江融：有人认为沃克·伊文思是你的导师，他协助你申请古根海姆基金来做"美国人"项目。我们知道，在1938年，伊文思出版了《美国照片》这本富有创意的画册。在多大程度上，沃克·伊文思影响了你，尤其在做"美国人"项目方面？

弗兰克：沃克·伊文思的确激励过我，但周游美国之行与他没有太多关系，此行只是为了创作令人难忘的照片，如同我见过的

糖果店，纽约市

沃克·伊文思的照片。那次周游美国之行是与我的好奇有关。不过，伊文思拍摄人物的方式影响了我。我曾与伊文思一道工作，有时，协助他在纽约市附近和一些厂房拍摄照片，我仍然记得他拍过的一些厂房。我对他的工作方式以及他的作品印象深刻。这是他对我的激励。

江融：如你所知，沃克·伊文思探讨如何通过平凡的事物，如小汽车、理发店和佃农农舍等，创造真实的影像。你在1961年曾说过，"现在你可以拍任何东西了"，这话怎么讲？

弗兰克：20世纪60年代，出现了真正的自由，新人辈出，包括新的画家、作家和诗人，而且，还可以创作新的类型的电影。当时有更多的自由。因此，我认为这种情况同样适用于摄影，我感到自己必须忠实于我所看到的一切，而且应当让其他人知道这一点。

江融：当然，你拍照的方式不同于沃克·伊文思，他在大部分情况下使用大画幅

佛罗里达州圣彼得堡

相机，而你使用35毫米的徕卡相机。你的摄影风格更加随意，而他的照片更加正式。你的一些照片甚至聚焦不实，从技术上来说，有些人认为，你的照片构图不佳。但我认为，你是故意要这么做，以便打破俗套和规矩。你认为拍摄照片时，什么是首要的事情？

弗兰克：你必须自由，摄影是要冒一定风险的，这不是拍你姐姐的快照。冒险是指这种拍摄手法可能不同于人们认为的正确摄影方法，因此，你会走上与众不同的摄影之路，其中便蕴含着风险。我认为，不冒风险不值得成为艺术家。

江融：在美国，每一代都有人要横跨该国。20世纪30年代，沃克·伊文思跑遍美国；50年代，是你；70年代，是斯蒂芬·肖尔（Stephen Shore）；当然，还有其他摄影家也这么做过，如墨西哥摄影家佩德罗·麦耶尔（Pedro Meyer），以及其他年轻的美国摄影家。你如何看待斯蒂芬·肖尔的作品？他当时也到过德州和底特律，但他的照片与你的非常不同，他基本上集中拍摄场景或街景，而很少注重拍人，另外，他使用彩色胶卷拍摄。

弗兰克：我对他的作品了解不多。每次我看到他的作品，都感觉一目了然，非常干净。他似乎对自己所要拍摄和发表的作品十分有把握。

江融：你曾说过，"不存在决定性瞬间，你必须创造该瞬间。"但我认为，你所拍摄的《美国人》中的照片，也有许多重要的瞬间。我们称其为"非决定性瞬间"，而不是"决定性瞬间"，它们更像是在卡蒂埃—布勒松所谓"决定性瞬间"之前或之后的瞬间。我认为，布勒松的瞬间更多是关系到某个瞬间在几何学中的精确性，而你的瞬间更关心捕捉人的姿态，或你所拍摄人物脸上异化和空洞的表情。你如何界定你自己照片中的瞬间？

弗兰克：我只是认为，我的瞬间比布勒松或任何其他人的瞬间更好。你将自己的照片编成画册，可能是八幅或十幅，也可能更多，对读者来说，这本画册会留下印象。读者在观看时不太注重瞬间，而是注重这位摄影家对他所见到的人和事的感受。构图和布光完美等美感不太重要，这对照片来说不是最重要的。我认为，伊文思的照片始终包含这种美感，它们总是在最佳的时刻拍摄，直截了当而且十分清晰，具有完美的感觉。对我来说，我拍摄得更快，不太思考如何才能拍到完美的照片。

江融：你曾参与爱德华·斯泰肯（Edward

Steichen）为首的《人类大家庭》摄影展策展团队，但你在该展开幕之前便退出。你在该展于纽约现代艺术博物馆开幕的同一年（1955年）开始做"美国人"项目。你为何要离开这个策展团队？

弗兰克：因为我不想要矫揉造作的情调。

江融：《人类大家庭》的画册一直到现在还在重印，它可能是迄今为止世界上最受欢迎的画册之一。你是否认为，照片必须具有传统意义上的美感或需要令人振奋才具有价值？

弗兰克：完全不是这样。照片必须给观者留下印象，最好能够比报纸上的照片或电视上的画面更长久地留在观者的记忆中。

江融：有人认为，你的画册《美国人》是对爱德华·斯泰肯《人类大家庭》展览画册的反讽。他们认为，这两本书之间存在明显的对比。"垮掉的一代"主将杰克·克鲁亚克（Jack Kerouac）为你的画册撰写的前言，被看做是在讽刺卡尔·桑德伯格（Carl Sandburg）为《人类大家庭》所写的前言。你是否同意这种评论？

弗兰克：我从来没有做过这种与桑德伯格有关的比较。这两本画册出版的时间不同，《人类大家庭》在1955年出版。的确，我走的是不同的道路，我对当时反映美国的不同影像感兴趣，或者说，对《人类大家庭》所缺乏的影像感兴趣。

江融：你常常被认为属于"垮掉的一代"成员，而且，你的画册《美国人》被认为是"垮掉的一代"推崇的价值观念的视觉

电梯，迈阿密海滩

表现或文本。但你曾说过，你与他们不同，你有家庭责任，有孩子，而且不赞成他们的生活方式。在开始"美国人"项目之前，你是否认识"垮掉的一代"的任何成员？

弗兰克：当时，我在纽约有一帮朋友。我不知道他们属于哪个团体？他们中有诗人、画家和摄影家。后来，才出现"垮掉的一代"这个词。不晓得这个词是谁发明，又是如何发明的。但对我来说，这批朋友有相同的兴趣，大家在一块儿很开心。也许，他们在某种程度上都反对当时的常规定见，他们感到可以与众不同，打破常规。而且，他们认为，不见得非要有职业才能成为社会的一员。你不需要像其他人那样一定要去上班工作，除了上班之外，还有其他可能性。当时是可以梦想的。

江融：你在1958年遇到杰克·克鲁亚克，并请他为你的画册写前言。你也曾与他一道开车去佛罗里达。那次旅行是在何时？

弗兰克：我不记得具体时间，不过，是在认识他之后进行的。他当时想将他的母亲从佛罗里达带回纽约的长岛。

江融：你曾说过，你喜欢法国存在主义作家阿尔贝·加缪（Albert Camus）的著作和美国著名歌手鲍勃·迪伦的歌曲及歌词。存在主义的哲学思想是否表现在你的作品中？

汽车电影院，底特律

鲍勃·迪伦在什么方面影响过你的作品？

弗兰克：我认为，他们的影响体现在我有关个人的作品中，尤其是我在照片中使用文字，或将文字刻在底片上。我这么做是要尝试使得照片更加直接。也许是受迪伦歌曲和歌声的影响，使我更有信心这么做。

江融：人们认为，你拍摄《美国人》这个系列作品的方式，改变了摄影的美学和观看照片的习惯。而且，1959年在美国出版的《美国人》版本中，你没有将文字说明放在照片的旁边，而是将它们放在画册末尾，这也是创新之举。

弗兰克：你说的是可能改变了人们观看照片习惯的两件事情。我并没有刻意去改变

这种习惯。我只是表明，报道摄影或旅行记录可以有许多不同的可能性。你无须遵循约定俗成的新闻报道手法也能拍好。

归根结底，"美国人"项目是一位年轻的摄影家想要冒险地表明："我要出版一本由我本人选择的83幅作品组成的画册，这些作品不是由编辑挑选的，它们也不是因为要模仿沃克·伊文思或《人类大家庭》的画册而做的选择。"我的意思是，这本画册只是我个人的告白。

江融：有人认为，你是"瑞士摄影家，美国诗人"，换句话说，他们认为，你是从欧洲人的视角而非传统美国人的角度拍摄照片。但如你早些时候所述，你在开始拍摄

印第安纳波利斯

"美国人"之前，已经在美国生活了八九年。那么，你是否认为在拍摄"美国人"时，你采用的是欧洲人的视角？

弗兰克：如果你来自欧洲，而且是在年轻时就来到，并在美国生活过一段时间，你会逐渐成为美国人。横跨美国旅行并通过摄影来告诉人们你所感受到的美国，以及美国使你所产生的变化，是一种很好方式。

江融：那么，你的确认为，作为刚到达美国不久的年轻人，你仍然受欧洲视角的影响，但在美国生活过一段时间，你也试图适应美国人的观看方式。

弗兰克：我认为，我在欧洲所受的教育和观看的方式与我所做的这个项目毫无关系，因为，我很快便接受这个国家作为我的国家，而我的背景没有在该项目中产生影响。美国的独特性才是我做该项目的主因，这些独特性包括有许多汽车、许多人，城市大得可怕、人们辛勤工作，以及在一个这么大的国家里，所有人都讲同一种语言。我直觉地注意到美国这方面的问题，就是"平凡迂腐"的问题。

江融：你的照片被认为非常具有叙述性，如同电影一样。在你完成《美国人》之后，很快便改变自己，开始拍摄电影。1959年，你同其他几个人合作，拍摄了一部十分重要的电影，题为《采吾菊》（Pull My Daisy），这部电影至今仍然被认为是独立制作电影的经典作品之一。你为何要开始拍摄电影？

弗兰克：这是合乎逻辑的步骤。当你拍摄静态照片时，你通过取景器，选择不同的瞬间拍摄照片，你会意识到，在一张照片之前和之后还有更多的故事可以讲述，你立即会想到电影。另外，电影除画面之外还有声音，因此，可以进行更多的表达。

江融：20世纪70年代，在继续对制作电影和录像感兴趣之余，你又回过头来拍摄静态照片。1972年，你出版了第二本画册，题为《我的手纹》（The Lines of My Hand）。这本画册题目的含义是什么？

弗兰克：当你看一个人的脸时，你会看到此人脸上的皱纹，因此，你可以感受到多年来生活对此人产生的影响。手纹与脸上的皱纹是可以类比的，这种比喻比较容易理解。

江融：那么，你为何又在20世纪70年代回去拍静态摄影？

弗兰克：你真正努力拍摄电影十年之后，可能又对拍电影感到失望，那么，你会认为，又该回到拍摄较为简单的东西。

江融：当你重新开始拍摄静态照片之后，你的影像与你在《美国人》中拍摄的影像完全不同。与你早期作品相比，它们更多是合成的，如你刚才说过，将文字刻入底片，如"厌倦说再见"等许多其他作品。

弗兰克：这些作品是为了改变形式。我不想重复使用35毫米的相机。我选择使用更大的相机，一次成像的宝丽莱相机，是5×7相机。我特别注意不要重复自己，我开始采用这种相机，以便能够摆脱35毫米相机拍摄的影像。

江融：你也开始用多张照片放置在一起合成一幅作品。这更像是艺术作品，而非纯粹摄影。你也用油漆在照片中写字，这些油漆会滴下来。这是非常现代的艺术创作手法，直到现在仍然有人采用这种手法。你是否认为，这些作品更像是艺术作品，而非纯粹的摄影作品？

弗兰克：我只是想要改变我的工作方式，对我来说，这些作品应当称作艺术作品，还是拼贴画或绘画，都不重要。我只是想改变我创造影像的方式。

江融：你的后期作品非常个人化，视觉效果十分强烈，而且充满痛苦。我想冒昧地问一个关于你个人的问题，这些作品与你的女儿不幸早逝是否有关？

弗兰克：你不要问过于具体的问题。如果想要述说经历过的人生，可以用写作或摄影来描述。对我来说，我可以用某种方式的摄影和一些文字来叙述。如果我是作家，我很可能会写一本书。但摄影能够让人们在较短的时间内叙述你想要说的话，然后继续生活。

江融："继续生活"似乎是你后期照片的主题，因为你的照片标题有许多与此相关，如"搬出去"和"坚持住，并继续向前"等。那么，"继续向前"是否是你照片想要表达的主题之一？

弗兰克：我认为，生活总是不断前行。如果你停止不动，继续你已经做过的事情，继续将它做得更完美，更大，对我来说，这是危险的状况，因为，你失去了创新的活力。

江融：1970年，你搬到加拿大新斯科舍

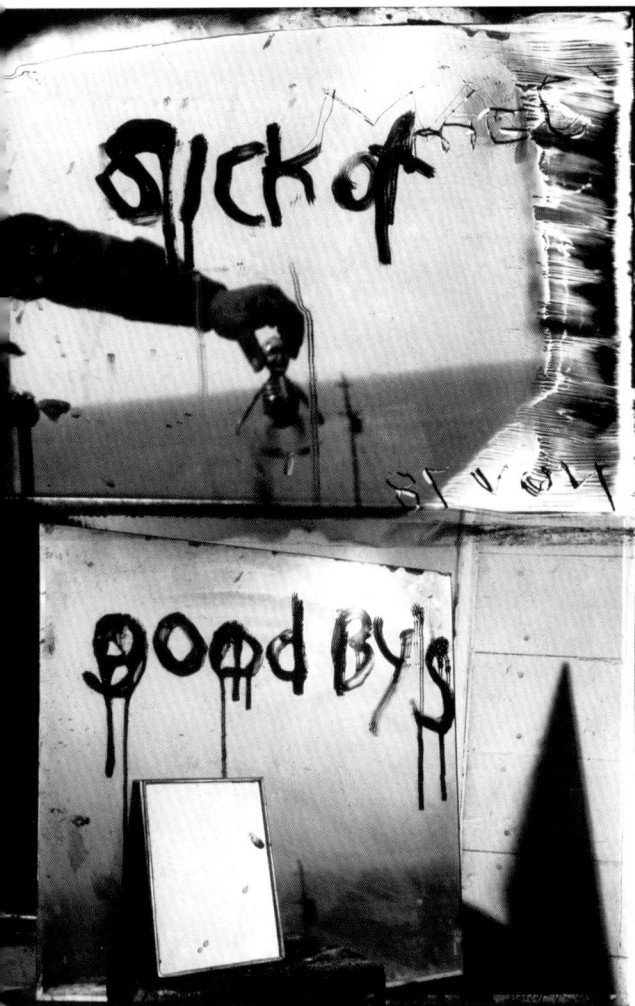

厌倦说再见

江融：你也曾说过，"我总是不断地朝外看以便能够朝内看。"我的理解是，你是通过捕捉外在世界的现象来表达你自己和你的内心感受。回顾过去六十多年的艺术创作和摄影生涯，你想与年轻的艺术家分享什么经验？你认为艺术家应当努力做什么才是最重要的？

弗兰克：（沉思约十几秒之后）我认为，你们都应当有勇气继续前进，不断深入地走下去，走下去！

江融：非常感谢。

省的一个小岛上，你想要独处。大部分情况下，你拒绝采访，你不想引人注目。你曾说过，要想成为有创意的摄影家，你必须学会单独工作。你是否认为孤独地工作对于艺术家来说十分重要？

弗兰克：当我在1970年离开纽约时，在门口挂了一个牌子，上面写着："十分钟就回来。"的确，孤独是有好处的，有时对艺术家会有帮助。

本访谈图片提供：罗伯特·弗兰克（©Robert Frank）

表象是通往真相的桥梁

——对话斯蒂芬·肖尔

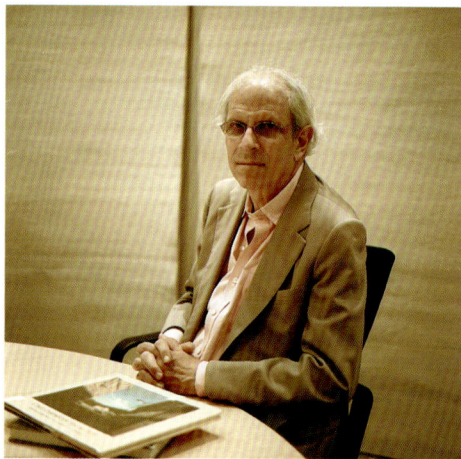

江融摄

Stephen Shore

20世纪70年代初，经过一个多世纪的摄影实践，美国摄影处在一个十字路口。一方面，风景摄影、人像摄影和新闻纪实摄影均达到一个极致，黑白纯粹摄影开始被艺评家和策展人视为艺术；纽约出现专营摄影作品的艺廊，摄影市场正在起步。另一方面，波普艺术家安迪·沃霍尔（Andy Warhol）和罗伯特·罗森伯格（Robert Rauschenberg）将照片作为他们创作的材料，纳入到他们的作品和拼贴画中。同时，观念艺术家约翰·鲍尔德萨利（John Baldessari）声称"取景器是相机最坏的装置"，反对摄影家取景拍摄的方法，而强调摄影的机械性。他将照相机设在自拍状态，然后将它抛向空中，所拍摄的照片被他称为艺术作品。因此，当时的摄影家处于彷徨的状态，如何推动摄影的发展是摄影家思考和探索的当务之急。

正是在这种特殊的时期，1972年，斯蒂芬·肖尔（Stephen Shore）决定到美国各地旅行，用135相机和彩色胶卷进行全新的尝试，拍摄记录他的美国之行所到之处沿途景观和所有生活细节，创作了"美国表象"（American Surfaces）的项目。1972年，纽约光线摄影艺廊（Light Gallery）展出肖尔题为"美国表象"的240幅5英寸明信片式的彩色照片。当时，大部分观众对该展览没有感觉，就连摄影评论家也不得要领。

几乎在同一个时期，美国各地，不约而同地出现了几位摄影家，他们异军突起，用彩色胶卷进行试验，形成了后来被称之为"新彩色摄影"的流派。其中，肖尔最为纯粹，他没有依靠后期照片的制作来增强色彩的效果，而是依靠新的观看方式，利用色块、线条、平面和透视等机制，开拓了摄影的新疆界。

1973年，肖尔继续其美国内地之行，他先是用4×5相机，之后改用8×10大画幅相机，开始了"不寻常的地方"摄影项目，1974年和1975年分别得到美国国家艺术基金

"不寻常的地方"项目，堤坝酒店，佛罗里达州坦帕，1977年11月17日

和古根海姆基金会的资助，该项目一直延续到1982年左右。同一年，《光圈》杂志出版社为他出版的摄影画册《不寻常的地方》，更被誉为"彩色摄影的圣经"。

肖尔1947年出生在纽约。6岁，得到一套简易暗房工具，开始放照片；9岁，开始使用135相机拍摄照片；10岁，得到一本沃克·伊文思的摄影画册《美国影像》（American Photographs），深受伊文思的影响；14岁，向时任纽约现代艺术博物馆摄影部主任、著名摄影家爱德华·斯泰肯展示自己的作品集，斯泰肯当场收藏其中的三幅；17岁，认识安迪·沃霍尔，并经常到他的工作室拍摄沃霍尔及其他艺术家的肖像和工作照；24岁，成为第一个在世时在纽约大都会艺术博物馆举办个展的摄影家；25岁，开始创作的"美国表象"和"不寻常的地方"，成为罗伯特·弗兰克之后，又一部"在路上"的重要视觉日记。

肖尔对摄影的贡献在于他能从日常平凡的街景和身边的普通物品中发现不寻常的美感，他将快照美学应用到艺术摄影中，并与其他几位彩色摄影家一道确立了彩色摄影作为艺术摄影的形式。他用快照、彩色胶卷和大画幅相机进行纪实摄影和风景摄影的手法，影响了如南·戈尔丁（Nan Goldin）、马丁·帕尔（Martin Parr）和安德烈亚斯·古尔斯基（Andreas Gursky）等摄影家，成为美国当代重要摄影家之一。

"不寻常的地方"项目，假日酒店28号房间，加拿大艾伯特，1974年8月18日

"不寻常的地方"项目，天涯海角餐馆，犹他州卡纳伯，1973年8月10日

江融：你曾经说过，摄影基本上是关于如何做决定的问题。那么，1972年，在开始做"美国表象"项目时，你为何决定用彩色照片拍摄？

肖尔：事实上，我在做该项目的前一年已经开始采用彩色照片，并拍摄了两个项目，它们分别是"米老鼠傻瓜相机"，这是彩色快照系列作品；另一个是"阿马里洛明信片"。我认为，当时是拍摄彩色照片的时候了。大约在同一时候，威廉·埃格尔斯顿（William Eggleston）、路易基·吉瑞（Luigi Ghirri）和乔尔·迈耶罗维茨（Joel Meyerowitz）也开始使用彩色照片。当时，所有的快照都是彩色照片，电影、杂志、电视和明信片均是彩色。只有报纸仍然采用黑白照片，主要是为了降低成本，而非出于美观。但是，艺术摄影仍然是黑白照片。

我一直在研究许多明信片，发现它们是很吸引人的视觉素材。为了做上述两个通俗题材的项目，1971年，我便开始使用彩色照片。

江融：沃克·伊文思是影响过你的摄影家

199

"不寻常的地方"项目，美国97号公路，俄勒冈州，1973年7月21日

之一，尽管他也拍过彩色照片，伊文思主要是以黑白照片著名。我能看出伊文思在你的作品中的影子，你的作品如同伊文思作品的彩色翻版。当然，你有自己的风格和内容。你是否因为要有别于伊文思而决定使用彩色照片？还是因为你想对彩色照片进行试验？

肖尔：我没有想有别于伊文思，他对我的作品影响最深，但我不需要与他完全相同，才能表明受到他的影响。我也不需要模仿他，然后再与他有别。我感到与伊文思在视觉方面有许多相通的地方，但我使用彩色照片与他无关。

"不寻常的地方"项目，黄石国家公园，怀俄明州，1973年7月17日

江融：那么，你当时是否知道埃格尔斯顿以及其他摄影家也在试验彩色照片？

肖尔：1973年，我才知道埃格尔斯顿的作品。在1972年秋天，我将"美国表象"的作品给纽约现代艺术博物馆摄影部主任约翰·萨考夫斯基（John Szarkowski）看，他告诉我，也许我应当结识在孟菲斯的埃格尔斯顿，所以，介绍我认识他。1973年，我在纽约与他会面。

江融：埃格尔斯顿对你的作品反应如何？

肖尔：我认为，尽管我们的作品十分不同，但我们之间存在一种联系：我们都在探讨彩色摄影。后来，他介绍我认识威廉·克里森伯里（William Christenberry）。

江融：你曾说过，"彩色能增加影像的信息和透明度，并能表现时代的颜色"。你为何决定要为你目前在纽约国际摄影中心的展览重新洗印一套照片，而没用原始照片？对我来说，这些照片看上去太新，似乎是刚拍的照片，而不像在20世纪70年代拍摄的。

肖尔：与原始照片现在的状况相比，这些新洗印的照片更接近70年代初我在纽约展出时的照片。我听到，有些人在看我的原始照片时说，他们喜欢70年代的颜色，但他们不了解，他们所看到的照片已经退色。

江融：目前展出的照片是数码技术洗印（digital C-print）的照片，还是传统技术洗印（C-print)的彩色照片？

肖尔：它们是数码技术洗印的彩色照片。

江融：对我来说，你的第一版《不寻常的地方》画册中的照片，让我感到很怀旧，使我想起70年代的"美好时光"。

肖尔：但你也不能根据画册中的照片进行判断，因为画册中复制的照片并不像当年展出时的照片。你需要知道，这些照片不是为了传达怀旧之感，而且，它们会退色。这些照片首次展出时，观众并没有从中感受到怀旧之情。

江融：换句话说，你不希望你的作品过于矫情，而是要它们看上去自然不做作。这才是你的本意。

肖尔：是的。

江融：某种意义上来说，这也成为你的风格，尽管你说过，"你并没有一开始就刻意寻找风格，风格是你探索本身的结果"。

肖尔：是的。我认为，风格也是一个人性情的体现。

江融：你目前在国际摄影中心的展览题为"传记体的风景摄影：斯蒂芬·肖尔1969年至1979年照片"。它包括你的两大部分作品，它们是"美国表象"和"不寻常的地方"。这些照片是你在美国各地旅行时拍摄的。你为何决定做这些旅行？

肖尔：在20世纪60年代末，我在纽约有一群来自德州阿马里洛的朋友，他们夏天都回阿马里洛度假。1969年，我与他们一道去阿马里洛，看到过去从未经历过的美国中部地区。我发现这些地方十分吸引人，并且非常想去探索。

江融：你在出发前，是否知道罗伯特·弗兰克的美国之行，以及他的画册《美国人》？

肖尔：是的，我知道。

江融：那么，你的美国之行与他的美国之行有何不同？

肖尔：我记得，当时我认为他作品的观点过于尖锐。从某种意义上来说，我的作品是对他的作品的反动。

江融：当你在美国旅行期间，越战和水门事件使得美国人十分沮丧。你没有去拍摄大事件，以及像纽约这样的地方，你为何决定到那些不起眼的小地方拍摄？

肖尔：我想要看到美国文化的真面目。

"不寻常的地方"项目，西三街，西弗吉尼亚州帕克尔斯堡，1974年5月16日

我对纽约十分熟悉，在《美国表象》中，有许多在纽约市拍摄的照片，但我要看到范围更广的文化。我想看到新闻中看不到的平凡小事。

如果你所知道的一切均来自报纸，你会觉得一切都十分可怕，因为它们不会报道今天地铁运输系统运行正常准时，它们不会报道日常生活中的平常事情，它们也不应当这么做，否则，我也不会读报，因为这会十分无聊。但这个世界远比新闻报道更加丰富多

"不寻常的地方"项目，埃尔帕索街，德州埃尔帕索市，1975年7月5日

彩，同样，当时的美国文化也不仅仅只是越战和反战，或者水门事件的听证会。美国不只是这些，我对生活中的小事件感兴趣。

江融：我也注意到，尽管在这本画册的新版本中，你也包括了当年在周游美国期间拍摄的肖像，但大部分情况下，你拍摄场景而非人物。因此，你的画册名为《不寻常的地方》，而非《不寻常的人物》。你是否对场景更感兴趣？

肖尔：我从135相机转换成采用8×10相机时，便趋向于更多拍摄场景。但我用135相机拍摄的"美国表象"，有四分之一是人物

"不寻常的地方"项目，斯科特街，加州旧金山，1973年8月2日

照片。我在拍摄"美国表象"时，使用的是柯达生产的彩色胶卷（Kodacolor），当时，该胶卷的成像仍然无法非常清晰，无法放很大的照片。因此，我决定采用更大的底片。

江融：你是否在此时开始使用8×10相机？

肖尔：我首先想到使用老式的新闻相机，如同维吉（Weegee）使用的那一种。我买了一台4×5的Crown Graphic相机，原本打算手持该相机，使用闪光灯拍摄如同"美国表象"中的照片，但采用4×5的底片。"美国表象"中有许多建筑照片，当我开始拍摄建筑照片时，我将相机放在三脚架上。后来，发现使用4×5相机有一个好处，它有一个可上升的相机前轴。为了使用该前轴，必须使用毛玻璃。我非常惊讶地发现，我喜欢使用三脚架，喜欢可上升前轴的控制力，并喜欢通过毛玻璃取景。这出乎我的意料。

江融：因此，探索相机本身是探索的组成部分。

肖尔：而且，这个探索和发现使得我的摄影进入不同的方向，因为4×5相机是不同的摄影工具。当我开始采用大画幅相机时，并没有打算要朝着该方向发展。

江融：你为何喜欢使用三脚架、可上升前轴和毛玻璃？

肖尔：因为使用这些工具过程中，一切都必须精确周到。

江融：你说过，使用大画幅相机，迫使你必须十分清楚地意识到自己在摄影时的决定。你必须十分精确地选择自己所要站立的地方和拍摄的角度，因为大画幅感光板很贵，你负担不起反复拍摄。

肖尔：的确是这样。

江融：从某种意义上来说，这又是一项重大决定，有助于你更加集中精力。

肖尔：绝对是这样。所有这些因素促使我从4×5相机转换成8×10相机。第一次使用8×10相机时，我便很喜欢该相机。我喜欢通过毛玻璃取景，这种方法十分神奇，当我看到首次拍摄的结果，发现成像如此清晰，超过了4×5相机的拍摄结果。

江融：画面中有更多的信息和细节。

肖尔：而且更加鲜艳，有更多和更微妙的颜色，并且，使用8×10相机更容易拍摄建筑。因此，我对相机的摸索使我从使用135相机拍摄"美国表象"的原初手法，进入到新的方向。

江融：进入到做下一个项目"不寻常的地方"？

肖尔：是的。在这个项目中，我拍摄了一些静物，也有一些人像，但它们在全书中的比例不像在《美国表象》中那么多。

江融：你所说的静物是什么？

肖尔：如我拍摄的台灯、电视机和椅子等。正是因为我所探讨的性质，使我想了解摄影在形式上的各种细微差别之处。

江融：原本我想，采用8×10相机之后，你会拍摄更多山脉、建筑和公路的照片，而非静物照片。

肖尔：我的确拍摄了更多这类照片。在"不寻常的地方"项目中，我拍摄的建筑和街道的照片多于静物和人像。原因有二，第一，相机本身决定了更容易拍摄建筑和街道。另一个原因，可能也是更重要的原因，是我对摄影媒介的形式探索。在探索过程中所产生的问题，需要我通过视觉的手段加以回答，而且，常常需要在街道的场景中才能得到答案。

江融：你曾经说过，摄影也是回答问题的过程。当你做项目时，会不断产生问题。一旦没有问题了，项目也将结束。你也说过，你通常喜欢问形式问题。什么样的问题是形式问题？

肖尔：它们是结构性问题。我有兴趣了解，相对于照片的平面来说，照片中的空间有多深。我的意思是，照片会产生空间很深的幻觉，同时，又有照片表面这个平面的现实存在。当然，我想知道，如何才能创作出结构上统一的照片，既能产生三维的幻觉，同时又是平面的。

江融：你说过，世界是三维的，影像是二维的。

肖尔：是的。

江融：那么，你如何才能在影像中创造出三维的幻觉？

肖尔：现实是作为一个平面的影像反映在相纸上。我要创作的影像看上去是平面的，同时又能产生三维的幻觉。

江融：我认为，这很像中国画。因为，中国画是裱在卷轴上，表面上看是平面的，但能产生透视感。如果你看一幅中国山水画，尽管是画在一个平面上，但通常可分为三个部分，前景、中景和远处的山脉。而且，东方人的观看方式通常是纵向的，而非横向。所以，中国画会产生三维的感觉。

肖尔：另外，我也对照片边缘的效果感兴趣。换句话说，当某物体被边缘裁切时，会发生什么效果？不裁切又会是什么效果？有一条对角线进入画面的某个角落会产生什么效果？对角线在该角落的上方或下方又会有怎样的效果？这些小问题便是关于如何创作一张照片的问题。

江融：正如你在《影像的本质》（The Nature of Photographs）一书中指出，摄影是"一个分析过程"。

肖尔：我的意思是，摄影本身是分析性的，绘画则是综合过程，你先从一张空白的画布开始，你在画布上所添加的每一笔均使得该画变得更加复杂。就摄影来说，你是从纷繁复杂的世界入手，你一旦取景，便对你所看到的世界进行组织，某种意义上来说，也是使得它更加简洁。

江融：化繁为简。

肖尔：是的。因此，绘画是不断添加，而摄影是不断提炼，你面对大千世界，用取景框进行选择。这便是我所说的"分析过程"。

江融：但大家普遍认为，许多好的照片均是出自直觉地拍摄。

肖尔：我没有说摄影师必须在拍摄时进行分析，我是说摄影本身的过程。我不是在谈论摄影师拍摄的思想过程，我是在谈论摄影媒介本身如何运作。有些摄影师意识到该过程，有些摄影师可能没有意识到，但并不等于该过程不存在直觉和随机性。

江融：寻找影像中的视觉关系似乎对你来说十分重要。你说过，观看你的照片要求观众必须专心致志，他们必须对你的影像进行思考，因为你的照片看似简单，好像很容易便能拍到，但事实并非如此。那么，如果观众没有耐心，也没有时间思考怎么办？

肖尔：我的一些照片比另一些更难拍摄，对于懂摄影的人来说，他们知道，我的一些照片并不简单，并不容易拍到。对于不懂摄影的人来说，他们可能就看不懂。

"不寻常的地方"项目，棕榈滩，佛罗里达州，1973年1月

江融：当然会是如此。但许多人认为，照片必须具有视觉冲击力。

肖尔：我知道你的意思。我在拍摄中所感兴趣的一件事情是，如何在一种高度强化的意识境界中传达世界的形象。我自认为，通过最普通的场景来传达，最能做到这一点。例如，我拍摄的广告牌上的山脉照片，我认为，这是一张很好的照片，但这张照片拍起来不难，不需要有很深的洞察力便能看到该影像。我想那一天任何人开车经过此地应当都能看见。

江融：你是通过车上的倒后镜看到的，

"不寻常的地方"项目，约塞米蒂国家公园，加州，1979年8月13日

天上的云十分壮观，有些超现实的感觉。

　　肖尔：也许我低估了自己，也许其他人那天没有注意到。对我来说，那张照片比我在汽车旅馆房间拍摄的台灯照片要容易拍，而台灯照片更难拍，因为台灯是如此平凡，以至于你必须特别注意周围的世界才能注意到它。

　　江融：你的照片在欧洲得到更多的赞誉，尤其在德国。而且，你也影响了贝歇夫妇（Bernd and Hilla Becher）的几位学生。贝歇夫妇曾拍摄过500座水塔，从视觉上来说，这些水塔并不吸引人。你认为，为何你的照片在欧洲和德国特别受欢迎?

肖尔:我也许无法回答该问题。但我在1973年遇到西拉·贝歇(Hilla Becher),她告诉我应当走遍美国,拍摄每一条主要的大街。记得我当时的反应是:"不,这不是我要做的项目。"我要拍摄最典型的大街。我不像他们那样有计划性。

江融:那么,你是否采取一种"看不懂就不要看"的态度?

肖尔:我不认为我有这种态度。我也不认为,伟大的艺术家一开始便要创造伟大的艺术品。他们因为内在的原因进行创作,而伟大的作品是这种创作的结果。

江融:换句话说,拍摄是非常个人化的过程,它关涉到你自己的生命和你的探索。照片是这种探索的结果。

肖尔:但这种结果也具有公众性,因为,你将作品公诸于众。所以,这种探索可能涉及世界上的问题,也可能探索我们的文化,这便不仅仅是个人的问题。

江融:据说,大部分伟大的摄影家均拍摄过平凡的事物。例如,爱德华·韦斯顿(Edward Weston)拍过青椒。但他们均能化平凡为神奇。

肖尔:是的。也许是我的性情决定,相对于戏剧化的影像来说,我对平凡的影像更有感觉。我从这些平凡的影像中能了解到更多,因此,我必须用心思考。

江融:安迪·沃霍尔是另一位对你有过影响的艺术家。他曾说过:"如果你想完全了解安迪·沃霍尔的作品,只要看我的绘画、电影和我本人的表象即可。我便在这表象上,表象的背后没有任何东西。"你认为,安迪·沃霍尔超越了他的绘画表象,还是故意只停留在表象?

肖尔:我想,他说这话时,只是在搞笑。他是故意这么说的。但我认为,他的作品超越了表象。

江融:你在"美国表象"的项目中,也采用"表象"一词。你是否故意从安迪·沃霍尔处借用该词?

肖尔:我没有从他那里借用该词。作为摄影家,我必须拍摄事物的表象。除了天空之外,相机最容易拍到的便是事物的表象。但我也对所看到的一些表象真正感兴趣,例如,在一个仿木纹贴面的桌子上的一碗色拉。除了更加深刻的问题之外,这才是相机更容易拍到的东西,相机拍到的是从表面反射的光线。

江融:因此,你在《影像的本质》中指出,摄影并非只是关涉内容。

肖尔:但我在此书中并非谈论我的摄影。我认为,我的照片是有内容的,它是对美国当时的文化进行的观察。而我在《影像的本质》中所要讨论的问题是摄影本身在形式方面的本质问题。

我认为,一个好的摄影家是两方面的结合体:一方面是具备有趣的感受,另一方面是理解这个世界如何能通过相机转变成照片。摄影家必须传达某个事物,但也必须真正理解摄影的传播工具:摄影家是将正在流逝的时间中的一个三维世界,通过这种转变过程,创造成一个被取景框所界定的平面和静态的照片。

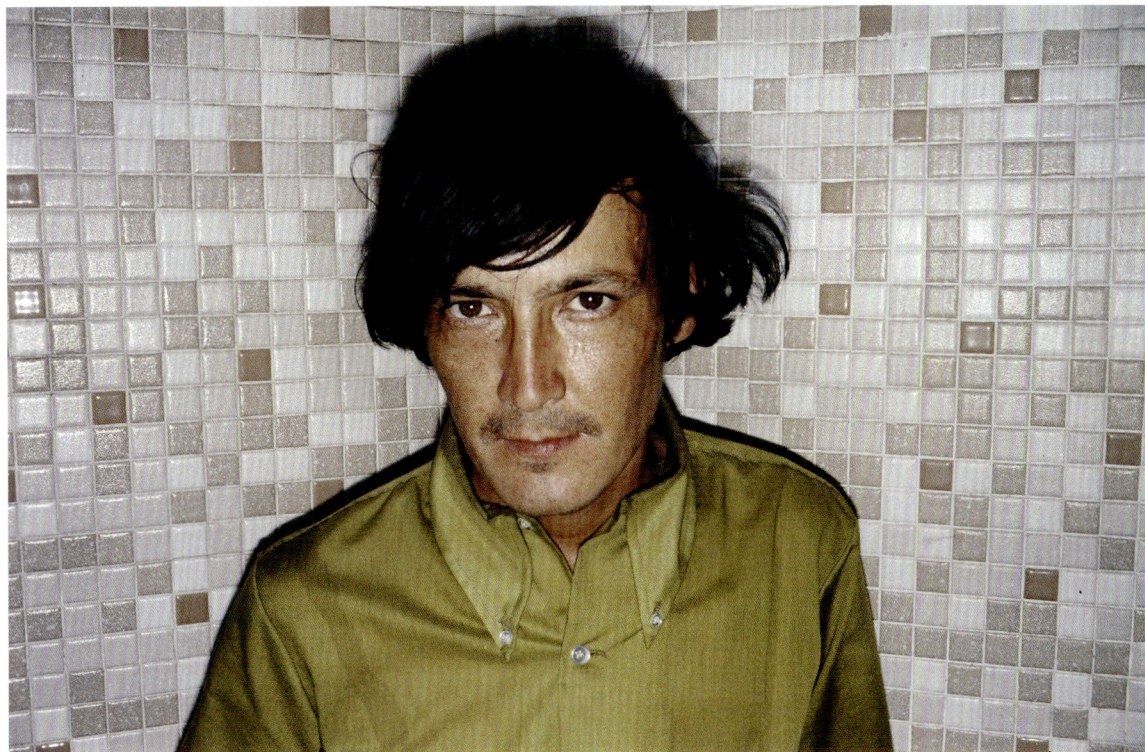

"美国表象"项目，俄克拉荷马市，1972年7月

江融：美国著名摄影文化评论家薇姬·戈德堡（Vicki Goldberg）说过，寇德卡不仅具有风格，而且具有特殊的眼力。你如何界定个人的眼力？

肖尔：有些摄影家具有"眼力"，其他摄影家具有"特殊的眼力"。换句话说，有些摄影家的作品是关于"如何观看"的，而其他摄影家则具有特殊的观察力。

江融：最后一个问题是，摄影的本质到底是什么？

肖尔：（在思考很久之后）我不认为该问题只有一种答案。但我想说，经过这么多年的摄影之后，我惊讶地发现，摄影对摄影家思想状况的反应是如此微妙。有一句阿拉伯谚语："表象是通往真相的桥梁。"作为摄影家，我所要拍摄的是表象，但事物的表象是各种深层力量的迹象。

江融：如同海洋一样。

肖尔：是的。

江融：非常感谢。

本访谈图片提供：斯蒂芬·肖尔（©Stephen Shore）

"西藏肖像"项目，亚玛，8岁，西藏，1994年

　　这是一双没有经过教化的眼睛，不染世俗的尘埃，清澈透亮，天真无邪，直愣愣地与你对视，直达你的心灵。她站在画面的正前方，头发在风中舞动着，背景是青藏高原蜿蜒的山脉和飘动的白云。她身着一件破旧的衣裳，却没有让人产生怜悯。她的嘴角坚定地抿着，手里拿着一个佛珠似的小球，放在心口前，淡定地站着。这就是美国著名摄影家菲尔·博爵斯（Phil Borges）《藏人肖像》

中八岁的亚玛肖像，一幅让人过眼不忘、挥之不去的影像。

　　博爵斯45岁时，放弃已开业18年的牙医诊所，离开曾经享受过的优裕生活，搬到一个自己没有行医执照的地方，落户蓝领阶层的住宅区。拿他自己的话来说，便是"烧毁了回头的桥"，去追寻他的梦想——摄影。

　　在随后的三年里，博爵斯一直没有收入，仅靠储蓄节俭地生活，直到逐步打入商

用影像讲述弱势群体的故事

——对话菲尔·博爵斯

业摄影的行业。当他在商业摄影界站住脚后，又开始改变自己，到世界各国旅行，拍摄少数民族和土著人的肖像。1994年，他多次前往西藏和尼泊尔以及印度北部，拍摄了一组西藏人的肖像，并于1996年出版了《藏人肖像》，引起了国际摄影界的重视。

1998年，在与大赦国际组织的合作下，为纪念《世界人权宣言》签署50周年，博爵斯推出了另一本画册《持久的精神》，用肖像的形式，再次反映世界各国土著人民及其濒临灭绝的文化，以及他们为保护这种文化所表现出的持久精神。

在之后的两年里，博爵斯与志愿为世界各地兔唇儿童患者免费提供整容手术的国际整容组织合作，出版了一本题为《礼物》的画册，利用他自己牙科整形的医学背景知识和摄影技术，很好地反映出志愿医生如何既改变了患者的面貌和人生，同时也改变了他们自己的人生观和世界观。

近年来，博爵斯与"关爱国际组织"合作，采访并拍摄了世界各国的妇女如何在该组织的协助下摆脱传统妇女的角色和观念，摒弃各种落后做法，争取妇女和女童的权利，出版了最新的画册《赋予妇女权能》。

博爵斯一直采用室外现场简易布光方法拍摄肖像摄影，近距离面对面地拍摄被采访的人物，将他们突出放置在画面的前景，同

江融摄

Phil Borges

时大多以天空为背景，并包括人物的环境。在后期制作方面，他用手绘的形式将人物的脸部和皮肤涂上棕色，更突出人物的面部表情和质感，形成了独特的"博爵斯风格"。

博爵斯的作品之所以有力量，是因为他利用肖像艺术摄影，来记录和反映世界各国弱势群体的精神面貌和生存状况，借助精美的照片，加上对被摄者的采访文字说明，来讲述他们的故事，以促进人们的相互理解和宽容。

目前，博爵斯仍然穿行于世界各国人们很少踏足的地方采访和拍摄，他的传奇人生仍在继续中。

江融：1989年，在从事矫正牙医18年之后，你放弃了诊所，卖掉房子，搬到西雅图，开始职业摄影。当时，你已经45岁，有一个儿子。什么动力促使你这么做？与中年危机是否有关？

博爵斯：我在担任矫正牙医的职业时，一直不安分，主要因为我热爱旅行。对我来说，每天到同一办公室，做例行的工作，无法完全令我满足。因此，我总是在寻找艺术的表达形式来宣泄我的激情。

实际上，20世纪60年代末我在旧金山上大学主修牙医时，便喜欢上摄影。当时，嬉皮士运动盛行，旧金山的生活丰富多彩。

江融：那时，世界各地都有学生运动，包括中国和法国。

博爵斯：是的。我在伯克利大学上学，住在海特－艾什伯里区。当时，有位社会学家给我一份工作，让我采访我所居住社区中无家可归者，了解他们为何不顾当时爆发的肝炎传染病，坚持交换使用针头来吸毒。所以，我开始采访这些人生活中最隐私的事情：他们如何使用毒品？他们如何交换针头？他们为何要这么做？采访结束后，我看着这些被采访者，他们头发蓬乱，模样不可思议，我便开始拍他们的照片，并拍摄了关于他们的短片。

江融：但你毕业之后，18年一直没有动过相机。对我来说，停止做牙医，成为摄影师，是一个非常大的举动。你为何要搬到西雅图？

博爵斯：当时，与旧金山相比，西雅图的房价非常低。而且，我认为应当住在城市里才有可能建立摄影的事业。我花了两年时间，才将我所开的牙医诊所转给另一位牙医，并将我的所有病人介绍给他。在这期间，我在一个社区学院选修了几门摄影课，但没有进行任何商业摄影活动。一结束诊所转手过程，我便搬到西雅图。

江融：所以，你早有准备。

博爵斯：是的。搬到西雅图还有另外一个原因。我不想在情况变得艰难时，又回去当矫正牙医。我知道，情况会是艰难的，因此，搬到我没有行医执照的西雅图。我烧毁了回头的桥，断了自己的后路。

江融：而且，你搬到一个低收入的住宅区。

博爵斯：我搬进一栋小屋，我以前住的房子非常好，有游泳池。因此，我完全降低生活水准。

江融：你在转手牙医诊所的期间，是否开始拍照片？

博爵斯：是的。有一位老师教我如何做个人的项目，以及如何创作一组作品。他告诉我，要选择一个主题，并利用摄影来挖掘该主题。因此，我在搬到西雅图之前，做了一个以自行车快递员为主题的项目。

江融：你曾说过，对于摄影师来说，最难的一件事情是要盯住一个方向，或聚焦在一个具体的主题上。我认为，这对于任何摄影师来说，的确都是一个挑战。

博爵斯：摄影师通过视觉进行交流，你必须在心里明白你所要描述的主题，这正是摄影力量的来源。你需要在你所选择的主题上花时间，然后在该主题上下功夫。例如，

"持久的精神"项目，露西尔，71岁，美国蒙大拿州

"持久的精神"项目，苏库兰，37岁，肯尼亚

我所做的关于妇女的这个项目，三年前，我与"关爱国际组织"这个非政府组织合作开始拍摄该项目，至今仍然在进行中。

江融：当你刚搬到西雅图，你遇到许多困难。尽管你想进入摄影圈，但你难以进入商业摄影界。

博爵斯：是的。非常困难。我不了解商业摄影如何运作。因此，我加入了美国媒体摄影师协会。

江融：该协会由哪些成员组成？

博爵斯：所有为杂志、报纸和其他媒体拍摄插图照片的摄影师均可参加。他们都是商业摄影师。

江融：你是否曾经想过放弃当摄影师，回去当牙医？

博爵斯：从来没有过。

江融：当时，你没有收入，又有一个孩子。我很想知道，你的太太对所有这一切如何反应？

博爵斯：当我与太太谈恋爱时，我已经决定将诊所卖掉。当她走进我的生活时，我的诊所已经在移交过程中。

江融：我认为，邂逅的确能改变人的一生。你曾遇到一位社会工作者，问你是否愿意教流落街头的孩子拍照片，你立即同意了。你认为，邂逅在你的生活中起到什么作用？

博爵斯：我十分相信意外的运气。从我放弃牙医行业的整个过程所学到的经验是，似乎每次我刚搞定某件事情，开始放松的时候，就是我放弃这件事情，并接着做下一件事情的时候。我成功进入商业摄影，开始拍摄公司的订单、备售照片以及唱片和书籍封面，我的生活又开始好转，又可以放松了。但是，当攻克了商业摄影这个堡垒，我又决定放弃商业摄影，并用所有原本刊登广告的钱来拍摄我真正有热情做的项目。

江融：当你决定做专业摄影师时，你就

"持久的精神"项目，吉尼班，50岁，印度尼西亚

想成为艺术摄影家吗？

博爵斯：实话告诉你，当时我对这次改行感到如此惧怕，以至那时只希望我可以维持自己和家人的生活。因为从小家境贫寒，我决心长大后要从事能赚钱的工作，所以上大学时，我决定成为一名牙医。如果我能重新来过，我会选择我想要做的事情，并一直朝该方向努力。这是我现在一直希望告诉子女的一个经验教训。

江融：什么教训？

博爵斯：不要将自己的未来建立在只想赚钱的基础上，如果你只想赚钱，那么，你会放弃其他机会。这是一个大的错误，而且，会是一个死胡同。当我刚改行成为摄影师时，我仍然只想到赚钱，当然，大部分摄影师都从事商业摄影。一旦我知道，我能够成为摄影师，我便决定用摄影来做我真正喜爱的事情，那就是深入到土著人居住的偏远地区，拍摄土著人和他们的文化。

江融：你在犹他州偏远的地方长大，这是否是你喜欢偏远地方的原因之一？

博爵斯：是的。我小时候成长的地方，人们是靠种地生活。我喜欢这段生活。

江融：你曾说过，只有生活在边缘状态，你才感到活着。这话怎么说？

博爵斯：尽管我曾是一个尽职的牙医，但做牙医这份工作，让我感到十分压抑。该行业变化很慢，不像摄影，尤其是现在，数码摄影取代胶片，摄影已经完全改变。现在的摄影十分令人激动。

江融：我认为，"西藏肖像"项目是你摄影生涯的转折点。

博爵斯：是的，1994年，我决定做一个关于西藏人的项目，采访并拍摄他们的肖像，之后，做展览并出画册。

江融：你的肖像摄影风格十分特殊。这是你在做该项目时形成的风格？还是你在早期作品中已经采用？

"赋予妇女权能" 项目，阿贝，28岁，埃塞俄比亚

博爵斯：我在早期个人作品中已经采用，并在我的商业摄影中使用，后来我一直不断发展这种风格。

江融：在建立该风格时，你是否从别的艺术家风格中得到灵感？

博爵斯：我没有见过其他人采用该风格。我喜欢拍摄黑白照片，并从一开始便喜欢加一点色彩进去。我试着在黑白照片中用染料和不同的东西，后来，有人告诉我如何使用夹纸框。

江融：什么是夹纸框？

博爵斯：水彩画艺术家使用该材料。它是一张薄膜，你可以将它放在照片上，剪去你想上彩的地方，然后，有选择地在那些没有覆盖住的地方涂上不同影调的色彩。

江融：一定很花时间。

博爵斯：是的，而且都是在暗房里进行。

江融：现在，你可以用Photoshop来完成。

博爵斯：现在是比较容易。

江融：克里斯·雷尼埃（Chris Rainier）也一直在拍摄土著人，但他的风格与你的不同。你如何界定自己的照片？

博爵斯：我的照片是肖像照，我的大部分被摄者都直接面向照相机。雷尼埃的照片更多像报道摄影。

江融：我认为，雷尼埃更强调黑色调。

博爵斯：很难界定我的照片。它们有点接近纪实摄影，又有点像艺术摄影，同时，也讲述相关的故事。

江融：在你的项目标题中，你常常喜欢使用"精神"一词，如"持久的精神"，你是如何捕捉人的精神？

博爵斯：如果你看我的样片，我通常用哈苏相机拍一个人的二十几张照片，你从一张到另一张照片，可以看出每一张都有被摄者不同的情绪。因此，我有前后不同顺序的照片，为了编画册，我会从不同情绪中挑选。我选择脆弱和开放的情绪。

江融：但在你的一些照片中，被摄者的表情有些震惊。为什么？

博爵斯：我要让他们传达一种强有力的信息。

江融：我注意到你在室外采用灯光照明拍摄。室外已经很亮，为何你还需要照明？

博爵斯：我在拍照时，要盯着被摄者的眼睛。如果眼帘下有很重的阴影，我就看不到他们的眼睛。

江融：你是否也想通过灯光制造眼神光？

博爵斯：当我展览时，我希望观众也能走上前，看着我照片中被摄者的眼睛。这是我希望达到的效果。

江融：你是否也想通过灯光达到戏剧效果？

博爵斯：当我刚接触摄影时，我便喜欢戏剧化的灯光效果。我开始在工作室拍照时，便喜欢能够控制灯光的效果。使用数码相机之后，大多数情况下我不使用灯光。

江融：是否因为有白平衡？

博爵斯：不是的。是因为我可以在低光

"赋予妇女权能"项目，胡玛莉亚，11岁，阿富汗

的条件下拍摄。如果你能找到合适的灯光状况，没有什么比自然光更美了。由于我常常背对天空拍摄，照片是背光，因此，需要打光。

江融：我认为你十分擅长了解人的心理，你认为一名优秀摄影师是否也应当善解人意？

博爵斯：好奇心是我能够拍好照片的原因之一。我的确对人和他们的故事及面貌十分好奇。

江融：你通常将被摄者放在前景，并在拍摄时十分贴近被摄者，你为何要这么做？

"持久的精神"项目，埃楚卡，24岁，埃拉盖，21岁，肯尼亚

博爵斯：因为这是关于他们的照片。

江融：你采用什么镜头才不会造成画面变形？

博爵斯：我通常在哈苏相机上采用80毫米的标准镜头。

江融：你曾说过，通过影像讲故事是能够使人转变的强有力工具。我认为，通过你所做的四个大的项目，你一直在利用影像讲故事。"持久的精神"便是其中一个项目，你在该项目中试图传达什么信息？

博爵斯：我做该项目，是为了记录世界各国的土著人。1998年，大赦国际组织希望采用该项目的一些作品，来庆祝《世界人权宣言》签署50周年。因此，我向他们建议，做一个该项目的巡展，并出一本相关的画册。

江融：你是否仍在做该项目？

博爵斯：不做该项目了。我已经不满足于到一个地方，记录一群人。现在我对各种问题更感兴趣。我刚出版的关于赋予妇女权能的画册，便是更关注男女不平等的问题，而非只是人物的美丽。当我做土著人项目时，我对于他们及其独特的生活方式印象特别深刻。现在，我的作品更多是关于我认为十分重要的问题。

江融：但你仍然采用相同的风格，这种风格几乎成为"博爵斯风格"。你是否想改变一下风格？

博爵斯：做完目前这个项目，我打算做一些风格完全不同的东西。

江融：我注意到，你已经开始拍摄彩色照片。它们是用佳能数码相机拍摄的，同时你仍然在做铂金照片。

博爵斯：这是我一直在做的试验。我希望能产生特殊的效果，因此，正在结合铂金和数码印像技术制作照片。

江融：目前你做的这个项目，是关于赋予妇女权能。"赋予权能"是一个动词。你认为静态照片能表达该动词吗？

博爵斯：影像加上故事才能表达。光有影像，没有故事是做不到的。被摄者的故事是我作品的关键，因此，我总是将他们的故事直接印在我的照片上。

江融：你是否打算拍纪录片？

博爵斯：现在我已经采用多媒体技术。但我仍然认为，静态影像更有力度。我们的日常生活如同电影一样，每一个事物都在移动。我们已经适应这一点。当你将时间的片断冻结，你便会感到震惊。这种影像能够进入你的潜意识。

江融：你曾经是为了以后能够做你想做的事情而工作，现在，你可以直接做你想做的。从你转行从事摄影以来已经过去了20年，你本人是否也已经转变？

博爵斯：无论你做什么，活了20年也该转变。我现在对未来不再紧张，我担忧的事情少了，你知道，老年人常常会对年轻人说，"如果我能重新再来，我会不那么担忧。"我也正在成为这种老人。

至于冒险将自己放在边缘状态的问题，我更相信过程。如果我必须再次从牙医变成摄影师，我将会更自信，相信事情最终会好转。如果你相信某件事情，有自己的价值观念，并致力于实现这种观念，事情最终会朝对你有利的方向发展，就像发生了奇迹一样！

江融：非常感谢。

麦克尔·菲尔德、安德鲁·帕克和卡拉·桑德伯格，2002年

第一眼看到画面的人，都会被照片上展示的场景所吸引：演员在这时成为飞翔的精灵，自由自在地展示着属于幻想的舞蹈，空气似乎成为移动舞蹈演员的能量。这种画面记录肉眼无法捕捉的影像，使稍纵即逝的刹那成为永恒的雕塑；这种影像割断了连续性，失去了重心和平衡，产生了无法理喻的超现实画面。

所有的舞蹈演员都仿佛摆脱了地球引力，以一种超常的形态悬浮在空中。更令人赞叹的是，流淌的汗水，紧绷的肌肉，甚至受伤的关节，都消失在画面之外，每个演员的表情都那么放松，仿佛陶醉在音乐中，用形体演绎一段心灵的乐章。路易斯·格林菲

捕捉令人无法理喻的瞬间
——对话路易斯·格林菲尔德

尔德（Lois Greenfield）用1/2000秒的瞬间，将激烈的现代舞蹈，定格成优雅的陈述。

然而，除了小时候上过几堂芭蕾舞蹈课之外，1949年出生的格林菲尔德在开始拍摄舞蹈之前，并不十分了解舞蹈，而且对舞蹈并没有特殊的兴趣。1970年从美国布兰黛斯大学毕业之后，她曾梦想成为《国家地理》杂志的摄影师，刚开始，她担任自由职业摄影师，为波士顿几家报纸进行采访报道。她在大学主修人类学和电影，摄影是自学成才。

有一次，被派去报道舞蹈表演的彩排活动，她对如何拍摄舞蹈动作一窍不通，而舞台灯光的不断变化，更使她十分沮丧。但是，格林菲尔德是一个十分执着的人，她并未因此而放弃。相反地，1973年搬回纽约居住之后，适逢现代舞在纽约舞台上蓬勃发展，她锲而不舍，经常拍摄舞蹈表演的彩排，不断摸索如何才能捕捉到离奇的形体构成和不寻常的瞬间。

1982年，格林菲尔德决定放弃采用纪实手法拍摄舞蹈，她不满足于从远处拍摄彩排中的剧照，而是要将舞蹈中的瞬间重新塑造成摄影作品。她请两位当年十分擅长实验舞蹈的年轻舞蹈家到她的工作室，首次使用哈苏120相机拍摄方构图的照片。她让舞蹈演员即兴表演，结果意外地发现，照片方框如同舞台的边界，能使得演员的表演更充满能量

江融摄

Lois Greenfield

的释放，并会裁切演员的手脚，仿佛画外有画。

格林菲尔德始终牢记美国著名摄影家杜安·米歇尔斯（Duane Michals）的一句话："我要努力创造没有我便无法存在的东西。"这句话一直激励着她。十分巧合的是，1992年，纽约国际摄影中心同时为米歇尔斯和格林菲尔德举办个人回顾展。

格林菲尔德的确开创了舞蹈摄影新天地，而且，她仍然在创造中。

莫林·佛莱明，2007年

江融：你一直都在拍摄舞蹈演员和舞蹈，为何你却不希望被视为舞蹈摄影家？

格林菲尔德：我的根本兴趣在于通过摄影探索舞蹈的动作过程，而非记录经过编排的舞蹈。能够激发我创作灵感的是，探索在拍摄舞蹈过程中所唤起的细微情感和所能叙述的内涵。因此，对我来说，还有什么能比舞蹈演员更适合作为我的拍摄对象？

在开始拍摄舞蹈之前，我的确对舞蹈没有特殊的兴趣。我拍摄舞蹈已经30年，无论是我邀请舞蹈演员到我的工作室，还是他们雇我拍摄，我的大部分作品都是拍摄舞蹈

西埃尔拉·琳和贾马尔，2006年

演员即兴表演的瞬间。这些随机的舞蹈动作是自发产生的，没有参考任何舞蹈，它们可能无法作为舞蹈的组成部分进行表演，因为它们不是来自于任何舞蹈节目。它们不属于任何连续动作的组成部分。我所拍摄的这些瞬间，既没有上一个瞬间，也没有下一个瞬间，它好像一刹那中的一个小型舞蹈节目。

江融：难怪你曾说，你对拍摄舞蹈演员充满激情，而非舞蹈本身。而且，你还认为，一个编排杰出的舞蹈节目并非能够造就杰出的摄影作品。那么，你如何能够如此准确地预测一个瞬间的舞蹈动作？你小时候是

佛利普·霍普、杰克·加拉格尔、丹尼尔·埃兹拉诺和阿什利·罗兰，1993年

否有过任何舞蹈训练？

　　格林菲尔德：除了小时候上过几堂芭蕾舞蹈课之外，我没有受过任何这方面的训练。预测动作要靠直觉。你必须在看到你想捕捉的瞬间之前决定拍摄。如果等到你在相机取景框中看到画面时，必然捕捉不到该画面。你要预估可能即将发生某个有趣的画面，但你无法真正知道实际的画面。

　　江融：你是否在用胶卷相机拍摄之前使用宝丽莱相机拍摄？

　　格林菲尔德：是的，我曾经使用过。但现在我使用数码相机，而不是宝丽莱相机。

江融：因此，你必须事先知道舞蹈演员可能将要跳的一些动作。这可能对你拍摄会有帮助。

格林菲尔德：对我来说，帮助不大。我曾去拍摄舞蹈彩排，第一次看彩排时，我拍到了最好的照片，因为会有许多惊奇。如果舞蹈演员一再重复相同的动作，我便不再感到惊奇，我的本能就变得迟钝。在工作室拍摄时，我预先不看整套舞蹈动作。观看舞蹈和拍摄舞蹈是两回事。

最令我感兴趣的是，拍摄人的视觉无法捕捉到的瞬间。你可以坐在那里看我拍照，但是直到看见照片之前，你和我都无法真正知道我所拍到的画面。我们的头脑无法停止时间，我们也看不到静态影像。不过，如果你坐在我的工作室，当闪光灯闪亮的一刹那，有可能看到闪光灯闪过之后留下的画面。

我使用宝丽莱相机，只是为了了解舞蹈家的位置和姿势是否大约正确，包括布光和曝光是否准确。如果宝丽莱照片出现一个令人感兴趣的构思，我会用胶卷拍摄这种构思，并让舞蹈演员重复表演该舞蹈动作10至15次。不过很可能跳10次之后，该动作也就没意思了，因为不再有任何新鲜感。

江融：所以，你喜欢随兴的自发动作。

格林菲尔德：是的，就好像照片是自然产生的。如果你想等待拍到最佳的宝丽莱照片，然后再用胶片来拍，舞蹈演员已经看上去疲惫了。因此，我使用这种宝丽莱照片只是为了了解是否已经准备好拍摄某个画面，而不是为了拍到最佳的宝丽莱照片。

江融：因此，你要求舞蹈演员不要将已设计好的舞蹈动作带入你的工作室。

格林菲尔德：的确如此。不过我仍然需要指导他们，因此，这是一种合作。

江融：那么，为何你要求他们要表现出安详的面部表情？

格林菲尔德：我不希望他们看上去很费力气，而希望他们看上去很平静，这使他们显得更神奇，看上去更具有超人的能力，因为他们让人产生一种幻觉，能够毫不费力地完成令人难以置信的动作。大部分人认为，在舞蹈摄影中，只能捕捉一个瞬间——最高潮的瞬间。实际上，最高潮的瞬间是较为静止的瞬间。我认为最有趣的瞬间是在最高潮瞬间之前或之后的一刹那。舞蹈演员在这一刹那更像漂浮在空中。这个瞬间的动作较为模棱两可，不清楚是上升还是下降。

江融：最高潮的瞬间是难以界定的。

格林菲尔德：的确如此。因此，预先看到动作并不一定真正有助于我捕捉该动作，因为关键不在于我是否能捕捉到该瞬间，而是我应当捕捉这个瞬间中的哪个重要部分。

江融：所以，只有通过经验才能很准确地预测。

格林菲尔德：是的。现在我的确十分了解舞蹈，而且因为我不是舞蹈出身，所以能有自己判断的视角。换句话说，我并不会因为某人能够做劈叉动作而感到惊讶。从一开始，我一直寻求创作有趣的照片。不管你是否对舞蹈感兴趣，或者你是否了解某个具体的舞蹈，照片本身必须能站得住脚。

江融：难怪你说你不想记录舞蹈，而是要重新创造一个瞬间。

格林菲尔德：或者说是想象一个瞬间。

江融：你刚开始拍摄彩排照片时，感到十分沮丧，因为无法控制灯光的效果。不过，正是失望促使你创新。

格林菲尔德：非常正确。

江融：1982年，你将两名舞蹈演员带到工作室，并且借了一台哈苏相机，从那以来，你就一直采用6×6方构图的格式。你是因为偶然借用了哈苏相机喜欢上这种格式，还是你真正认为正方形格式非常重要？

格林菲尔德：是偶然喜欢上的。当时我接了一个商业拍摄项目，他们问我是否可以采用6×6格式。我借了一台哈苏相机，并拿这两名舞蹈演员试拍。我十分喜欢拍摄结果，我认为，方构图是十分不自然的格式，它不是人们自然的观看方式，长方形才是自然的方式。正是因为不自然，才逼迫你用不同的方式构图。而且，将习惯于在长方形舞台上表演的一群舞蹈演员放在一个方构图中的确不容易，它使我改变了构图方式。

我的第一个试验是，利用方构图裁切进出取景框的舞蹈演员，这种意外裁切演员躯体的做法彻底改变了我的构图，并对我的美学观念产生十分重大的影响。

江融：我认为这种裁切效果更好。中国画也有同样的技法，留白并不等于是空白，仍然具有含义。另外，有些意象仍然可以延伸到画面之外。你用取景框裁切舞蹈演员的躯体也产生相同的效果，使观者想象画面之外的影像。

格林菲尔德：我不知道中国绘画也有这种观念，但我的确希望观者想象画面之外可能发生的影像。另外，我也不知道空白在中国画中是有含义的。但在我的作品中，空白的确能对画面产生影响和能量。因此，我希望舞蹈演员在我的画面中看上去十分安详和放松，而非表现得十分紧张。如果他们放松，空白画面看上去就会像"空气"，成为移动舞蹈演员的能量。

江融：你在拍摄照片时的一个创举是，你要求舞蹈演员横向运动，而非朝你跑来或背对着你跑开。从技术上来说，这似乎有助于你聚焦。但是究竟为何你要让他们横向运动？

格林菲尔德：这不完全是为了聚焦方便，因为我预先将相机的焦段定好。我通常不希望他们的形象在画面中缩小，而更喜欢他们的侧面像，更多地寻找他们在空中的形状。

江融：6×6格式仿佛成为了这些演员的舞台，但并非是一个大舞台，你利用该格式来压缩和创造你照片中的能量。你如何做到这一点？

格林菲尔德：如果一枚炸弹在空中爆炸，尤其是在沙漠或在广大的空间中，空间会吸收爆炸的能量。然而，如果是在一个规定的空间中爆炸，则会显得更具有威力。

江融：你似乎总是想要与主流不同，与传统不同。通常要表现一种动态，人们更倾向于采用"模糊画面"。你却喜欢采用1/2000秒来捕捉瞬间中的片刻。

沙姆·莫舍，1997年

格林菲尔德：的确如此。我没有试图摹仿我们对动作的感受，这正是模糊影像的作用。我试图向人们显示只能存在于照片中的瞬间，在看过照片之后，人们才相信他们已经看过该瞬间。

江融：这种瞬间十分超现实。

格林菲尔德：是的，因此，有人认为我是采用Photoshop或其他软件来创造这些影像。

江融：你是在1982年创作那些早期作品，当时不可能使用Photoshop。不过，你的照片的确看上去超现实，而且令人无法相信。似乎那些舞蹈演员会摔下来。

格林菲尔德：是的。但他们知道如何落地。这些照片看上去超现实的另一个原因是，当你看这些照片时，你并不知道它们是用1/2000秒拍摄的。你会想这些舞蹈演员怎么能够保持这些姿势。事实上，他们始终是在运动过程中。

江融：另外，他们并没有在同一平面上。由于镜头的压缩感，看上去似乎所有的舞蹈演员都在同一平面上。你是否对时间的消逝特别感兴趣？

格林菲尔德：我认为，我的真正被摄对象是时间。摄影是关于一个稍纵即逝的瞬间，我所拍摄的动作便是稍纵即逝。任何照片都是反映时间中的一个瞬间，甚至包括爱德华·韦斯顿著名的青椒照片。只不过人们没有意识到这是时间中的一个瞬间。照片使得一个飞快的动作比现实更加实在，我所捕捉的瞬间如此之快肉眼无法看清，然而，照片却像雕塑一样将他们凝固。

江融：不过，路易斯，有些人认为你虽然凝固了瞬间，却没有捕捉到舞蹈精神。

格林菲尔德：这种说法无可厚非，因为各种拍摄方法总是可行的。我的本意并非捕捉舞蹈的精神，而在于反映一张照片内在的矛盾，我想捕捉令人无法理喻的瞬间。这基本上是我拍摄照片的标准。如果你能理解正在观看的照片，并能以理性和清晰的字句加以描述，那么我对该照片不感兴趣。我感兴趣的是你看完后还是不明白的照片。

江融：你也拍摄过许多商业照片。你的照片能产生许多令人无法想象的效果，并容易吸引观众观看这种效果，这正是广告公司期待的。你是否认为艺术摄影与商业摄影存在矛盾？

格林菲尔德：对我来说，我一直有幸能够同时拍摄这两种照片。我的照片能说明许多比喻，例如，可以用来表明"杰出"、"团队合作"和"平衡"等。因此，商业摄影也允许我创作艺术摄影。

江融：瑞士钟表公司Raymond Weil雇你拍摄一个订单，结果却创作出你最佳的一组艺术摄影作品。似乎商业摄影也可以是创作过程。你如何界定艺术摄影？

格林菲尔德：通过照片本身便能区分什么是艺术摄影，而不论这些照片是否产生于商业拍摄订单。

江融：你认为别人会如何看待这些产生于商业订单的照片？

格林菲尔德：我不清楚，不过他们很可能受拍摄这些照片的背景情况影响。

江融：另外，你也说过，如今越来越难以推销"令人无法相信的照片是非常具有创意"的观点，因为随着Photoshop的出现，一切似乎变为可能。你如何应对Photoshop产生的挑战？

格林菲尔德：广告业已经从暗喻的表现手法转向了描述手法。同时，商业广告的趋势是依靠Photoshop所能提供的廉价超现实主义手法。例如，他们会创造出一个女人看上去像挂在悬崖上，脚下是一片充满冰块和海浪的汪洋画面。Photoshop创造出的这种影像是当今流行的美学观念，但与我的美学观念

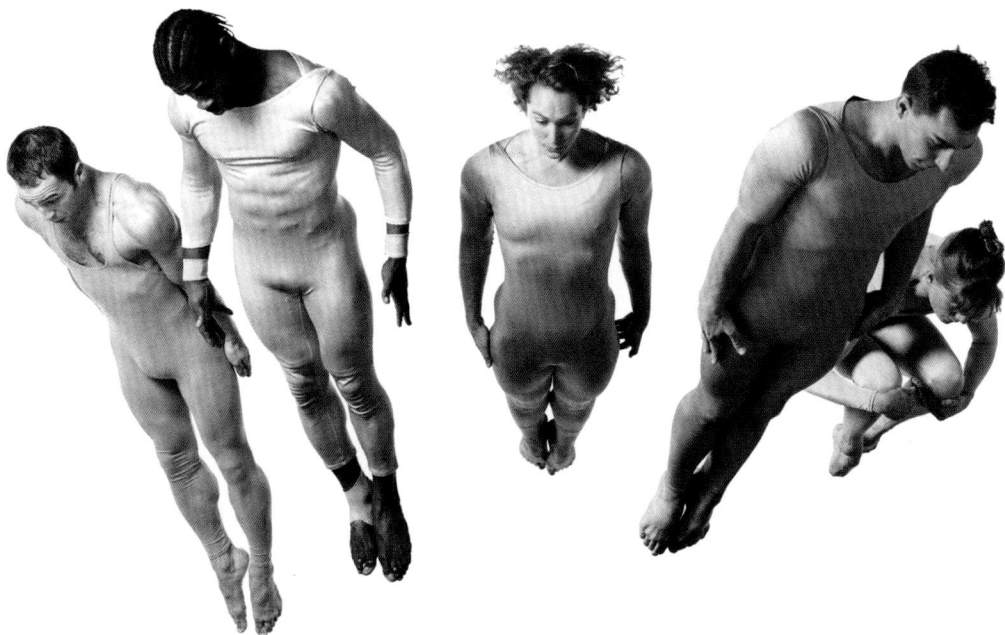

阿里·麦克菲、小阿尔伯特·埃尔莫尔、霍伯·克拉克、马修·斯特龙伯格和莉莎·多尔顿，1996年

非常不同，因为我的照片十分抽象。

江融：为何你的照片会是抽象的？

格林菲尔德：因为在我的照片中没有任何现实状况，没有女孩吊在悬崖上头发飞扬的画面。

江融：你也已经开始使用数码相机。你是否认为数码摄影能使你更好地创作？

格林菲尔德：我并不这么认为。

江融：你说过数码相机放慢你创作的过程，因为你常常会停下来查看拍摄的结果。你如何比较数码相机与宝丽莱相机之间的不同？

格林菲尔德：数码机背十分了不起，因为如果你用该机背拍到了理想画面，你便拍到该照片，而使用宝丽莱相机的情况则不同。数码相机能够让你更随兴地拍摄，你不需要换胶卷，拍摄起来也不需要花太多钱。另外，舞蹈演员也能得到更多反馈，他们立即能够从我的电脑荧光屏上看到结果。不过，所存在的危险是，如果他们看得太频繁，自发流畅的动作便容易消失，各种构思难以自由发展。因此，我通常让舞蹈演员连续做十次动作才让他们看效果。即使数码技术有许多好处，最终不见得会更有利于我的创作。

江融：你是否已停止使用胶卷？

丹尼尔·埃兹拉诺和阿什利·罗兰，1988年

格林菲尔德：我已经有一两年没有使用胶卷了。

江融：你是否认为数码相机的效果在影调方面与胶卷相同？

格林菲尔德：我对数码照片的影调还是满意的，不过我更喜欢胶卷照片的影调。但现在用胶卷不太切合实际。如果没有发明数码相机的话，我也不会在意，但现在已无法避免数码相机。你会骑着马从纽约到加州，还是乘飞机到那里？

江融：目前，你正与澳大利亚舞蹈团合作，拍摄名叫"Held"的舞蹈。你是否在他们表演时，使用单反数码相机拍摄，而且你拍摄的影像立刻放映到现场的两个大银幕上？

格林菲尔德：的确如此。

江融：那些不太理想的画面是否也放映出来？

格林菲尔德：所有的画面未经编辑全都放映到银幕上。

江融：这样是否会分散观众的注意力？

格林菲尔德：事实上，这种做法是该舞蹈的前提和构思。我本人也在舞台上，而且是该演出不可或缺的组成部分。该舞蹈正是将静态画面与实际编排的舞蹈并置在一起。该舞蹈正是表现摄影如何能够将被摄对象转变，使得呈现的结果与我们所看到的"现实"不同。

江融：你现在已经是世界著名摄影家，你希望未来的摄影史学家如何看待你的作品？

格林菲尔德：我当然对于自己的作品是原创的感到最为骄傲。我的作品不是衍生于任何其他人的作品。事实上，现在许多人在模仿我的作品。

江融：那么，你是否认为你的作品是艺术摄影？

格林菲尔德：当然是艺术作品，至于是否是优秀艺术作品则留待别人评判。拍照片似乎很容易，尤其是现在。摄影是最民主的艺术形式，这实际上对摄影不利，因为越来越多的人拍出相同的照片，我们大家都在学习相同的视觉语言，大部分人都喜欢拍某些画面，如落日。尽管我曾经是旅行摄影师，但我现在旅行时很少拍照片，我不想拍摄大家都在拍的照片。我不是说他们不应当拍落日，他们不是专业摄影师，就让他们拍落日好了。对我来说，我想拍摄的东西很少。

不幸的是，现在人们对观看他们刚拍摄的照片更感兴趣，而非沉浸在摄影之中。我的建议是，沉浸在拍摄过程中，不要边拍边看。你无法看完照片之后觉得不好重新回去再拍。当这个混乱的世界在你眼前展开时，你必须学会如何通过视觉来想象构思。

如何能够使你的影像独树一帜是最具有吸引力的问题。我能够使自己的摄影具有个人风格，因为它们来源于我的灵感和构思。

江融：非常感谢。

本访谈图片提供：路易斯·格林菲尔德（©Lois Greenfield）

气运生动：解构与创新

——对话金我他

2006年7月，纽约国际摄影中心举办韩国艺术家"金我他（Atta Kim）摄影个展"，题为"气运生动"（On-Air）；同时位于世界前卫艺术前沿阵地雀儿喜艺廊区的尤西·米洛艺廊（Yossi Milo Gallery）也展出他的"博物馆"（Museum）项目。一时间，纽约这个世界摄影中心刮起了一阵旋风，人们口口相传，都在谈论到底谁是"金我他"及其作品。

金我他之所以有今天，并非偶然。

1956年，金我他出生在韩国最南端的巨济岛。父亲从小教他注意观察周遭世界，包括小花小草、昆虫和石头。大学时，虽然学机械，他却着迷于海德格尔（Heidegger）等哲学家的思想，并开始摄影创作。

为寻找自我和了解人的精神世界，1985年起，金我他采访和拍摄了几家精神病院的病患，听取了365个病人的故事。有一天，一个病人突然让他将象棋棋子吞下，他将棋子吐出来时，发现原来很脏的一层泥已经消失，露出洁白的木质。这件事情让他顿悟，意识到不能先入为主地来理解世界。从此，他决定摒弃所有的成见，通过亲身体验来透过表象看本质。

之后，金我他接触了禅宗和俄国思想家戈吉夫（Gurdjieff）的理论，这两种思想让他意识到冥想和解构的重要性。他花了一

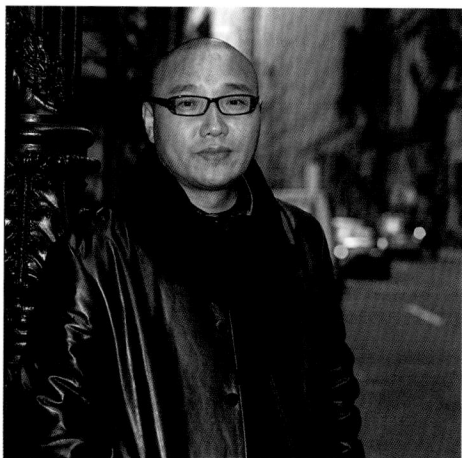

江融／摄

Atta Kim

年时间，在夜里试图看清物体，然后，又花几年时间在黑夜中打坐，想象与周围的物体对话，并用慢速曝光拍摄自拍像和周围的岩石，他称该过程为"影像训练"。

在创作"解构"（Deconstruction）系列作品的过程中，金我他真正领悟到"解构"不等于完全摧毁，而是创新的开始。此后，他接连创作出几个相互关联的系列和项目，"气运生动"便是在解构这些系列和项目的基础上，目前仍在创作的项目。了解金我他的摄影理念需要对其作品有个整体理解。以下是笔者对他的采访，希望了解他通过摄影媒介究竟想要表达什么观念。

"冰的独白"系列，金我他的肖像，2006年

江融：或许我们应当逐个讨论你的项目，以便了解你的哲学思想和"影像训练"如何影响到你的作品。让我们从你的第一个项目"精神病人"（Psychopath）开始，该项目是在1985年至1986年进行的，你访问了几家精神病院，听取了365个精神病人的故事。你曾说，做该项目是为了解人的精神。你为何要这样做？

金我他：首先，我想指出，"精神病人"不是一个项目，它只是一个过程，因为我这么做并不只打算拍照片，而是为了了解世界和发现自我。大学时期，我的摄影作品较为抽象，我不理解为何会产生这些作品。于是，决定访问精神病院，当时我十分痛苦，想了解什么是人的精神。我的确想要知道和体验人的精神世界，并想了解到底是什么困扰着人的精神。

江融：之后，你从1986年至1990年做了下一个系列作品，题为"父亲"（The Father）。这是指你的父亲？还是泛指？通过做该系列，你是否想挖掘自己的身份起源？

金我他：该系列是我人生的转折点。访问精神病院后，我发现了自我。然而，为了完成发现自我的过程，无法避免的是，要通过我的父亲，因为是父亲给了我生命。为了使自己能完全从其他来源自我解放，我必须通过自己的父亲，与他重新团聚交谈，之后，才能将自己与我父亲分开。这的确是一个寻找自我和身份的过程。

江融：你父亲似乎在你的生命中占据十分重要的位置。我在想，对于韩国人来说，父亲是否都具有这种地位？

"冰的独白"系列，玛丽莲·梦露的肖像，2006年

金我他：父亲对我来说十分特殊，我与父亲之间感情深厚。小时候，我特别喜欢思考，这是受父亲的影响。他教我如何观察周遭环境，并加以欣赏。他不断问我周围的事物，如花卉、昆虫、小石子，甚至地上的野草。他让我对所有微不足道的东西感兴趣，我从父亲那里学会了尊重所有的事物。不过，当人们遭遇痛苦或即将死亡时，他们最终还是会想到母亲。这是父母亲对我们大家的意义。

江融：我注意到，你在拍摄"父亲"系列作品时，也拍摄了你母亲的裸体肖像。这是不寻常的事情。你母亲在该系列中发挥什么作用？

金我他：我在拍摄"父亲"系列时，首

"中国"系列，北京天安门，8小时曝光，2007年

次拍摄了母亲的裸体照片。小时候，我常常毫不犹豫地在母亲面前脱衣服，后来，在某个时候，我注意到，在母亲面前，我会用衣服遮盖身体。我母亲也不在自己的儿子面前赤身裸体。这是可悲的，因为这是传统观念开始起作用。换句话说，这是人开始从动物转变为人的阶段。

我在拍摄"父亲"系列时，特别想拍摄母亲的身体。当然，母亲不愿意在他长大成人的儿子面前暴露胴体。我母亲的乳房有珍珠般的肤色，美极了！十年之后，也就是在2001年，我将裸体的母亲放在佛教的象征——莲花底座上，作为我"博物馆"项目的最后一件作品。那一天，她笑了，那是我见过的最美的笑容。

江融：1989年至1990年，你拍摄了韩国150名文化界著名人士的系列作品，题为"人类文化财产"（Human Cultural Assets）。你是否通过做该系列来寻找自己的身份本源，还是寻找韩国人的集体特征，尤其是精英的特征？

金我他：我想通过做该系列与外界沟通。"人类文化财产"是关于具有明确人生观的韩国人，他们的确有十分深邃的思想，我想知道，他们到底在人生中获得了什么。当时，在韩国大约有190位人士被评为"人类文化财产"，我见到了其中150位，他们是艺术家、学者、哲学家以及在各自领域中取得重大成就的人士。这个艰苦的过程帮助我寻找自我，通过与他们的交谈，我学到许多东

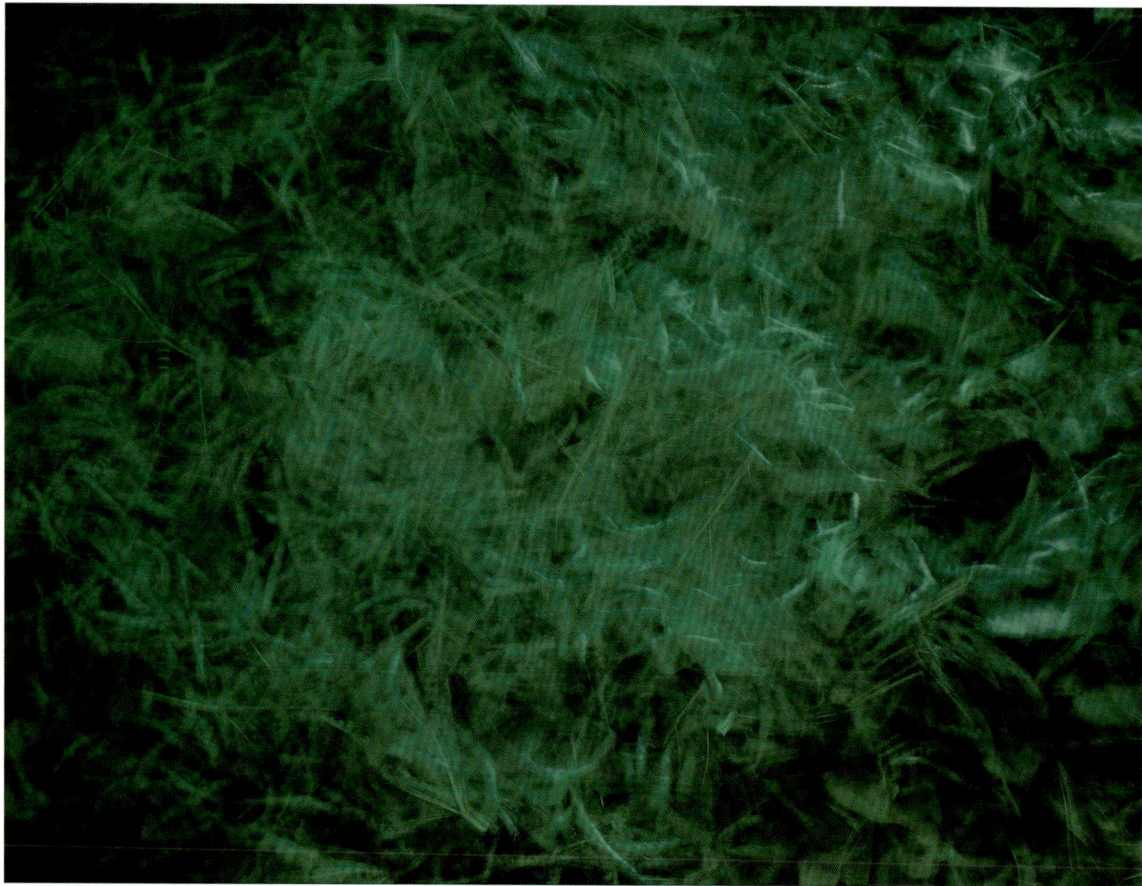

丝绸之路，8小时曝光，2003年

西，认识到我需要逐步建立自己的世界，并意识到，重复制造传统的东西已经无法使我满足。这种意识对于想要成为艺术家的人来说最为重要。

江融：从1990年至1992年，你完成了"在世"（In-der-Welt-sein）的系列。你说过，该系列作品是你"气运生动"项目的基础，为何是基础？

金我他：尽管"在世"是德国哲学家海德格尔的观念，拍摄该系列作品时，我已经体验和超越了这个观念。但创作该系列的过程，对我来说十分珍贵。目前仍在创作的"气运生动"项目，实际上在1990年时就已产生了影像。当时我在黑夜中独自不断训练自己在两小时内移动十厘米，最终，我逐步从时空中将自己解放出来。我用两三个小时的时间曝光，来拍摄自己在黑暗中独自缓慢移动的自拍像。随着时间的推移，我发现了自己想象中的颜色，这些颜色都应用到我后来的项目中。仿佛今天是昨天的结果，正如今天的解构便是明天一样。

江融：之后，你从1992年到1995年创

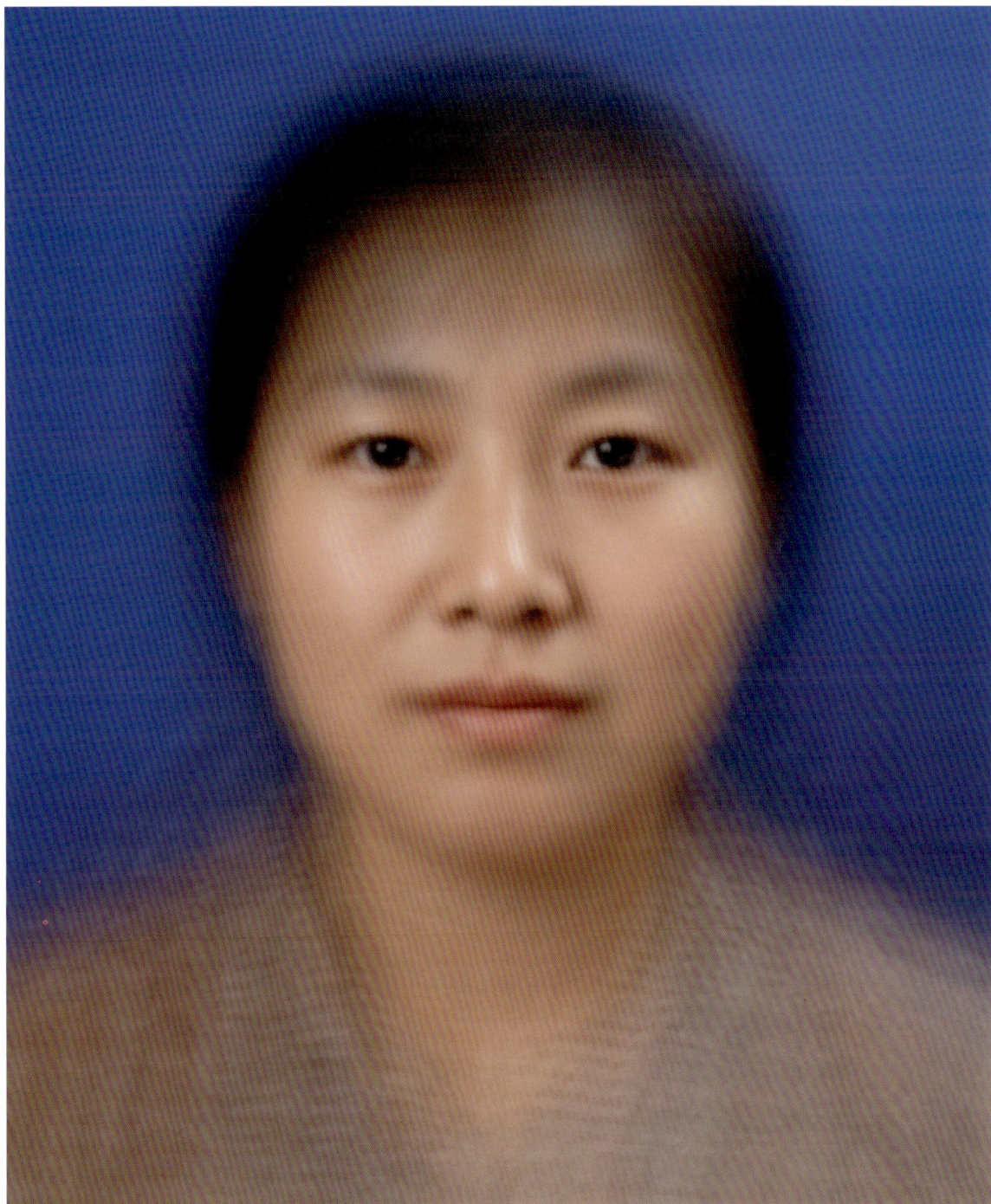

"自拍像"系列，100名女子（中国人），2005年

"吻"，15对夫妻，2005年

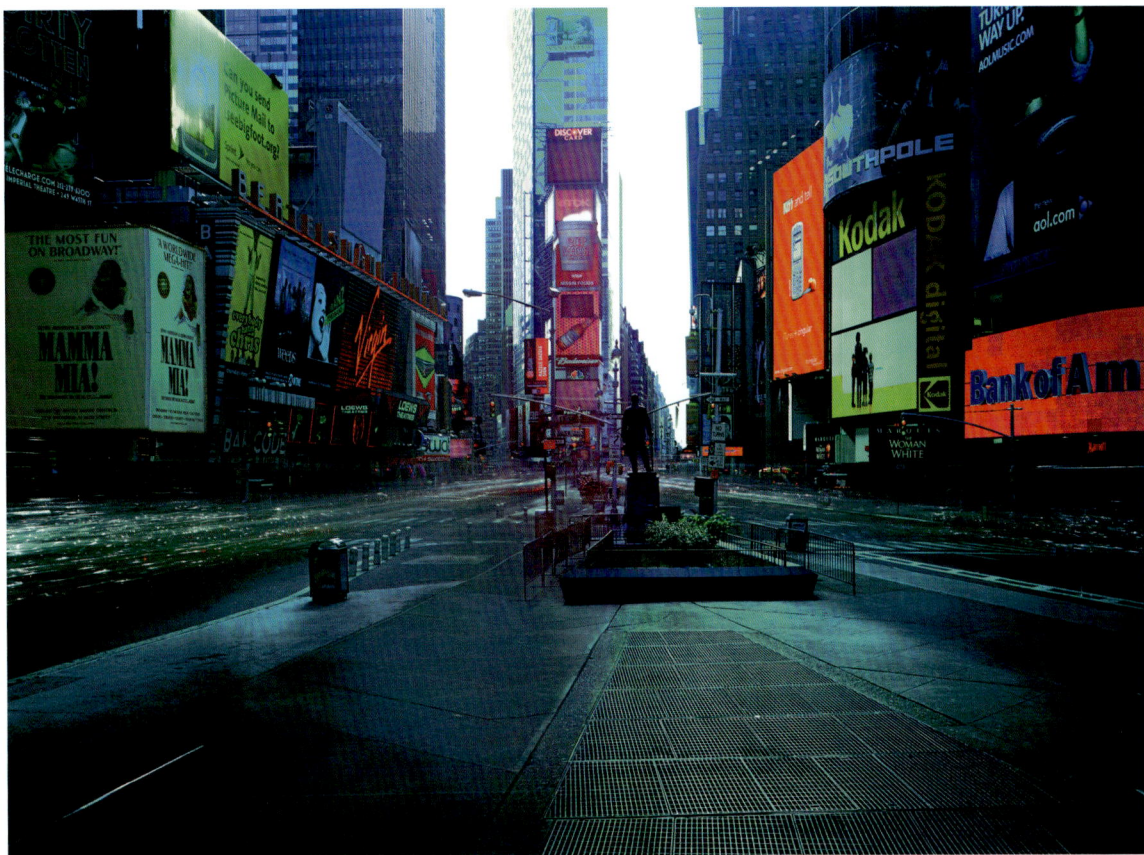

"纽约"系列，时报广场，8小时曝光，2005年

作了"解构"系列。该系列引起评论家的注意。法国哲学家德里达（Derrida）的解构概念与禅宗的解构概念有何区别？

金我他：德里达的概念讲究科学论证的方法，而且是静态的。禅宗的概念十分理想化，你无法用肉眼捕捉到。德里达是冷的，禅是热的。

江融：这是非常有意思的比喻。你说过，你的所有不同系列和项目作品都相互关联。你做完"解构"系列后，便产生了"博物馆"项目，"博物馆"项目又产生了"气运生动"项目。我认为，这种解构的过程是

自我实现的过程。解构并非完全摧毁，而是从中有所创新。

金我他：解构并非意味着摧毁。解构一词是由"化解"与"构成"组成的。它意味着产生新的构成办法。这是我的"影像训练"中冥想、消化和解构过程的一个环节。可通过该过程来解构固有的观念，使人们对世界上所有已知真理产生新的理解。德里达的解构观念更多依靠逻辑和理性的结构，而我所说的解构更多需要内心的挣扎。

江融：1995年至2002年期间，你在创作"博物馆"项目时，使用有机玻璃大柜子将

足球比赛，2小时曝光，2002年

不同人装在里面，然后放置在不同地点，建立你自己的"博物馆"。这是展示他人身份的办法吗？

金我他：对我来说，世上的一切都能成为文物，并具有历史价值。如果博物馆能使死亡物品获得生命的话，我的博物馆则是使得生物永生的装置。这也是对生命的绝对敬重。

江融：因此，我认为，通过该项目，你更多是要表现他者的身份，而非你自己的身份。

金我他：该项目不是要以不同的方式来展现我的身份，而是，通过我的身份来看世界。当我找到自己新的身份之后，我将自己

的姓名改为金我他。在韩语里，"Atta"是指"我"和"他"。

江融：所以，这是你的艺名，那么，你的真实姓名是什么？

金我他：我发现了一个全新的自我，所以，不再使用原名。在原名中，难以发现自己的身份，因此，我决定给自己一个新名字。

江融：这个新名字让我想起海德格尔"此在"和"在世"，以及禅宗的"自在"与"他在"的概念，这两个概念也可理解为"我"和"他"。

金我他：是的。事实上，我早就想改

名字，但我的姓名是父亲起的。在改名字方面，我一直存在矛盾。一旦找到自我，矛盾便消失，因此，我决定改名字。

江融：现在我们应当开始讨论"气运生动"项目。你采用长时间曝光的手法来拍摄不断消失的影像，例如，你在朝鲜三八线非军事区或在纽约时报广场用八小时曝光拍摄照片。这些照片仍然能够看到背景、风景、广场及其周围的建筑，但看不到在长时间曝光期间经过的人或车辆。你是否想通过该项目理解时间的流逝？

金我他："气运生动"是一种非常具有悖论性质的美学。通过让可见的物体消失，我打算讲述有关本体存在的故事。在"纽约系列"中，许许多多经过的人和车辆均在照片中消失了，但建筑物仍然存在。然而，我在想，"这些建筑会永存吗？"回答是否定的。总有一天，它们也会完全消失。这可以通过消失的人和车辆加以分析。

俗话说，"只有失去了，才意识到珍贵。"因此，我所拍摄的"毛泽东"和"金我他"冰雕融化的水是否会消失呢？完全没有消失，只是蒸发到空气中，在空中形成新的关系。因此，一切似乎已经消失，实际上并非如此。它们转换为另一种形式。这才是世界真实的一面，也是"气运生动"的真实含义。

江融：你在该项目中还采用另一种手法，将许多影像叠加到一起构成一个新影像或合成影像。你将这些叠加出来的肖像称作"自拍像"系列。你是否通过该系列来反映他们身份的共性？

金我他：个人从来不会消失，他们的脱氧核糖核酸仍然存在，他们只是与其他人找到了新的关系。"自拍像"系列具有反讽意味之处在于，你必须失去一些特征才能与他人分享共同之处。我们一直在探讨身份特征问题，我认为，"我"无法单独存在，"我"之所以存在，是因为他人同时存在。

江融：许多人可能不理解"气运生动"项目的含义。它是否可以理解为一切事物最终都要消失？

金我他：通过西方哲学和美学可能难以理解我的作品，因为它们鼓励利用理性和逻辑来判断所有现象。如果你认为世上的一切肯定是可见的，那么，更难以理解我的作品。不过，是否能够理解我的作品并不重要，重要的是，我们所能看到的表象世界和影像并非就是一切。这才是真理。

西方人看到下雨和下雪，可能只会想到"雨"和"雪"。我所试图表明的是，空气中的水分变成雨和雪之后变成了新的事物。人的身份也是一样。所有生存的物体都是在这种关系中循环往复。我想体现本体生存的绝对价值，而非消失过程中产生的空白，这才是世界的真相。我的"气运生动"项目正是体现了这种理念。

江融：谢谢。

想象力不足是摄影唯一的局限

——对话克里斯托弗·菲利普斯

初次见到克里斯托弗·菲利普斯（Christopher Phillips），很难想到他会是纽约国际摄影中心的四位高级策展人之一，他个子不高，戴着一副眼镜，穿着一件便装，说话声音很轻柔，脸上始终微笑着，十分腼腆、儒雅。但开始谈到摄影时，你就能够感觉到，他是一位造诣很高的专家，尤其谈到中国摄影师，他更是如数家珍，非常熟悉。

菲利普斯毕业于纽约罗切斯特理工学院，获得艺术硕士学位，曾在乔治·伊斯曼博物馆实习两年。在2000年成为摄影中心策展人之前，曾在《美国艺术》杂志担任过高级编辑，并在纽约几所著名学府开设过艺术史和摄影评论课程。

担任摄影中心策展人之后，菲利普斯将注意力集中在近年来艺术十分活跃的亚洲，经常访问中国，接触许多艺术家和摄影家。他首先于2004年与在芝加哥大学任教的著名策展人巫鸿策划一个题为"在过去和未来之间：中国新摄影和新录像展览"，在摄影中心和纽约亚洲协会分两处展出六十多位中国当代艺术家和摄影家的作品，在纽约引起轰动。之后，他于2006年7月策展韩国艺术家金我他的摄影个展，2008年，又推出当代日本摄影展，成为研究中国及亚洲其他国家摄影和艺术的专家。

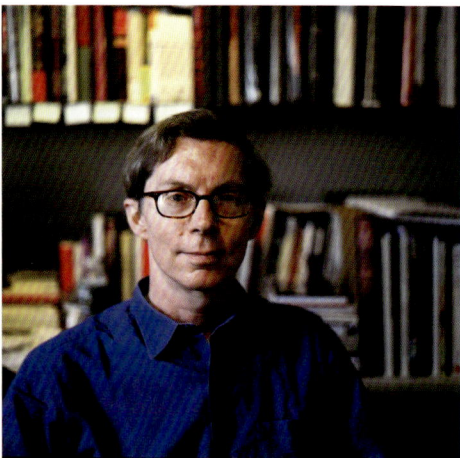

江融/摄

Christopher Phillips

江融：你能否告诉我，策展人应具备的素质？

菲利普斯：这是一个很好的问题。策展人首先必须充满好奇心，不断地寻找新的艺术家或新的艺术作品。此外，策展人必须在艺术史和摄影史方面训练有素。世界各地每天都有大量作品产生，如果你不了解过去50年或100年的世界艺术史，则很容易眼花缭乱而迷失方向。我认为，应该仔细研究20世纪不同国家艺术家在不同时期的发展过程，了解这种背景有助于发现正在创新的艺术家。

策展人应具备的另一个素质是要有很强

的组织能力，能够在各种期限到达之前完成任务。另外，还应当能与各种专门领域中的人合作，如艺廊、装运公司以及媒体等。策展人如同杂耍演员，必须掌握许多不同的例行程序，并能够同时处理好各种不同的事物。

江融：你曾说过，如今作为策展人，最好还需要有商业管理硕士学位，才能知道如何为展览筹集足够的款项。

菲利普斯：如今的策展人必须了解基本的商业和金融程序。你一定知道，举办展览的费用已经变得非常高。目前在国际摄影中心展出的韩国艺术家金我他的小型展览，也需要25万美元开支，其中包括印刷画册的费用。每次看到展览费用不断增加时，我便感到十分担心。如果不了解基本的商业惯例，策展人有可能很快便会遇到麻烦。我本人也有这方面的教训。

在美国，策展人必须知道如何非常准确地估计举办某个展览所需的经费，以及如何从私人、基金会和公司筹钱。例如，2004年在国际摄影中心举办"中国新摄影和新录像展览"的最终预算超过100万美元，我们大约花了十八个月才找到资金来源，支付这笔庞大开支。

江融：在中国，现在许多人声称自己是策展人。我认为，他们事实上是某个展览的策划人，他们并不具备你所提到的策展人的素质。策划人与策展人之间应该是有区别的。

菲利普斯：如今，"策展人"的名称被滥用。"策展人"这个词来自拉丁文，意思是"保管好"。最初是指博物馆或图书馆保管收藏品的人。现在，这个词的含义略有改变，被用来指所有组织展览的人。最近，艺廊也将其展览组织者称作"策展人"。对我来说，这似乎十分奇怪。

江融：你认为策展人能否同时又是收藏家？

菲利普斯：过去一百多年里，在美国和欧洲已逐步为博物馆和非营利性艺术机构工作人员发展出一套道德准则制度。如果你回到一百多年前，那时欧洲和美国的艺廊和博物馆，艺术圈子很小，一个人能发挥不同的作用。他可能在博物馆工作，同时写艺术评论，私下里还买卖艺术品，有时也是收藏家。在这么小的圈子里，不会出现"利益冲突"问题，大家相互认识，而且没有涉及如此之多的款项。

随着时间推移，艺术世界已扩大，社会分工更细，产生许多新职业，并且更加专业化。艺术世界所涉及的财务规模更大，为牟取私利而不道德地操纵艺术制度的机会也变得更多。因此，现在需要有更多的透明度，使得大家能够相信，他们在博物馆看到的作品是最佳作品，而不是因为策展人正在买卖该艺术家的作品，或者因为博物馆董事会成员是该艺术家作品的收藏者。在美国，现在所有博物馆均有明文规定的伦理准则。通常，当策展人担任博物馆职务时，他们同意不买卖其专门负责的艺术领域中的作品。

江融：2004年，你与巫鸿共同策展，题为"在过去和未来之间：中国新摄影和新录像"。该展览有许多中国艺术家创作的观念摄影作品，它似乎是20世纪90年代末在纽约亚洲

"无题电影剧照"项目，第6号，1977年　辛蒂·谢尔曼/摄
（©Cindy Sherman）

协会举办的"蜕变与突破：中国新艺术展"的延续。是否可以说这两项展览相互关联？

菲利普斯：你可以认为这两个展览探讨类似的领域。我非常了解"蜕变与突破"的展览，我认为，该展览非常有意思，而且富有争议。我知道巫鸿也十分了解该展览。在我们策划的展览中，巫鸿和我希望展示，在"蜕变与突破"之后的年代里，中国艺术急

遽转向媒介艺术。如果你比较这两个展览参展人的名单，会发现并没有太多重复，巫鸿与我策划的展览中大约有十二名艺术家曾参加"蜕变与突破"展览。

江融：你与巫鸿策划的展览中许多参展人更愿意被视为艺术家而非摄影家，尽管他们采用摄影作为创作媒介。你是否认为他们的作品可以被视为摄影？

菲利普斯：当然可以。摄影是十分灵活的媒介，而且能得到广泛应用。如果有人认真花时间掌握摄影程序，并制作技术完美的照片，没有理由认为他们不是摄影家。

我相信，你一定知道世界上曾长时间讨论当代艺术世界与摄影媒介之间不断变化的关系。在欧美，这种讨论已持续三四十年。现在人们已逐步同意，"摄影"是艺术家可以利用的媒介，如同使用画笔或雕刻刀一样。"摄影"只是艺术家用来创作视觉艺术的一系列广泛视觉媒介中的一种。

江融：我们是否可以称这种摄影为摆拍摄影？

菲利普斯：其中一些作品是摆拍的。

江融：在中国，摆拍摄影相当新颖。美国和世界其他地方如何看待摆拍摄影？杰夫·沃尔（Jeff Wall）是否为最早提出摆拍摄影观念的艺术家？

菲利普斯：的确是。杰夫·沃尔来自加拿大渥太华，于20世纪70年代初以观念艺术家出道，70年代末，他开始制作大画幅彩色照片，被认为是19世纪欧洲艺术家创作的"历史绘画"的现代版。当时在欧洲，称

紫禁城内扮成宫女的小女孩，2000年　刘铮/摄（©Liu Zheng）

作"历史绘画"的画派非常流行，该流派的画家回首历史上的重大时刻，创作了具有象征性的巨幅画作，并悬挂在公共场所。杰夫·沃尔利用摄影制作反映当代生活场景的大画幅照片，但令人惊讶的是，他仔细的构图使得这些照片具有历史和艺术方面的重要性。他要表明，这些作品不是随意拍摄的照片，而是经过艺术家本人有意识的经营和摆拍。

江融：辛蒂·谢尔曼（Cindy Sherman）拍摄的"无题电影剧照"项目，是摆拍摄影出现的另一次重大现象。

菲利普斯：是的。20世纪70年代末，辛蒂·谢尔曼利用黑白照片拍摄她所扮演的不同角色，仿佛是在拍摄不同电影种类想象中的剧照。事实上，制造"虚构照片"已经有很长的历史。谢尔曼的作品如此受欢迎，摄影史学家便开始从过去一百多年的摄影史中去寻找类似于谢尔曼的照片。谢尔曼使得这种摄影方法具有某种艺术性质，并广为流传，使得大家回顾历史，而且能够从十分不同的角度看待摄影史。

江融：我认为，王庆松是采用这种方法创作的中国艺术家之一。你如何评价他所摆拍的摄影作品？

菲利普斯：王庆松是画家出身。20世纪90年代初，他是栗宪庭倡导的艳俗艺术运动的主要画家之一。到了90年代末，王庆松决定利用摄影媒介制作非常大而且非常复杂的摆拍照片。与绘画相比，该媒介的确使得他更能运用自如地探讨他所感兴趣的各种想法。王庆松逐步仔细掌握摄影的各种技术，采用8×10相机，而且通常在工作室完成创作。他常常拍摄一系列照片，将这些影像扫描到电脑中，然后将它们连接起来，制造一幅很长的全景式照片。他利用数码技术修版，使得这些影像十分完美，而且颜色绝对出色。之后，他通过在北京的一位打印专家制作照片。这些照片有时长达十米，在技术上，这也是十分杰出的成就。

2004年，国际摄影中心展出他的"老栗夜宴图"，纽约许多顶级摄影冲印店的洗印师来看展览，都无法相信王庆松在北京能得

卖货郎，2002年　王庆松/摄（©Wang Qingsong）

到如此高质量的打印作品，他们无法相信中国的打印技术这么快便达到如此之好。

江融：那么，王庆松在摄影方面，尤其是摆拍摄影方面的艺术成就如何？

菲利普斯：王庆松现在已在世界上引起注意，而且其作品的拍卖价格也非常高。我感到十分佩服的是，他仍然保持非常高的想象力和创造力。他正利用已得到的承认继续将其艺术推到更高的水平。我认为他是中国当代最令人感兴趣的艺术家之一。

江融：有一位评论家在评论你与巫鸿策划的2004年"中国新摄影展"时指出，该展览中的许多中国艺术家作品如同在中国加工的美国品牌的鞋，然后再出口到美国。你如何看待这种评价？

菲利普斯：我认为，在过去十年里，中国艺术家非常刻苦地吸收世界各国在20世纪所有艺术的发展成果，他们十分成功地参考这些新的视觉和构思方面的成果，并对中国传统和文化遗产特别感兴趣，然后将它们结合到一起。

当巫鸿和我策划的该展览在西雅图和伦敦等地巡展时，一些当地评论家认为，其中许多作品模仿辛蒂·谢尔曼或杰夫·沃尔，或者模仿其他著名国际艺术家。但是，如果你仔细阅读他们的文章，便会发现这些评论家对亚洲文化不了解，他们不懂得中国艺术和中国文化。因此，这些西方的评论家完全看不到作品中中国视觉语言和中国历史的典故。巫鸿和我十分希望，我们策划的这个展览有助于打开西方观众和西方策展人的眼光，并让他们了解一点中国艺术和中国文化丰富而又复杂的历史。

江融：在这个越来越全球化的世界里，我们发现世界各国越来越多的艺术家，其中不仅包括欧美艺术家，而且包括非洲、亚洲和拉丁美洲的艺术家，都在采用类似的方式讲述他们自己的故事。

菲利普斯：的确如此。我们正处在世界文化高度活跃的时刻。通信速度如此之快，世界几乎所有地方都能很容易获得摄影或录像的技术手段，因此，原先曾经远远处在国际艺术界边缘国家的艺术家正在创作出十分出色的作品，这些作品能够很快引起国际瞩目。

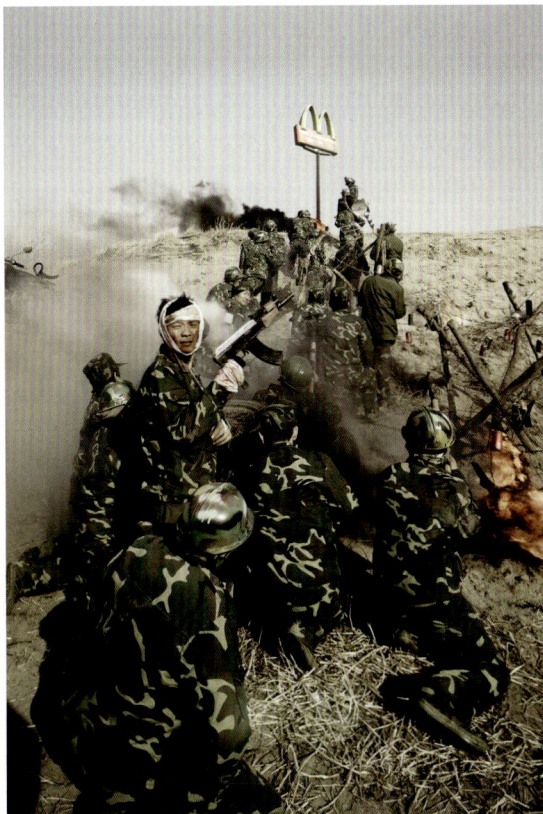

"另一次战役"系列，第6号，2001年　王庆松/摄（©Wang Qingsong）

国际摄影中心努力将世界各国利用摄影或录像进行创作的年轻艺术家的最佳作品引进纽约。我们认为，国际摄影中心已经非常成功地向纽约十分有艺术鉴赏力的观众介绍了在亚洲、非洲或南美洲现在一些最具有创意和感人的艺术作品。

江融：刘铮是另一位十分成功的中国摄影家。他采用"纯粹摄影"讲述他所看到的普通中国老百姓的现状。他从所看到的现实中创造了超现实的效果。你怎么评价刘铮的作品？

菲利普斯：我始终认为，刘铮花多年时间利用黑白肖像摄影所创作的"国人"项目，是世界上过去50年所做的最重要的摄影项目之一。他在该项目中所展现的丰富和复杂的中国文化是一项杰出的成就。我想，可能因为刘铮在该项目上花费了太长时间，他需要进行完全不同的创作，因此开始探讨摄影的一些不同手法。在过去三四年里，他几乎完全从事摆拍摄影。

江融：你是否认为他的摆拍摄影也十分成功？

菲利普斯：我认为，这些摆拍作品尚未达到其"国人"项目作品的水平，但刘铮是一位非常有决心和有才华的人，他一直在自学一种全新的摄影方式，我认为，再过两三年，我们将会看到刘铮所采用的这种新手法可能产生的真正结果。

江融：现在你经常去中国，而且已策划过大型中国摄影和录像展览。你如何评价中国当前的摄影现状？

菲利普斯：我一直非常努力地寻找是否有迹象表明，中国年轻一代艺术家继续创作出具有原创力的作品。我必须说，迄今为止感到有些失望。最近，我参观了北京中央美院年终展览，我注意到，利用摄影创作的学生，他们技术十分高超，但很少有创新的观念和手法。我没有发现任何十分有力度的新人正在探索新的领域。

我认为，在今后数年里，中国纪实摄影有可能产生极为重要的作品。中国现在日新月异，仅仅记录正在消失或正在迅速出现的事物，也是一项十分重要的历史任务。你可能知道曾力的作品，他曾经与导演张艺谋合

北京察院胡同，2006年　曾力/摄（©Zeng Li）

作，是著名的舞台设计师。许多年前，我曾看过曾力拍摄的公寓楼房外表的彩色照片，当时我没有真正感兴趣，我认为那些只是普通建筑照片。几个月前，我去拜访曾力，看到他几乎花了十年时间记录北京胡同消失的过程，十分了不起。另外，他还系统地拍摄20世纪六七十年代在北京修建的各类公寓。当你将所有这些照片放在一起观看时，你会意识到，其中许多建筑已不复存在，突然间，他的项目开始变得有意思，从某种程度上来说，十分具有历史意义。这次访问让我对曾力有了新的认识和了解，尤其欣赏他所说的，他不是在拍艺术照片，只是完全记录他所记得的20年前的场景，而这些场景一夜之间就会消失。

江融：法国摄影家阿杰（Eugene Atget）在19世纪初也曾做过相同的项目，另一位建筑师和摄影师梁思聪也正在做类似的项目。你如何看待都市化作为摄影主题的问题？

菲利普斯：都市化是席卷中国最重大的社会力量之一，使中国从一个基本上以农业为主的国家向工业国和消费国转变。在今后30年里，很可能在中国将出现一百多个新的巨型城市。这种历史性的变化不仅将改变中国的面貌，而且将改变整个地球的面貌。梁思聪祖籍在广州，他出生在墨西哥，并在伦敦上学，而且在伯克利大学和哈佛大学获得建筑学学位。他的确具有非常好的全球视角，使他能够理解目前在中国正发生的大规模都市化所具有的长期历史意义。当我首次看到他在中国拍摄的照片时，便十分感兴趣，迫使我思考为何只有极少数中国摄影师正在采取相同的纪实手法，客观和系统地记录中国正发生的巨大历史性变化。

与许多中国艺术家和摄影家交谈之后，我了解到，其中许多人完全看不到梁思聪和曾力采用的这种手法的艺术价值。这可能是因为中国尚未经历欧美过去一百多年的历程，其中艺术家和摄影家长时间地深入讨论摄影与绘画之间的区别，以及摄影媒介的真正美学价值。多年来，西方已逐步形成一种共同的看法，认为摄影力量的关键美学价值，在于它有能力以超现实的方式记录我们周围世界的场景、人物和事物。

江融：杜塞尔多夫学派及其创始人贝歇夫妇在如何以十分系统和客观的方式记录建筑方面树立了良好的典范。他们的学生托马斯·斯特鲁斯（Thomas Struth）、托马斯·鲁夫（Thomas Ruff）以及安德烈亚斯·古尔斯基均已采用这种手法拍摄世界各国的建筑，这是一种不同的流派，却具有美学价值。

菲利普斯：贝歇夫妇于20世纪60年代

开始拍摄德国工业老建筑时，并不认为自己是在创造艺术。他们只是非常感兴趣地发现老厂房中隐藏着工业时代的建筑历史，而当时没有引起其他人的注意。如果你去看贝歇夫妇的展览或书籍，并思考他们如何建立一个这些工业建筑形式的系统档案，你会对20世纪已发展起来的人工环境产生新的不同视角。除了摄影之外，任何其他媒介都无法达到这种强有力的视觉效果。

江融：加拿大摄影家爱德华·博廷斯基（Edward Burtynsky）已在中国完成一个庞大的项目，其作品被视为"人工风景"的照片。你能否评价博廷斯基的照片？

菲利普斯：就我个人来说，我并没有像有些人那样，对博廷斯基的照片印象深刻。我认为他是一个非常有才华的报道摄影师，但他的作品有点过于戏剧化和过度渲染，他总是选择最富有戏剧性的视点，为观众创造出过于宏大的场面。他所有照片都过度戏剧化，他不像音乐家那样，知道有些时候需要演奏得略微轻柔些，有时却要略微洪亮些。他的照片似乎始终都是最大音量。对我来说，很快就感到单调。

江融：现在我想与你讨论一下商品化问题。摄影市场目前在中国刚出现，许多人预测照片价格将很快上涨。你认为这种现象对中国摄影师、尤其是对那些在国际舞台上刚崭露头角的摄影师可能产生什么影响？

菲利普斯：我对中国年轻的艺术摄影师感到有些惋惜。我认为，世界各地当代艺术市场产生的投机泡沫，使得他们对于自己的生活和艺术生涯的潜力产生十分不现实的感觉。在过去三四年里，当代艺术的投机泡沫非常大，价格上涨十几倍，尤其是当代中国艺术。这是很难维持的。在某个时候，但很难说是什么时候，这种泡沫终会破裂。其结果将是很惨的。

江融：韩国摄影家金我他认为，摄影仍然具有无限的潜力。你是否认为数码摄影将有助于挖掘该潜力？

菲利普斯：数码摄影当然能够使艺术家很快将任何实验性或创造性的想法变成非常完美的形式。我想强调指出，摄影最大的优势之一在于它是十分广泛和灵活的媒介。摄影的范围可以从非常抽象到非常写实，从纪实摄影到非常富有想象力的摆拍摄影。我认为，想象力不足是摄影唯一的局限。因此，当金我他发现摄影可能是我们所拥有的最具有创造力的媒介时，他非常兴奋。

江融：我们过去谈到摄影时，总是想到胶卷和化学药水。现在新一代的摄影师正在使用数码相机和各种软件创造艺术品。你是否认为，摄影正出现范式的变化？

菲利普斯：我只想说，从历史发展的角度来说，数码摄影是以往摄影的延续。我们尚未看到范式的真正转移。

江融：展望未来，你对摄影是否乐观？

菲利普斯：我每天都兴奋地发现世界各国的新作品和新摄影师，令人感兴趣和富有创意的作品与日俱增。为此，我只能感到极为乐观。

江融：非常感谢。

买艺术品，而不要买房子
——对话彼得·麦吉尔

一幅摄影作品究竟能值多少钱？爱德华·斯泰肯1904年拍摄制作的《池塘月色》，2006年在纽约索斯比拍卖行为何能卖出2 928 000美元的天价？是谁挥洒出这个大手笔？彼得·麦吉尔（Peter MacGill）是回答这些问题的首选专家。

麦吉尔是纽约佩斯/麦吉尔艺廊（Pace/MacGill Gallery）的总裁。该艺廊成立于1983年，位于世界上地价最贵的纽约57街与麦迪逊大道的交界处，是国际上最著名的摄影艺廊之一。麦吉尔具有35年以上的艺廊经营经验，是国际摄影艺廊的重量级人物，他多次被《美国摄影》杂志评选为美国摄影界最具影响力的百人之一。

1973年，纽约摄影市场刚起步时，麦吉尔从艺廊的最基层做起，在纽约最早的摄影艺廊之一光线艺廊担任实习生。从搬运展品到布展挂照片，事无巨细，样样都干。1974年，麦吉尔大学毕业获得"艺术学士"学位后，被聘请担任一家艺廊的总监；1976年，成为位于亚利桑纳州创意摄影中心的策展人；1978年，受聘为光线艺廊总监。

虽然事业有成，但麦吉尔并不满足，他没有急着赚钱买房子享受，而是开始新的创业。1983年，麦吉尔与合作伙伴一道用9 000美元起家，创办了佩斯/麦吉尔艺廊。从创立之初，展出南·戈尔丁的首次个展，到现在代

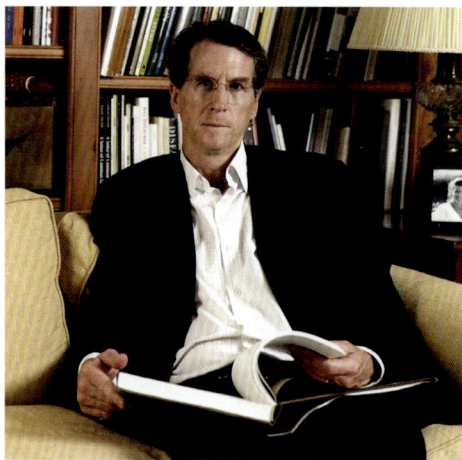

江融 摄

Peter MacGill

理一批被称作"蓝筹"的艺术家，其中包括罗伯特·弗兰克、欧文·佩恩（Irving Penn）和哈利·卡拉汉（Harry Callahan）等，该艺廊在业内享有权威地位。

麦吉尔的专业素养、敬业精神以及职业信誉赢得了顾客的信任。2006年他代表顾客在纽约索斯比拍卖行买下斯泰肯的《池塘月色》，创下单幅照片成交最高价的纪录；在2000年，他还曾以125万美元的价格出售了曼·雷（Man Ray）的著名照片《玻璃眼泪》，谱写当时单幅照片出售的最高价纪录。摄影作品如何定价？如何收藏摄影作品？摄影艺廊对摄影以及摄影市场发展发挥什么作用？带着这些问题，笔者对麦吉尔进行了以下采访。

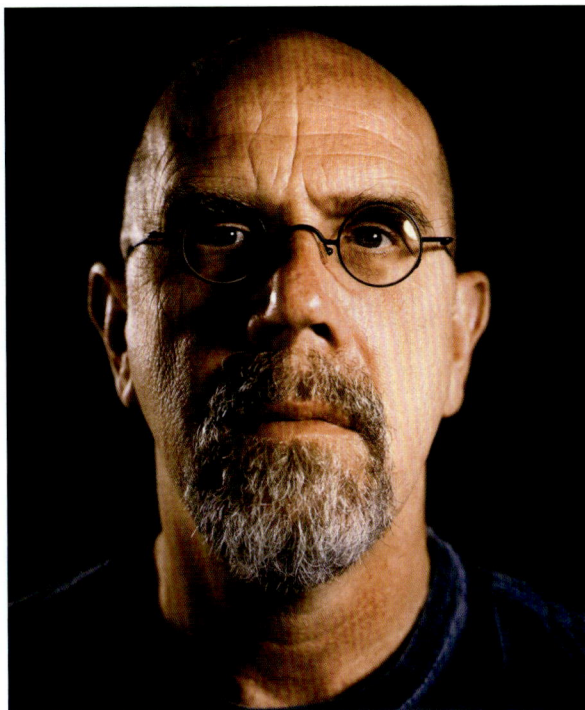

自拍像，1999年　查克 · 克洛斯/摄（©Chuck Close）

江融：你曾经做过一个关于自1970年以来摄影状况的讲座。为了做好该讲座，你向一些重要的摄影家、策展人和评论家做了一个调查，了解自1970年以来哪些因素影响了摄影的发展。在他们提出的一系列因素中，艺廊名列榜首。你认为，艺廊在促进摄影发展中为何会发挥如此重要的作用？

麦吉尔：1970年，纽约只有一家摄影艺廊，它是威特金艺廊（Witkin Gallery），而且，刚成立一年。当时，许多人对摄影感兴趣，并有许多艺术家实践过。但人们并不完全了解摄影是怎么回事，为何它是重要的媒介，如何仔细观看摄影作品，更不知道如何收藏和出版摄影作品。在此之前，摄影本应发生的许多事情均未发生。

江融：那么，应当如何看待被誉为"美国现代摄影之父"艾尔弗雷德 · 施蒂格利茨（Alfred Stieglitz）通过开设艺廊举办摄影展来促进摄影作为艺术的贡献？

麦吉尔：那是在几代人之前的事情，不过，施蒂格利茨的确在争取摄影作为艺术的认可方面做出了杰出的贡献。施蒂格利茨于1946年去世，当时，已经有摄影画报，大家也的确对摄影有所了解，但是，并非每个人都将摄影视为艺术，也没有想到可以收藏照片。

当然，没有施蒂格利茨，摄影也不会发展到今天的地步。他是一位非常重要的摄影家和艺廊经纪人。但从20世纪20年代到70年代，中间隔了50年。

江融：你说过，哈罗德 · 琼斯（Harold Jones）是一个重要的人物，20世纪70年代初，他发动了一场运动来使人们观看并相信摄影。

麦吉尔：当时，哈罗德 · 琼斯和李 · 威特金（Lee Witkin）均是摄影艺廊的经理。哈罗德办光线艺廊的策略与李非常不同。李的艺廊设在纽约60街，看上去与我的起居室相似，有沙发和各种画册，十分舒适。照片的挂法类似于沙龙，但没有多少严格的构思，展览主要是将摄影家的全部作品展示出来。

哈罗德为光线艺廊带来一种不同的理念，他将摄影视为当代艺术。光线艺廊很美，它的空间极简，没有沙发，人们可以非常清楚地观看照片。他挂照片的方法，使得观众可以像观看当代绘画或素描一样观看照片。

江融：因此，哈罗德的光线艺廊与施蒂

The last rose of summer,
Three apples have fallen from their trees,
Leaves are turning brown,
And I am growing weary.

Duane Michals
1/25   9/11/05

夏季最后的玫瑰，2005年　杜安·米歇尔斯/摄（©Duane Michals）

格利茨的291艺廊不同之处在于，前者只展出照片，后者还展出绘画。

麦吉尔：1903年，291艺廊刚开办时，只展出照片。后来，它开始展示塞尚、毕加索和布朗库西等画家或雕塑家的作品。

江融：1971年，还有一位名叫伊利雅娜·索纳本（Illeana Sonnabend）的女经纪人，也开设一家艺廊。

麦吉尔：她很早便将照片与其他艺术品一道展出，她不认为摄影应当单独处在一个全然不同的世界里，相反地，她认为所有"同一时代"创作的艺术存在相互的联系。

云，第240号，1993年　理查德·米斯拉奇/摄（©Richard Misrach）

在这方面，她非常超前。

　　江融：她为何超前？

　　麦吉尔：因为当时人们认为摄影与绘画是分开的。现在情况不同了，摄影与其他艺术结合在一起，这才是正常的。20世纪60年代至90年代，摄影被分开处理，伊利雅娜从来就不吃这一套。

　　江融：你说过，刚开始，摄影艺廊只有几家，现在非常多。目前纽约展出摄影的艺廊有多少家？

　　麦吉尔：几百家。

　　江融：是否有一段时间纽约开设了许多

池塘月色，1904年　爱德华·斯泰肯/摄（©Edward Steichen）

艺廊？

麦吉尔：在过去十年里，纽约开设艺廊的数量多到吓人，因为，越来越多的人想收藏艺术品，市场的确对艺术品有需求。

江融：那么，艺廊到底为提升摄影的地位做了什么？

麦吉尔：如果你回顾光线艺廊在最初的作用，就会发现，我们的确努力提供一个场所，使得人们能够来观看当时刚创作出的最重要的照片，以及过去的杰作。艺廊成为观看照片的重要场所。如果有人聪明，当时就应当将这些照片买下收藏。

伊迪斯，美国弗吉尼亚州，1971年　埃米特·高恩/摄（©Emmet Gowin）

不久，博物馆也开始到艺廊收藏照片，这是不可低估的，因为博物馆与他们所在的社区紧密相联。博物馆的馆长、董事会成员和其他人员常常是社区的领袖。如果能够让博物馆对摄影感兴趣，对该社区来说，摄影就变得很重要。这是会产生利益均沾的效应。美国各地的博物馆馆长都来光线艺廊，因为他们对哈利·卡拉汉等人的新作品感兴趣。

江融：在美国，艺术家是否通常需要先在艺廊展出，才能到博物馆展出？

麦吉尔：不一定，不过，时常如此，但

是，没有硬性的规定。我认为，如果博物馆能发现一位无人知晓、而且也未曾在艺廊展出过的艺术家，该博物馆会再高兴不过了。无论是否"自己发现"，博物馆展出的作品必须有价值。

江融：在购买照片之前，人们自然会想到摄影是否是艺术？你认为呢？

麦吉尔：什么是艺术？艺术是人类努力创作的结果。

江融：20世纪70年代，越来越多的艺术家采用摄影作为创作的媒介。是否可以认为，这时摄影才最终确定为艺术？

麦吉尔：我认为，你是将摄影被确定为艺术与公众的舆论等同起来了。你不能说伟大的纪实摄影家卡蒂埃—布勒松不是艺术家，他的照片超越了现实。绘画和雕塑也一样，这就要看艺术家如何处理现实的问题，如何通过自己的一套做法，使得这些事物成为艺术品。

江融：新闻报道摄影的作品是否也是艺术品？

麦吉尔：你认为维吉的作品是否为艺术品？他是新闻摄影家，非常老道地进行拍摄，他的作品当然是艺术。不管人们如何称呼吉列·佩雷斯的作品，他的作品非常好。贴"艺术"标签是我们的问题，而我所感兴趣的是他们的作品，而非我们如何称呼这些作品。

江融：除了能促进摄影的地位之外，艺廊在与艺术家的关系方面还能发挥什么作用？

麦吉尔：如果艺廊经营得好，则能为摄影家提供支助，他们可以通过卖作品维生，但在1970年之前，这种情况不常见。

江融：你如何决定是否要代理一位摄影家？

麦吉尔：一旦艺廊办起来，便要寻找一批艺术家，只要他们还活着，基本上就能为你提供展览所需的作品。这种情况好坏参半。我通常为新锐艺术家留下空间。目前，我们正在展出乔斯林·李（Jocelyn Lee）的作品，她非常棒。我们与她合作过几年，现在，该是让她展览的时候了。她拍摄的方式与许多人相同，但她拍得更好，她拍摄的肖像照具有穿透力。我们艺廊试图挑选作品具有创意的摄影家。

江融：你是否参加美国艺术经纪人协会展销会（ADAA）和美国国际摄影艺术经纪人展销会（AIPAD）？

麦吉尔：我只是去观看，但不参加它们的展销会。

江融：为什么呢？

麦吉尔：许多艺廊其他什么都不做，只是到处参加展销会。他们的艺廊空间只是摆样子，并在那里摆放运输作品集装箱。展销会结束之后，他们回到艺廊，重新装箱，然后，再运到下一个展销会。然而，我们在纽约57街和雀儿喜的艺廊终年保持活跃的展览节目。

江融：换句话说，不同的艺廊采用不同的经营策略。

麦吉尔：绝对是这样的。

哥伦比亚河和老汉德福德市，美国华盛顿州，1986年　埃米特·高恩/摄（©Emmet Gowin）

　　江融：例如，纽约的尤西·米洛艺廊主要代理年轻的摄影家。《光圈》杂志介绍新锐摄影家，米洛便会展出该摄影家的作品。米洛也喜欢经常参加摄影展销会。

　　麦吉尔：这正是光线艺廊在20世纪70年代所做的事情。当我们刚开设佩斯/麦吉尔艺廊时，我们展出了南·戈尔丁的首次个展，乔—彼得·威特金（Joel-Peter Witkin）的第二次个展。我们代理了许多刚出道的摄影家，为此也感到骄傲。现在，我们代理非常重要的艺术家，能为他们工作是一种特权。我们为他们协调出版画册和举办博物馆的展览，出售他们大型的摄影收藏作品集。我们是在非常高端的摄影市场进行交易，因此，采取的策略不是在拓宽市场，而是在深化市场。我喜欢这种策略。

江融：1978年，你成为光线艺廊的总监。你认为艺廊总监应具备什么素质？

麦吉尔：艺廊总监应当是一个好人，因为，你要为所代理的艺术家服务，另外，必须照顾好你的客户。我认为，担任艺廊总监的基本原则是要像绅士一样待人。如果你不能良好待人，包括艺术家、艺廊的工作人员以及你的客户，那么，你就搞不好。你必须要善待他人。而且，如果运气好，你应当有好眼力，能够看出作品的好坏。你需要能够看着客户的眼睛，告诉他们"这幅照片是有趣的"及其原因。你需要使人们理解你的观点，并让他们感觉到你所说的一切均来自你对作品的真心感受。如果你的水平很高，你的客户就能学到很多，并开始信任你，最终，他们会回过头来教你。

江融：因此，艺廊需要有一批固定的顾客。

麦吉尔：绝对是的，要做到这一点，需要有良好的艺术资源。艺廊的好坏不仅与总监有关，而且主要是与所代理的艺术家有关。

江融：你如何决定一幅照片的价格？

麦吉尔：由市场的承受能力来决定。

江融：你能否告诉我们你与所代理的艺术家之间的关系？

麦吉尔：我们试图做好艺廊需要做的事情，艺术家需要做好他们的创作工作，但是，我们始终要意识到，我们艺廊所能做的事情不如艺术家重要。艺廊应当要很好地编辑艺术家的作品，将他们的作品储存好，并促进他们与客户，包括个人客户、机构、博物馆和出版商的工作关系。

江融：财务方面的安排如何？艺廊是否给予艺术家免费展出他们作品的机会？艺术家是否需要将展出作品出售额的一半作为佣金给艺廊？

麦吉尔：每一笔佣金都是不同的。没有固定规则，如果是遗产，佣金可能是某个百分比，如果是活着的艺术家，百分比又不同。因此，没有固定的方法来界定佣金。

江融：去年，你代表顾客购买了爱德华·斯泰肯的一幅名为《池塘月色》的照片。你能否介绍这次交易？

麦吉尔：该照片由纽约大都会艺术博物馆出售。他们将几幅重要的照片脱手出售，以便购买吉尔曼造纸公司（Gilman Paper）的藏品。这些作品极为重要，许多人都对这次出售兴奋不已。我们从这次出售中为顾客购买了好几幅作品。如果我们的顾客想要购买，我们艺廊则需要放弃自己购买的机会。我们在拍卖会上不能与自己的顾客竞争，而是要在拍卖会上为他们工作。

我与购买《池塘月色》的顾客合作过二十多年，他们夫妇俩想买，并向我了解他们应当出多少钱购买。我说，可能会卖250

在雾池的家人，2005年　乔斯林·李/摄（©Jocelyn Lee）

万美元。但任何人均无法保证拍卖会上可能发生什么情况，因此，我们与顾客商定一个数额再加上竞买价的数额。我的职责是要知道《池塘月色》能卖多少钱，十分令人惊讶的是，卖出的价格居然与我预测的价格完全一样。我们以260万美元购买（250万加竞买价），再加上佣金，最终的价格为2 928 000美元。

江融：为何该照片如此昂贵？

麦吉尔：该作品只有三幅，这是最好的一幅。它很美，该作品使得我们的客户藏品外延扩展，他们的藏品始于画意摄影流行之后，现在可以画意摄影为起点。而且，该照片可能是有史以来出售的最重要的画意摄影作品。

其次，自从创作以来，该照片一直被认为是一件杰作。当时，摄影尚未被承认为艺术。由于它的尺寸、颜色和色调的微妙，刚开始时，该作品常常被误认为是绘画。这件稀世之作尺寸较大，制作的技术复杂，因此，很多人想要购买它。

江融：是否有其他的竞买人与你竞争？

麦吉尔：当然有，因此，价格才上升。美国国家艺术博物馆也参与竞买。他们的出价超过100万美元。

江融：这么说，你还与博物馆竞争？

麦吉尔：不止有一个竞买人。在该照片的价格达到某个数字之前，一直有好几个竞买人。我在拍卖行买艺术品有非常特殊的办法。聪明人告诉我，要等到拍卖的小木槌快要落下之前才开始出价，因为，这个时候已

经没有多少人能与你竞争。从心理上来说，大部分人已经退出竞争。

江融：为何顾客需要依靠你做这项买卖？

麦吉尔：我从来没有买卖我不喜爱的照片。这种爱是基于对艺术品本身相关事实的真正感动和理解。例如，挂在我起居室墙上的黛安·阿巴斯题为"持有玩具手榴弹的孩子"这幅照片，它是一幅很美的作品，而且，它曾参加1967年在纽约现代艺术博物馆"新纪实"摄影展的历史，使得它尤其特殊。拍卖行常常甚至不了解它们所拥有的一些艺术品的重要性，他们没有时间进行充分的研究。我在该行业已经35年，而且看过许多照片。顾客之所以雇用我们，是因为我们的经验，我们对顾客所花的心思，以及我们在拍卖行购买艺术品的知识。

江融：你也帮休斯顿艺术博物馆等博物馆做了几宗艺术品的交易。为何像博物馆这样的机构不能自己购买，而需要依靠你？

麦吉尔：因为我喜欢我所从事的行业，而且值得信任。

江融：能否认为不仅摄影是艺术，收藏也是一门艺术？

麦吉尔：我不知道收藏是否为一门艺术。但好的收藏家必须收藏，他们别无选择。他们喜爱自己收藏的作品。有一位收藏家曾经告诉我，一旦他购买了某件艺术品，直到该艺术品运到他家中，否则，他睡不着觉。这才是真正的收藏家。

江融：有人建议，在收藏照片时，要观

华尔街，1915年　保罗·斯特兰德/摄（©Aperture Foundation Inc., Paul Strand Archive）

看、观看、再观看，如同买房子一样。你对收藏照片的建议是什么？

麦吉尔：买艺术品，而不要买房子。要不断地观看，然后，购买你所喜爱的艺术品。最近，有一位收藏家带着他的一位朋友来找我，他的朋友曾经是重要的收藏家，想要重新开始收藏。因此，我们向他展示他表示有兴趣的作品，同时，我们也向他展示其他一些照片。通过看这些照片，他立即改变了原来的想法，并发现他真正感兴趣的作品，以及他真正感到激动的作品。

我最大的乐趣之一，便是进入到从我

地下，2005年　乔安·维伯格/摄（©JoAnn Verburg）

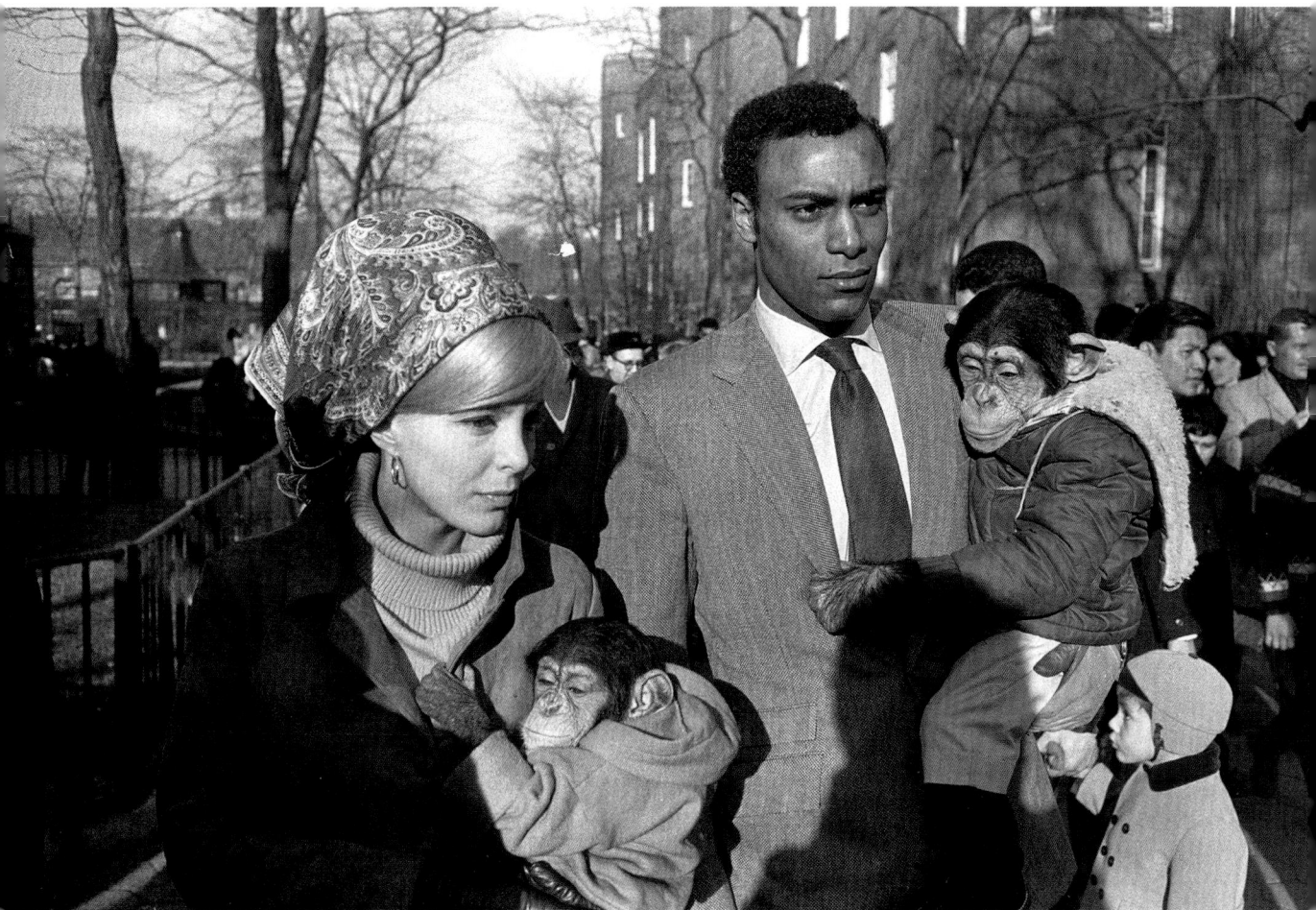

中央公园动物园，纽约，1967年　加里·威诺格拉德/摄（©The Estate of Garry Winogrand）

们的艺廊收藏作品达二三十年的顾客家中，观看他们的收藏品。那些充满激情长期收藏照片的人才是真正的赢家，因为他们能够与这些他们喜爱的作品生活在一起，并加以欣赏。

江融：当收藏涉及这么大数额的款项时，对我来说，似乎艺术品也变成了商品。

麦吉尔：如果处理不当，收藏的确会是一件可怕的事情。一些新的收藏家现在称他们的藏品为"资产级别的投资"，因为他

们已购买的作品会增值。如果他们想要称其为资产，无可厚非，但这不是收藏的真正含意。

江融：那么，回过头来看，投资艺术品似乎比投资股票要好。

麦吉尔：我不想就此加以评论，但如果做得好，的确有可能胜过投资股票。我知道，有些照片在二三十年前，不值多少钱，现在则值100万美元。但那些在购买艺术品的回报上胜过股票投资的人，往往都是最有激

情的收藏家。

如今，有不少人将收藏看成是在某个特定艺术家作品或特定领域中的"卡位"，这种收藏方式不会持久，因为收藏艺术品不是这么一回事。收藏艺术品是要获得超越艺术品本身并能激发收藏家热情的作品。伟大的艺术品能改变你的一生。收藏不是关于"建立资产"或"卡位"的问题，而是对艺术所产生的影响做出的反应。

江融：因此，收藏不是与拥有该艺术品的一时快感有关，而是对该艺术品做出的真实反应。

麦吉尔：当然如此。

江融：现在数码摄影对传统摄影产生如此巨大的影响，你是否认为这种影响也会影响到艺廊的作用？

麦吉尔：数码摄影十分重要，它已经改变了摄影。我欢迎数码摄影，但也继续信奉传统的模拟摄影。不过，对我来说，今天的数码摄影仍然没有超过罗伯特·弗兰克、哈利·卡拉汉和欧文·佩恩的作品。

江融：斯蒂芬·肖尔正在纽约国际摄影中心举办他本人的回顾展。该展览的作品是数码洗印的。

麦吉尔：斯蒂芬利用数码技术从他的原底片制作照片。他所看到的影像和他观看的方式，使他成为一位十分重要的摄影家。大家对他用数码技术印照片有许多意见，但我不在乎斯蒂芬如何印他的照片，只要他的照片令人回味就行了。他如何制作照片不重要，我只想观看作品，看是否被作品所感动。

江融：当我采访斯蒂芬·肖尔时，他告诉我，他的数码洗印照片真正再现了他在拍照时所看到的情景。

麦吉尔：因为他拍摄这些照片并在制作原片的时代，仍无法控制相纸的反差。现在，他对这些照片的最终效果能够真正加以控制。

我们已经到了很少有黑白相纸，而且较容易制作数码照片的地步，我对如何利用数码技术来创新感兴趣。我认为，安德烈亚斯·古尔斯基做到了。

江融：这样发展下去，银盐明胶法印制的照片将奇货可居。

麦吉尔：当然如此，毫无疑问。欧文·佩恩在15年前便对我说："你知道吗，我的创作方法已经不复存在。"现在很少人使用8×10机背取景相机，自己冲胶卷，并制作细节丰富、美丽的接触印相照片。朱迪思·乔伊·罗斯（Judith Joy Ross）还在采用这种方式创作，但这种传统的确已经结束。

江融：网络是影响艺廊的另一个因素。现在许多交易在网上进行，如电子湾。你是否认为艺廊今后仍然会存在？

麦吉尔：因特网的力量是无法否认的，但至少在我们所参与的领域，你必须亲自用手触摸、感受和观看，才能被艺术品本身所感动。我们也联网开展一些交易，但我们无法用JPEG图像出售200万美元的照片，除非卖给与我有很久和很深关系的客户，该客户对我绝对信任，而且，我与该客户有过长久的成功交易历史。的确，可以进行网上交易，但我无法完全依靠它。网上交易市场会出现，但与我们在艺廊的交易不同。人们仍然需要花时间感受艺术。

尽管摄影是基于科学和技术的媒介，放大的每张照片仍然不同。网上交易有利也有弊，它的出现和发展可能会使得一些艺廊难以为继。不过，年轻一代知道如何将因特网中的"现实"变成现实世界，因特网会使得摄影市场变得更加广阔和深入。

江融：目前在中国，艺廊也正在大量出现。照片市场正在起飞。根据你35年经营艺廊的经验，你对中国艺廊经营者能提供什么建议？

麦吉尔：寻找最好的艺术家，展出最棒的作品，善待艺术家和你的客户。坚持自己的一套经营计划，与博物馆和出版商合作。研究最佳艺廊的模式，吸取他们最好的东西。竭尽所能，这便是我的建议。

江融：回顾已走过的道路，你认为在经营艺廊过程中，你从中得到最重要的东西是什么？

麦吉尔：我非常有幸能从摄影作品中直接学习摄影。能够认识这些优秀的艺术家，在帮助他们的同时向他们学习，这是我的荣幸。这个过程令人不可思议。

江融：非常感谢。

《光圈》：国际摄影潮流的风向标

——对话梅丽莎·哈里斯

1952年，秉持"为摄影媒介、世界各国摄影从业人员以及摄影和艺术爱好者服务"的宗旨，美国摄影界的九位重要人物在旧金山创办了《光圈》杂志（www.aperture.org），其中包括摄影家迈纳·怀特（Minor White）、安塞尔·亚当斯（Ansel Adams）、多萝西娅·兰格（Dorothea Lange）、芭芭拉·摩根（Barbara Morgan），以及摄影史学家博蒙特·纽霍尔（Beaumont Newhall）和摄影评论家南茜·纽霍尔（Nancy Newhall）夫妇等。经过半个多世纪的洗礼，该杂志不仅作为世界上存在时间最久的非营利性摄影杂志，在国际摄影界具有权威影响，而且已发展成为集杂志、出版、展览和教育为一体的综合性基金会，在国际上独树一帜。

创始人之一迈纳·怀特是《光圈》的第一任主编，从开始的几百名订户，逐渐将该杂志办成一份业界瞩目的艺术摄影期刊。但《光圈》的发展也非一帆风顺，1964年，该杂志曾被迫停刊。1965年，怀特的学生迈克尔·霍夫曼（Michael Hoffman）接手继任《光圈》主编，即使在逆境中，霍夫曼对该杂志仍充满信心，并看到其发展潜力，采取了一系列改革。他将杂志变成季刊，扩大它的业务，成立了《光圈》出版社，并举办相关展览。霍夫曼不但对摄影充满激情，而且具有企业家精神，他根据世界和摄影媒介的演变，寻找一切可能的方法不断扩展《光

梅丽莎·哈里斯提供

Melissa Harris

圈》基金会的业务。他克服美国20世纪70年代经济萧条带来的资源拮据困境，以及妻子在车祸中丧生的重大打击，坚守《光圈》创办人的理想，致力于将该杂志推向新高度，直至2001年突然病故。

1992年成为《光圈》主编的梅丽莎·哈里斯（Melissa Harris）曾在耶鲁大学主修艺术史，毕业后在美国《艺术论坛》和《访谈》杂志社担任过编辑，1990年成为《光圈》杂志社高级编辑。在她担任主编后，《光圈》杂志从过去注重"专题"和"摄影家专辑"转变成更具开放性和包容性的杂志，更多利用摄影探讨政治、社会和道德问题，同时挖掘和介绍世界各国新锐摄影家。2000年，哈里斯决定将该

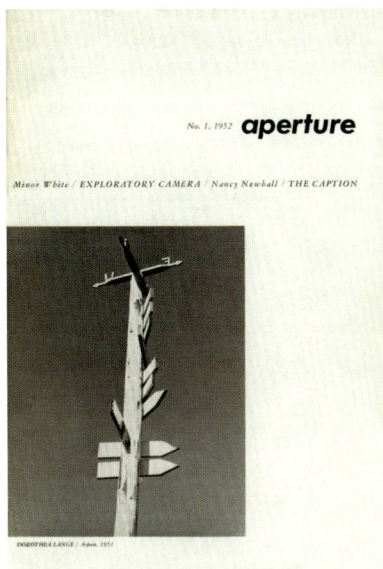

《光圈》创刊号封面

《光圈》杂志创办者合影，1952年

杂志改版，使其焕然一新。经过她与基金会同仁的努力，2005年《光圈》基金会搬到纽约前卫艺术艺廊最为集中的雀儿喜中心地段，《光圈》基金会、出版社和杂志社始终致力于站在摄影的最前沿，如今已成为国际摄影界摄影动态的风向标。

《光圈》杂志之所以能有今天的业绩，是因为其编辑人员坚持不懈地追求创办人的理想，秉持自己的观点，不受市场和外部审查制度的左右，同时尊重艺术家的创意和读者的评价能力，敢于冒险和开拓，并密切关注摄影的发展趋势，与时俱进。

哈里斯不仅担任《光圈》主编，还曾编辑出版多位摄影艺术家的重要画册，筹办过许多大型展览，并兼任大学摄影课程的客座教授。希望本篇访谈能对读者了解《光圈》杂志和国际摄影文化有所帮助，同时，也希望该杂志的编辑方针、态度和经验能为国内同行带来有益启发。

江融：1952年，美国摄影界九位重要人物创办《光圈》杂志的初衷是什么？

哈里斯：很显然，我无法代表他们说话，但他们曾发表过关于该杂志的宗旨声明，表明创办该杂志的目的之一是交流和传播他们的作品。当时，艺廊几乎不展览照片，即使博物馆也很少展出照片。因此，该杂志使他们能够建立一个具有相同兴趣的群体，交流他们的作品，并尽可能介绍一些国际摄影界的动态。

他们尽力以高品质复制作品，因为许多人会通过该杂志首次体验到摄影作品。当然，自那时以来，印刷方法已经出现重大变化，但在当时，他们制作杂志的水平也是一流的。

江融：在宗旨声明中，他们表明，要将该杂志办成一份"成熟"的杂志，以便与任何严肃的摄影师和富有创意者交流，不仅

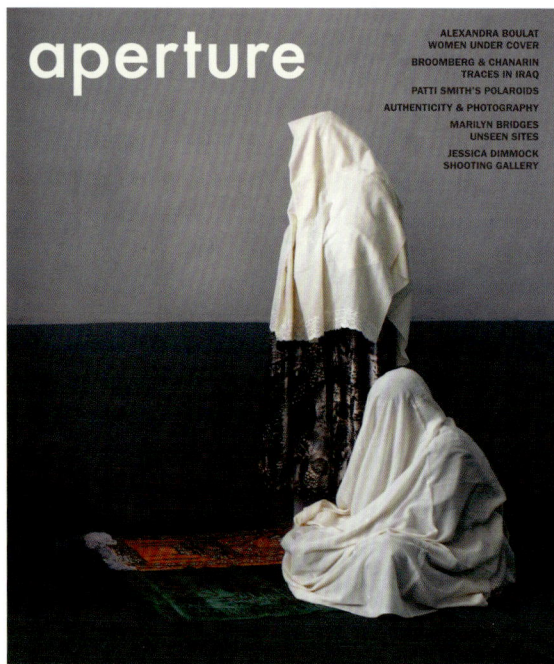

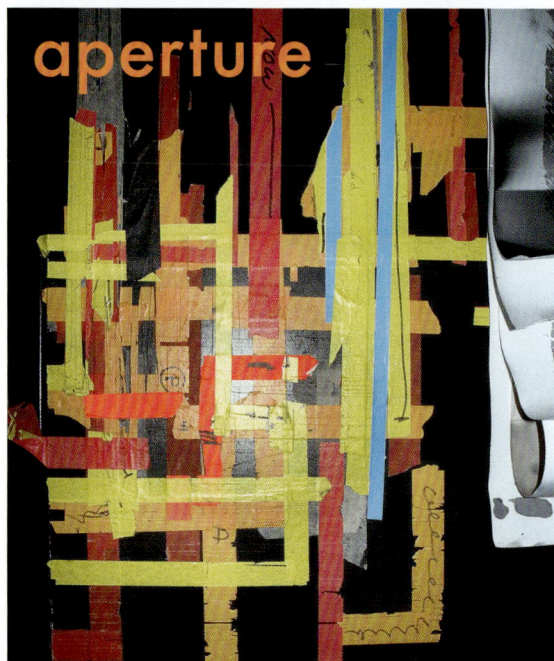

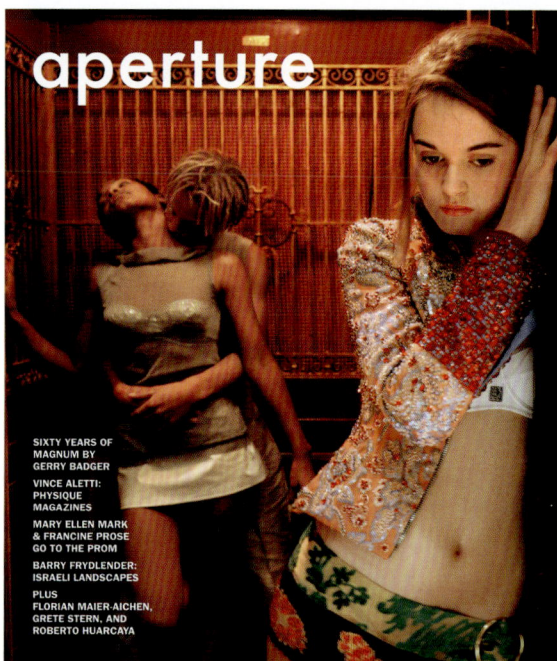

左上图 《光圈》第185期（2006年冬季号）
左下图 《光圈》第188期（2007年秋季号）

右上图 《光圈》第184期（2006年秋季号）
右下图 《光圈》第187期（2007年夏季号）

包括专业人士，也包括业余爱好者或学生。迈纳·怀特既是该杂志的倡导者，也亲自担任第一任主编。能否谈一下你所了解的迈纳·怀特？

哈里斯：我从未见过他，但从我所听到的情况来说，怀特是一个领袖式的人物，非常有魅力，口才很好，而且十分注重精神层面。他不但对摄影有非凡的直觉，在照片的编排方面更有其独到之处。我认为，这些能力对于任何杂志都至关重要。因此，早期的《光圈》杂志主题突出，效果很好。

江融：据我的研究，怀特是一个完美主义者，对杂志的质量毫不妥协。因此，有些人甚至认为，他在编辑方面像一个"暴君"，在阐释《光圈》杂志创办人的初衷时一意孤行。

哈里斯：我认为，杂志编辑都会将他们的感觉带到编辑工作中。如果有人不太喜欢某种特定的感觉，他们便会认为是编辑将自己的感觉强加给读者。你从怀特编的早期《光圈》杂志可以看出，他犀利的眼光可能无法被所有人接受，但该杂志并非要迎合所有人。它是要秉持一种观点。

江融：我认为，《光圈》的历史与20世纪50年代以来摄影的发展过程紧密相关，尤其是与美国摄影相关。怀特为该杂志所做的一件大事是，出版了"爱德华·韦斯顿"这一重要专辑，而且编辑制作得非常精美。结果，这期杂志十分成功。1965年成为《光圈》杂志主编的迈克尔·霍夫曼在15岁时看到这期杂志，对他产生了深远的影响。霍夫曼参加过怀特举办的摄影讲习班，曾协助怀特工作，并在怀特之后，继任《光圈》杂志

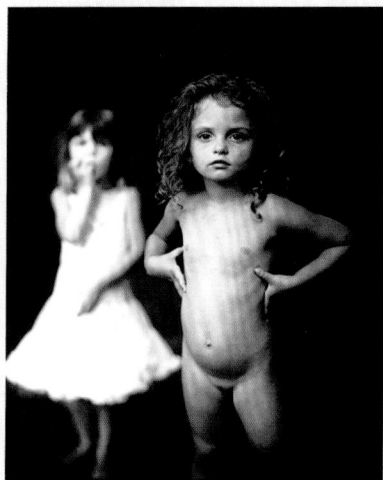

APERTURE
THE BODY IN QUESTION

"躯体的疑问"，哈里斯主编的第一期杂志（《光圈》第121期）

主编。

哈里斯：迈克尔·霍夫曼对《光圈》充满了信仰。当怀特想要停办该杂志时，霍夫曼不想让它停掉。曾激励过他的那一期杂志主题是"认知的热情"（The Flame of Recognition），南茜·纽霍尔及其在这期杂志中关于韦斯顿的文章和见解，也激励着霍夫曼继续将该杂志办下去。

江融：我认为，霍夫曼是一位天才，他23岁便成为《光圈》主编，26岁，在南茜·纽霍尔的支持下，又担任费城博物馆摄影策展人。你认为霍夫曼对《光圈》杂志的主要贡献是什么？

哈里斯：他十分杰出，而且非常具有远见。当迈纳·怀特不想继续担任主编时，霍夫曼却看到了该杂志的潜力。他开设了出版书籍画册的部门，并使得办展、出书和办杂

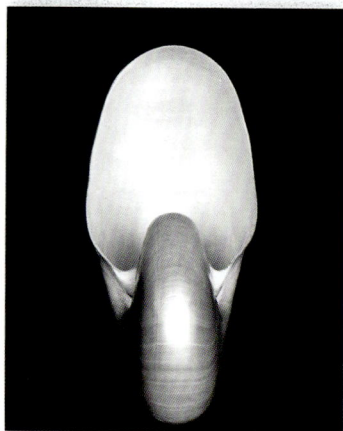

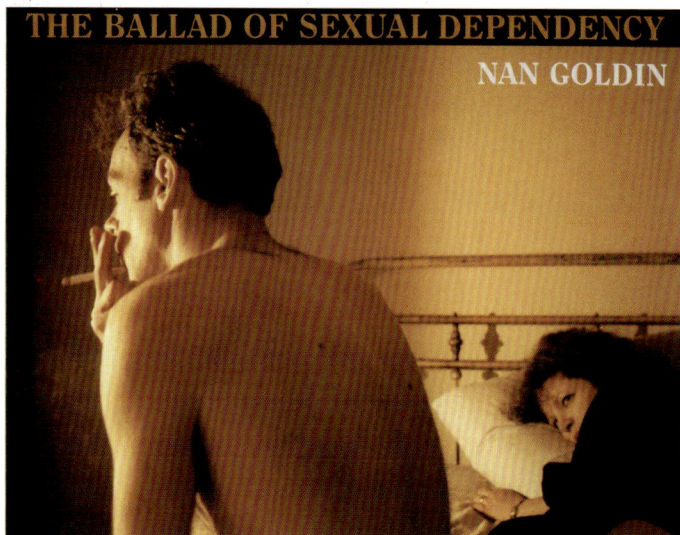

"认知的热情"，怀特主编的爱德华·韦斯顿的作品专辑　　　　南·戈尔丁作品集《性依赖叙事曲》（《光圈》出版社出版）

志三方面相互协调促进。他具有企业家的精神，他的贡献远远超出对这份杂志的贡献，他基本上将自己的毕生献给了《光圈》基金会。

霍夫曼对摄影的热爱和在行，使他具有独特的眼光，并勇气十足。如果他相信某件事是可行的，便不会在乎其他人怎么说，他不会受市场或舆论的左右。他有时也许令人难以接受，但他是一个不可多得的人才，他做了他想做的事情，的确十分了不起。

江融：霍夫曼曾做过的最重要的事情之一是，在1967年出版保罗·斯特兰德（Paul Strand）在墨西哥拍摄的作品画册。据说，霍夫曼认为《光圈》杂志的生存有赖于将它变成实业进行管理。

哈里斯：我从不认为霍夫曼想改变《光圈》的宗旨，但我刚才说过，他具有企业家精神。《光圈》是非营利性机构，我们不是商业杂志。他不是要将该杂志变成商业杂志或传统意义上的实业。他知道该杂志在扩大

业务方面有很大潜力，因此，他继承创办人的活力，根据世界和摄影媒介演变的情况，寻找一切可能的方法进一步扩大该杂志的业务。

但我必须指出，霍夫曼不仅只是对摄影感兴趣，他要做更加不平凡的事情。他最不在乎摄影的技术问题，怀特很可能也是如此。他们是要将摄影作为通往其他事情的渠道，通常是不同寻常的事情。

江融：你刚才提到，《光圈》是非营利性机构。你如何界定"非营利性"？

哈里斯：有不同的方法可以界定这个词。首先，我们这个机构不是为了赚钱。另外，我们是一个可以部分免交美国联邦所得税的机构。事实上，任何提供给该机构的款项均用于各种项目。如果我们的项目不亏钱，就算幸运。我们尽量不亏本，一些项目有一定的收入，便用来支助那些亏钱的项目。我们有各方面的业务，不仅只是办一份杂志，我们还有出版书籍画册的项目和展览

项目，以及教育项目。我们开展的大部分业务成本都很高，如杂志和出书，因为我们总是追求高质量，同时我们也一直确保读者能够买得起我们的杂志和画册。

与许多其他出版社的画册相比，我们的价格较低，我们希望包括学生在内的读者能够负担得起。但出版的费用如此之高，我们也无法始终都以这种方式出书。在我们这个行业里，若要将一本书做得很漂亮，并兼顾到形式和内容，要花很多钱，但花在这方面的钱很难收回。

江融：你们能否找赞助商资助办展？

哈里斯：我们一直都在找展览或画册的赞助商。从某种程度上来说，我们需要依靠赞助生存。

江融：《光圈》杂志社从20世纪60年代开始出书以来，已经出版四百五十多本书籍。所有这些书都非常专业，不仅在排版设计方面，在选择摄影师方面也很出色，这些摄影师既有大师，也有国际上刚出名的摄影师。

哈里斯：还有一种情况是，在艺术家尚未出名时，我们便为他们出书，例如，南·戈尔丁的《性依赖叙事曲》（Ballads of Sexual Dependency）。当然，是她的作品使得她出名，但我们通过出书来展示她的作品。我们还在大家真正了解萨丽·曼（Sally Mann）的作品之前，便出版了她的《直系亲属》（The Immediate Family）。我当然希望，我们的工作就是去发现尚未出名的那些艺术家，并以画册的形式或在《光圈》杂志中介绍他们。我们总是致力于站在摄影的最前沿，而非只是反映它的现状，这需要勇气和信仰。

江融：另外，当纽约现代艺术博物馆决定

不出版黛安·阿巴斯的作品集后，该博物馆原摄影部主任约翰·萨考夫斯基与《光圈》出版社联系，希望你们出版她的作品。《光圈》出版了她的画册，迄今为止，据说，这本画册已经售出二十多万册，并不断再版。

哈里斯：这也是我们试图在做的一件事情。我们一直希望《光圈》出版社出版的书籍能够再版，我们每次印刷的数量不多，但每当大家重新对某位摄影家或某本书感兴趣时，我们会再版。有几位艺术家的画册仍然再版，如黛安·阿巴斯、南·戈尔丁、萨丽·曼和爱德华·柯蒂斯（Edward Curtis）等其他许多人。

江融：这些再版的书籍是否产生利润？

哈里斯：我想，再版之后，会有一些利润，但不会太多。而且，艺术家需要收版税，并可能从这些书中赚些钱，这对于他们来说很重要。

江融：杂志社与出版社之间是什么关系？

哈里斯：我们这个机构很小，因此，我们之间的关系很密切。我也编辑了几本书，出版社在发现一些有趣的作品时，也对我们的杂志提供许多建议。

江融：同时，你还策展。

哈里斯：我们这里的编辑都以不同的方式策展，尤其是将我们所出版的书转变成展览，或者我们会策划与《光圈》杂志有关的展览。

江融：你们也在世界各地举办巡回展览。

哈里斯：是的，我们尽力举办这种巡回展览，这对于大家来说，都是双赢的。这些展览通常与新出版的画册有关。巡回展览能够让更多的人看到艺术家的作品。因此，艺术家十分高兴，而且，也会有更多人购买相关画册。这很重要。

《光圈》非常注重使命感，我们不仅只是一个杂志社或出版社，实际上，我们有信仰，并想有所作为。我认为，这是很重要的，因为这能指导我们的杂志和出版的方向，我们已经出版了许多与社会问题有关的书籍。任何商业出版社也不会这么做，因为无论如何，这对于它们来说，都太冒风险。我们这么做，实际上是因为我们想要促进对话和讨论我们时代所关切的问题。

江融：这也是我想问的下一个问题。《光圈》主动出版了许多其他商业出版社拒绝出版的画册和书籍，你们在选择出版书籍时的标准是什么？

哈里斯：作品质量最重要，必须是上乘的。如果是涉及社会问题，则必须可信和准确。当我们出版《性依赖叙事曲》时，那本画册的内容的确十分尖锐，其他出版社在当时是不会出的。总的来说，《光圈》在各方面均敢于冒险，这对于我们所做的事情来说，是十分重要的。我们不是为了冒险而冒险。如果我们的确想要做某件事情，就会尽力去做。某种程度上，这也是非营利性机构的好处，因为，它们所追求的最终目的与其他机构不同。当然，我们也不能一直都亏钱。

江融：我想，现在谁的作品能被《光圈》出版，便是该作者的荣耀。

哈里斯：我希望如此。这些作者的确是属于一个非常优良的传统，他们属于这个由优秀书籍和出色艺术家组成的大家庭。

江融：《光圈》创办者的初衷也是希望该杂志能成为"促进摄影发展的共荣圈"，并帮助摄影家。

哈里斯：的确如此。

江融：霍夫曼希望《光圈》能成为"一个理想的进化过程"。好多人都参加实现该理想，包括你本人在内。你在1992年成为《光圈》的主编，并于2000年决定将该杂志改版。除此之外，你还为该杂志带来什么变化？

哈里斯：我认为，担任过《光圈》编辑的人员均带来一些变化。《光圈》杂志社处于最佳状态时，是一个十分开放和具有活力的地方，但也曾运作不佳。在我担任主编之前，该杂志一直以专题为主。这些专题涉及种族和身份，也可以是关于某个地方的主题。但世界已经发生如此巨大的变化，人们已经不想只是成为中国艺术家，或美国艺术家和任何具体国家的艺术家，他们只是想当艺术家。过去，当我们想做一期关于某个国家的作品专辑时，这一期杂志可能有助于该国的艺术。现在，我不敢肯定我们是否还能产生这种作用，因为我们的世界已经越发全球化。

另外，在我担任主编之前，《光圈》曾经出版过许多艺术家的个人专辑，如韦斯顿、斯特兰德、休德克（Josef Sudek）、蒙卡奇和沃杰纳罗韦察（David Wojnarowicz）等。这符合该杂志创办时的传统，但我们设立了出版社，因此，"艺术家专辑"到底是杂志还是书籍，有些混乱不清。当时，我们对杂志的潜力挖掘不够，而且，路子变得越来越窄，有许多好作品因不符合某个专题而

"面罩下的妇女" 项目，阿富汗，2004年　亚历山德拉·布拉/摄（©Alexandra Boulat）　《光圈》第185期（2006年冬季号），46－47页

无法得到发表。

在霍夫曼的支持下，并与艺术总监约兰达·科莫（Yolanda Cuomo）合作，我所做的一切就是将《光圈》变得更像"杂志"。我曾在《艺术论坛》和《访谈》杂志工作过，所以对如何办杂志十分了解。我主编的第一期杂志题为"躯体的疑问"（Body in Question），这一期杂志注重观念。我们仍然可以做专题，但篇幅要小。我们可以在同一期杂志中有各种不同作品，要介绍非常棒而且非常有力度的作品，我们的目标是在内容和观念方面保持开放的态度，具有包容性，而且不作任何妥协。这便是我们《光圈》杂志社现在一直尽力做的事情。

江融：据我所知，《光圈》杂志在刚创办时，基本上是以报道"艺术摄影"为主。

哈里斯：这都是一种强加的和相当笼统的标签。读者对《光圈》杂志感兴趣有各种原因，他们不见得都是摄影师。他们可能欣赏某些作品，但不喜欢其他作品。你无法讨所有人喜欢，但我希望《光圈》始终对各种不同的人具有吸引力。

江融：在你成为主编之后，该杂志似乎更多地探讨政治、社会和道德问题。你是否认为这种做法与创办者的理想有偏差？

哈里斯：根本没有，我认为完全符合他们的理想。安塞尔·亚当斯对环境问题极为感兴趣；多萝西娅·兰格拍摄了关于移徙工人的杰出作品，她十分关怀社会问题；怀特特别注重超验和精神方面的问题，而且喜欢探讨与人体有关的问题。我认为，我们所做的一切都是在遵循创办者的道路。当然，我们所探讨的问题已经改变。如果尚未改变，则意味着我们的世界尚未改变。世界上的一切事物都在转变。

江融：下一个问题可能是老问题，但我还是想问你，因为对该问题有不同的意见。有些人认为摄影与绘画不同，应当自成一

277

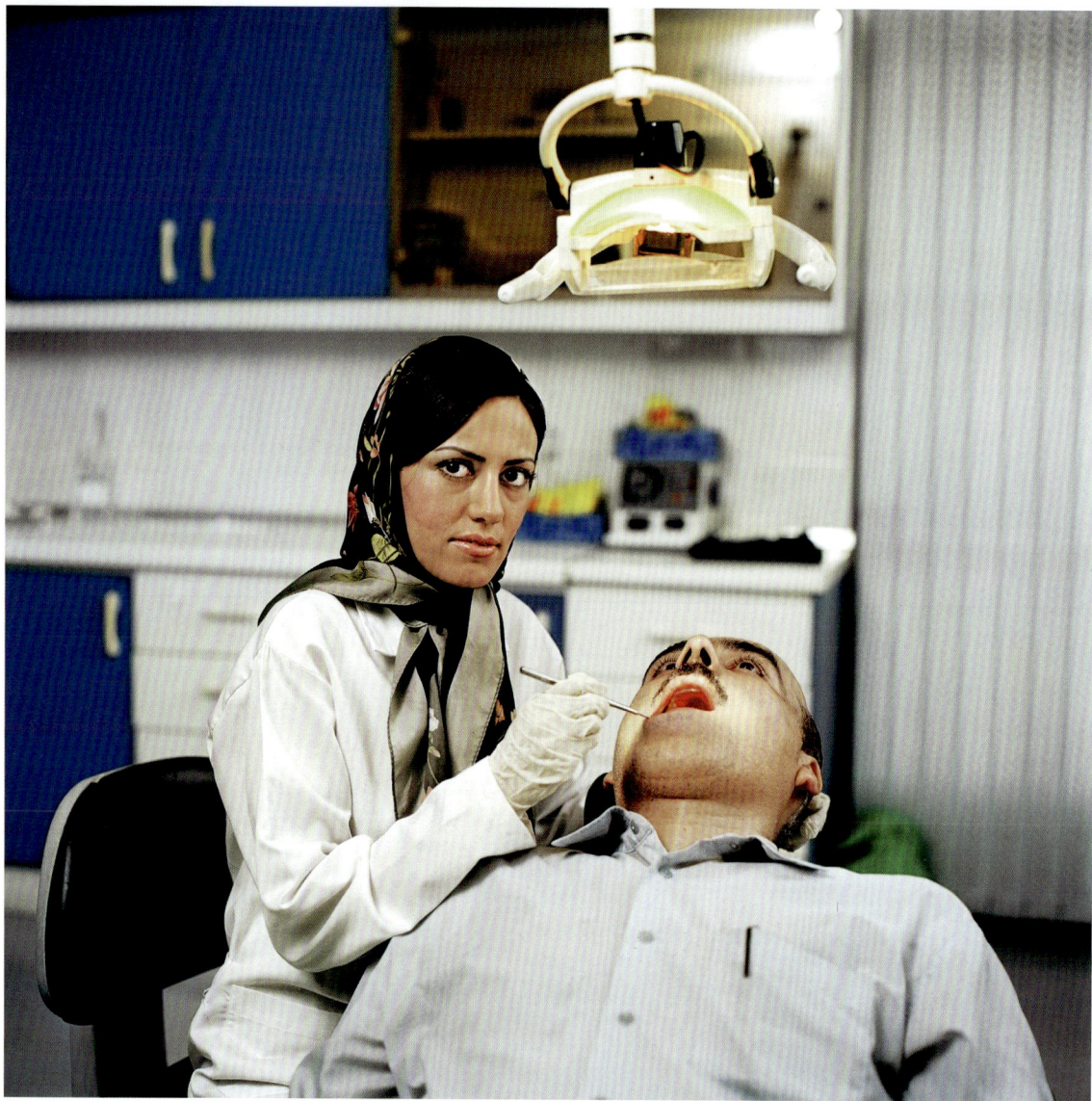

Sanaz is thirty-two and married with no children. Encouraged by her parents, she trained as a dentist and has worked for six years, treating both male and female patients. "There are more female dentists in Tehran than male," she says. "Even at the medical university women outnumber men. The foreign press always shows Iranian women as clichés, but things are different. Islamic law doesn't generally favor women, but there are plenty of opportunities for women here. Look at me." Tehran, September 2006.

"神佑的幸福"项目，伊朗，2006年　保罗·武兹和瑟奇·米歇尔/摄（©Paolo Woods and Serge Michel）　《光圈》第189期（2007年冬季号），28-29页

Hamid Reza Mohtashemi runs the "Laughing School" from his small office in north Tehran. Mohtashemi learned his techniques from an Indian method that holds that the physical act of laughing has positive effects on people's well-being and self-confidence.
In these classes, Mohtashemi guides his students through exercises in laughter, which are followed by self-help lectures. Students pay two hundred dollars to attend his courses. Tehran, Iran, November 2006.

no. 189 aperture / 29

German Paratrooper Killed by Partisans near Modena, 2004.

"战争回忆"项目，2004年　保罗·温杜拉/摄（©Paolo Ventura）　《光圈》第180期（2005年秋季号），40－41页

American G.I. Killed near Cortona, 2004.

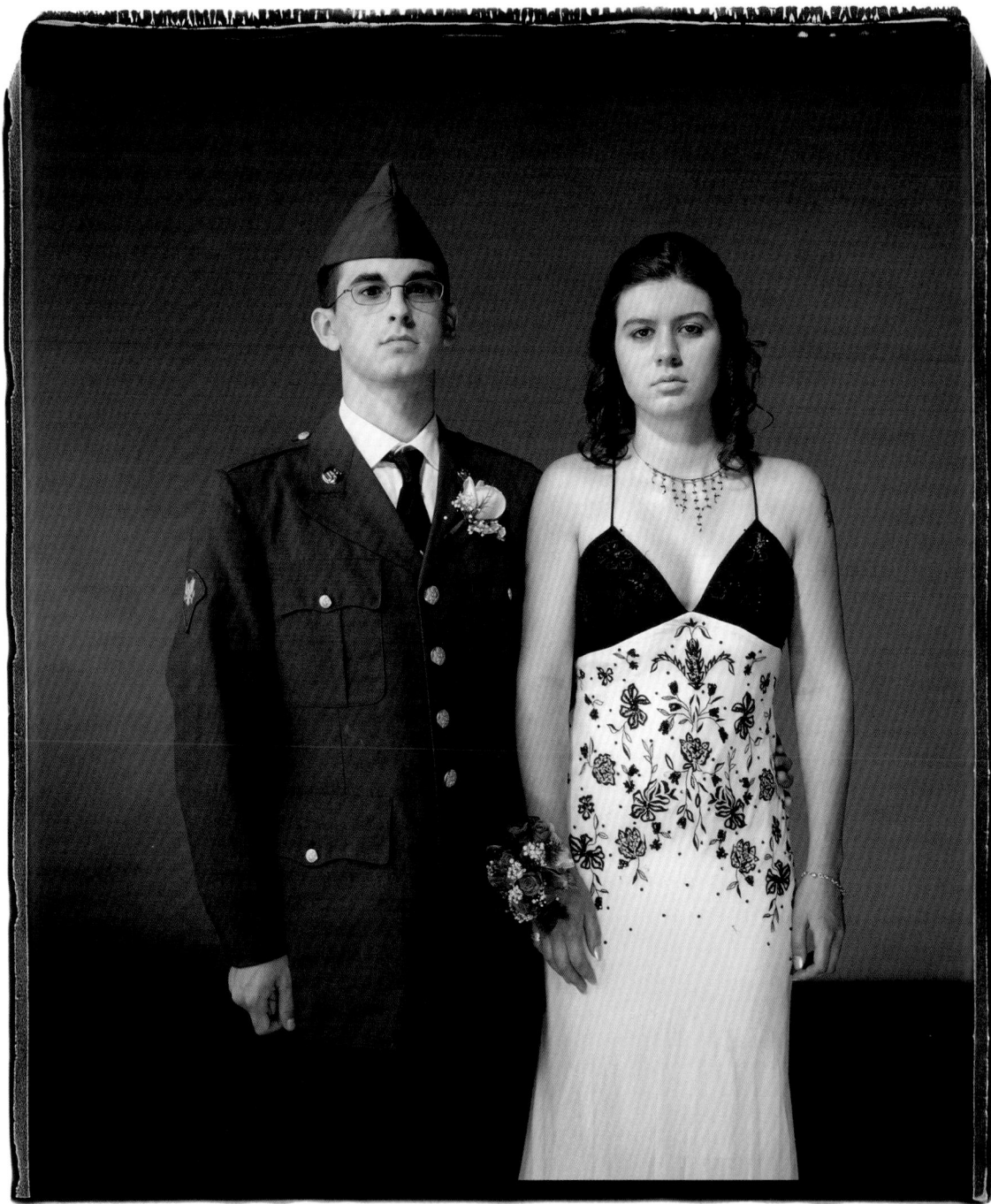

PREVIOUS PAGE: Khalil Samad & Samantha Monte, Tottenville Prom, June 16, 2006;
ABOVE: Joe Moore & Kate Carr, Cheltenham Prom, June 6, 2006.

"高中毕业典礼晚会" 项目，2006年　玛丽·艾伦·马克/摄（©Mary Ellen Mark）　《光圈》第187期（2007年夏季号），22－23页

Latosha Smith & Phillipe Azore, Cheltenham Prom, June 6, 2006.

体，成为一种艺术的形式；另外一些人则认为，摄影与绘画不可分开。你的看法如何？

哈里斯：我完全不在乎他们之间的关系。实话告诉你，我认为，该问题是没有意义的。我学的是艺术史，而且，在《艺术论坛》杂志工作时，该杂志探讨绘画、雕塑以及各种不同形式的艺术作品，我还写过关于舞蹈和行为艺术的文章。因此，我认为，按照媒介划分的想法是没有必要的。摄影家与画家或雕塑家一样都是艺术家，关键在于你的作品是否富有创意。正如摄影家常常探讨社会问题一样，有些画家也探讨社会问题，如利昂·戈卢布（Leon Golup）和戈雅。《光圈》曾经出过一期关于沃杰纳罗韦察的个人专辑，他更多地被认为是画家，但他同时也是摄影家，他以不同的方式利用摄影。

我不是说，不要做有关具体媒介的事情，但现在更多的展览中，摄影只是其中的一部分，它与雕塑和绘画互动，让所有这些不同艺术品进行互动，是非常神奇的。在同一个展厅，你能看到唐纳德·贾德（Donald Judd，雕塑家）、索尔·莱威特（Sol LeWitt，画家）和李·弗里德兰德（Lee Friedlander，摄影家）的作品，这非常有趣，因为你能看到正在时间和空间、规模和形状中发生的变化。

江融：《光圈》杂志在过去主要介绍已成名的艺术家和大师，现在似乎更多地介绍新发现的当代艺术家。

哈里斯：我喜欢这样做，我也希望《光圈》具有当代性。过去我们注重主题，如果你看《光圈》20世纪90年代初期的期刊，如"我们的城镇"（Our Town）那一期，封面上

刊登了当时还不知名的摄影家格雷戈里·克鲁德逊（Gregory Crewdson）的照片，介绍了几位年轻和不知名的艺术家，但每个艺术家在该期中只有一两张作品，因为那是一个专辑。当时我们无法像现在这样能够给他们很多版面，这也是我要改变该杂志的原因之一。我们现在通常给予每位艺术家六页的版面，用于发表文章及其照片。

江融：从某种意义上来说，这样做是对的。正如你说过，最有意思的事情是能发现年轻摄影家，并加以宣传。

哈里斯：的确如此。如果年轻摄影家的作品能够在《光圈》发表，会对他们有帮助。而且，我希望能够在博物馆和艺廊发现他们之前，便介绍他们。

江融：我知道，大家都在关注《光圈》杂志正在介绍哪些新发现的摄影家。事实上，纽约的尤西·米洛艺廊总是在《光圈》杂志介绍某位摄影家后，举办该摄影家的展览。在一定程度上，《光圈》已成为衡量新锐摄影师的标准。

哈里斯：我希望如此。我希望人们在读该杂志时，会认为他们从中看到了一些尚未看到的东西；我希望人们能够通过该杂志改变他们原先固有的观念；我也希望，该杂志具有实验性，能够让读者自问。如果有人不喜欢杂志中的某些作品，我不会在乎。如果大家都喜欢该杂志中的所有内容，那意味着我的工作有问题。如果《光圈》引起开明的对话和讨论，这是好事情，是我们想做的。

我们的订户都是十分明智的，大部分订户都是长期订户，他们十分认真地对待该杂志。因此，如果他们不喜欢杂志中的一些内

容，是没有关系的。

江融：那么，你通常如何决定哪位艺术家可以上哪一期杂志？

哈里斯：现在，我们有大量非常出色的作品，而且，我们有一批十分优秀的特约编辑。与编辑部的其他编辑一道，我们看大量的作品。有时，当我们知道某位艺术家将在博物馆办展或出书，我们会尽量与该展览或画册同步介绍该艺术家。这是一种很好的互动作用，对艺术家、博物馆和《光圈》都有好处。总的来说，我们努力将一些不同的艺术家均衡地混合在一起。在同一期里，你可能会看到一篇关于社会问题作品的介绍，同时，可能也会有一些较为传统的内容，或较为侧重观念的作品。因此，整本杂志会有十分不同的内容。

江融：因特网现在对报纸和杂志产生很大影响。你对因特网的影响是否有顾虑？

哈里斯：我对因特网感到十分兴奋，而不会感到担忧。但我认为，人们仍然想要看到一些印刷品，印刷品拿在手里的感觉是十分具体实在的。读者看到的是实际作品，与荧光屏上看到的作品非常不同。不过，我也很想在网络上进行一些不寻常的试验。对我来说，能够知道如何将杂志办下去，同时又能在网络上有一席之地，的确是一个真正的挑战。

因此，我想为杂志开发一个网站，做一些十分有创意的事情。我将"网络"当成一种媒介，而非只是将杂志的内容上传到网页。如果我们能够为网站制作一些专门的内容，那将是很棒的。

江融：2002年，当你们庆祝《光圈》50周年时，你在题为"回顾与展望"纪念专辑的"编者说明"中指出，"通过回顾，能有助于确定杂志的演变过程，以便了解我们的现状，同时又能展望未来"。那么，《光圈》杂志的前景如何？

哈里斯：我们出版该专辑的原因便是通过回顾来展望未来。但我无法告诉你，两年之后该杂志会是怎样。如果我能告诉你这一点，那么，我不是一个好主编。一直以来，我们的做法是与时俱进，包括对正在创作的作品，以及各种不同的艺术家和问题及时进行介绍。我知道，我会不断地展望未来，而非不断地回顾。我不想有过多的先入之见。如果那样，便意味着我没有密切关注正在发生的情况。我认为，与时俱进是十分重要的。如果我们密切注意，便能发现一些新生事物，那么，便能做一些有意义的事情。至于什么是有意义的事情，我无法预知，因为我们必须密切关注。

江融：非常感谢！

摄影的力量
——对话薇姬·戈德堡

薇姬·戈德堡（Vicki Goldberg）是美国当代具有国际影响力的著名摄影文化评论家。20世纪70年代末，她便开始从事摄影研究，并自《美国摄影》杂志1978年创刊以来，一直担任特约编辑，经常为《纽约时报》、《光圈》、《名利场》等杂志撰写摄影文化评论文章。她编写出版过许多著作，其中1991年发表的《摄影的力量》（The Power of Photography: How Photographs Changed Our Lives）一书，与苏珊·桑塔格的《论摄影》（Susan Sontag, On Photography, 1973）和马歇尔·麦克卢汉的《理解媒介：论人的延伸》（Marshall McLuhan, Understanding Media: The Extension of Man, 1964）一道被誉为关于现代传播和摄影的三本经典著作。她获得过许多奖项，其中包括1997年获得纽约国际摄影中心颁发的著作无极奖。

戈德堡还是个出色的策展人，"玛格丽特·伯克－怀特（Margaret Bourke-White）回顾展"是其策划的许多展览之一。此外，她也担任教学和评委工作。2006年9月她应邀参加平遥国际摄影节，担任首届"平遥国际摄影高端论坛"的主讲人。

在戈德堡的家中，贴着一张漫画，画中有一头形影孤单的牛正在发言，台下各种动物表示异议。漫画的警句是：无人同意你的观点，并非意味着你是错误的。戈德堡给我的印象正如画中的发言者：独立而又有勇气。她的评论文字洗练、隽永，充满洞见和睿智，是当今国际摄影评论界一个权威的声音。

江融 摄

Vicki Goldberg

江融：你认为称职的摄影评论家应具备什么素质？

戈德堡：首先，需要了解摄影的历史。我所从事的第一个大项目是在20世纪70年代末编撰《摄影文论集》（Photography in Print: Writings from 1816 to the Present, 1981），为此，我花费大约一年半的时间，几乎阅读了当时所有关于摄影的英文文献，那时有关摄影的英文读物的确不多，而且，尚未有人攻读摄影博士学位。当代有些摄影评论家缺乏对不同摄影风格、运动和理念更加深入的了解，有些评论家不了解摄影历史的背景故事，以及背景历史对当代作品可能产生的影响。

其次，要看你对摄影的偏好或兴趣。我本人始终偏向于摄影如何与社会和文化互动的问题。摄影与我们的生活密不可分，当我最初开始从事评论工作时，人们对这方面研究得不够。当然，你也可以采取正统的评论方法，那么，就需要大量了解美学，而美学在评论中本来就不可或缺，因为，摄影毕竟是视觉艺术。

江融：你认为什么应当是摄影评论家的操守和职业道德？

戈德堡：这要视你为哪份出版物工作而定。就拿为《纽约时报》撰写评论来说，你不可以利用公费旅行。如果有人付钱给你，让你到某地报道某事，那么，你就不应当写。另外，我认为，摄影评论家成为摄影收藏家是有问题的。如果我有某位摄影家的十幅作品，并撰写关于该摄影家的评论文章，这会增加该摄影家作品的价值，但是，这样做是不道德的。

我曾经为某家画廊写图录的文章，之后拿了一张所评论的照片作为付款的一部分。第一次这么做之后，我觉得不合适。写评论不能为了增加我所拥有照片的价值。

江融：有一种说法是，艺术家、艺评家和艺廊经纪人会合伙炒作该艺术家的作品。所以，我认为，你是对的，如果你是评论家又是收藏家，的确十分成问题。

戈德堡：我知道，在我写了《玛格丽特·伯克—怀特传记》（Margaret Bourke-White: A Biography, 1987），并策划她在纽约国际摄影中心的展览之后，她的照片价格自然便上涨。所以，如果你写评论是为了你的投资，那么，你就不是在写评论。这种做法是不道德的。

另外，我很少给朋友写评论。几年前，有一位朋友办展，原本我想写一篇评论，后来，我发现不喜欢该展览，便决定不写评论。举办一次展览需要花很多精力，无论谁办展，都会认为展览很好，但可能该展览糟透了。除非展览的内容冒犯了我，否则，我不需要批评该展览。例如，好几年前，有一个展览非常淫秽，我必须加以批评，这家一流的画廊竟然办这种煽情的展览，是很荒唐的。

江融：我注意到，你的著作《光的重要

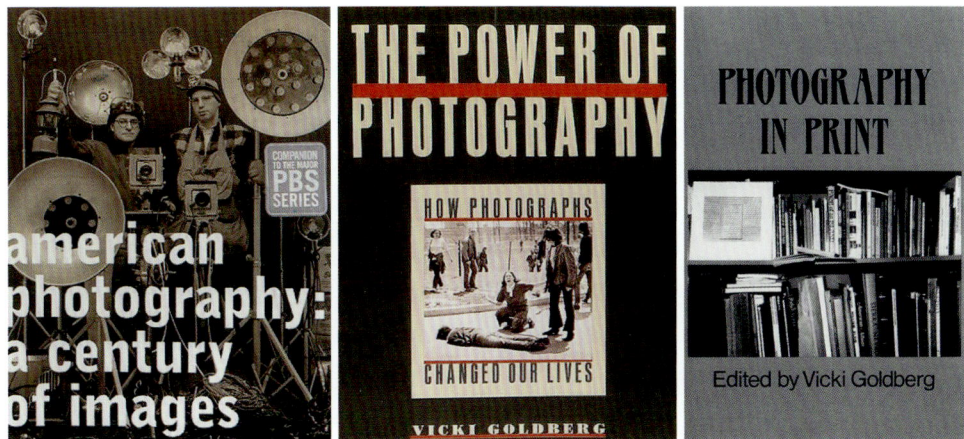

薇姬·戈德堡的主要著作：《美国摄影：百年影像》、《摄影的力量》和《摄影文论集》（左起）

德国纳粹党第六次代表大会，1934年　雷妮·瑞芬斯塔尔/摄
（©Leni Riefenstahl）

性》(Light Matters, 2005)中有几位摄影家并不出名，但你仍然评论他们的作品。你如何决定评论谁的作品？

戈德堡：通常是我认为特别值得看的作品，或者这些作品有另外几层含义值得梳理，或者它们符合当今的思潮。

江融：我认为，你的文章十分有力度。句子通常很短，而且有节奏，有时甚至有诗意。你是否认为，对于一位摄影评论家来说，文笔本身也很重要？

戈德堡：对我来说，的确十分重要。我不想自夸，但评论家很少文笔很好，有

一些还不错。我是历史学家，而且大量阅读。最好的文笔应当有声音。如果有人告诉我，"阅读你的文章时，我感到你在与我对话"，这总让我感到高兴。这表明文章背后有一个人，而不是做出判断的机器。

江融：我也注意到，在你的文章开头，常常会有一句富有哲理的话，如"战争不会靠照片来决定输赢，但照相机会杀人"。

戈德堡：摄影是世界上最有意义的研究主题之一，因为它会产生如此众多的影响，它的内容可以是关于战争与和平，也可以是关于爱情和仇恨。摄影不仅能通过产生影像来表达我们的感情，也能涉及我们所关切的事项，这些事项常常具有哲理。

江融：你如何评价苏珊·桑塔格的文笔和评论？

戈德堡：我认为，《论摄影》是一本具有里程碑意义的书。也有许多人不喜欢她的这本书，指出她对摄影不公。而我认为，她提出了许多重要问题，这本书十分有影响。我曾在纽约国际摄影中心主持过一次关于此书的专题讨论会，会上，我指出，该书并非主要论述摄影，而是关于她对20世纪的担忧。有趣的是，后来，她说了类似的话。

此书是关于她对于大规模制造影像和商品感到不安，论及表象代替经验和异化及其所意味的隔离，说明人们是通过某物观看世界，而非直接观看。她的有些论点也有错，有些地方夸大其词，例如，她说"每一个摄影行为均是侵略行为"，我从来不这么认为。拍摄婴儿的照片不是侵略行为。

江融：也许她只是夸张一下。

戈德堡：是的，以便能更强调她的观点。

南越将军开枪打死一名被怀疑为越共的北越嫌犯，越南西贡，1968年 埃迪·亚当斯/摄（©Eddie Adams）

江融：你如何评价罗兰·巴特（Roland Barthes）？

戈德堡：我认为他是一位优秀的评论家和有趣的作家。他的《明室》（La Chambre claire, 1980）是一本十分感人的著作。而且，他非常尖锐，是一位十分敏锐的观察家。

江融：他也是一位哲学家。

戈德堡：这使得他与其他评论家有很大差别。

江融：现在来谈你自己的著作，《摄影的力量》主要论点是什么？

戈德堡：这本书的主题是，尽管结构主义者认为，我们是由语言组成的，但我认为，我们是由影像组成的。20世纪基本上是一个充满影像的时代，充满照片、电影和电视。这些累积的影像传达关于生命和大千世界的宏大理念。媒体始终是我们接受信息和娱乐的途径。离开了影像及其衍生物，人们无法想象或理解20世纪的美国、乃至整个西方世界的生活：当时人们的心情如何？什么是影像的影响？它们对我们的生活产生了什么影响？我们承认，广告对我们的欲望和穿着方式的影响，其他类型的影像也对我们产生重大影响。

江融：我同意，摄影的确对我们的生活产生巨大影响。但摄影的影响如同双刃剑，它会产生积极影响，也会产生消极影响，要看谁在利用摄影。

戈德堡：几十年前，消极影响便已经显现。请看希特勒在20世纪30年代的所作所为，请看雷妮·瑞芬斯塔尔（Leni Riefenstahl）的电影。政府知道摄影对它们

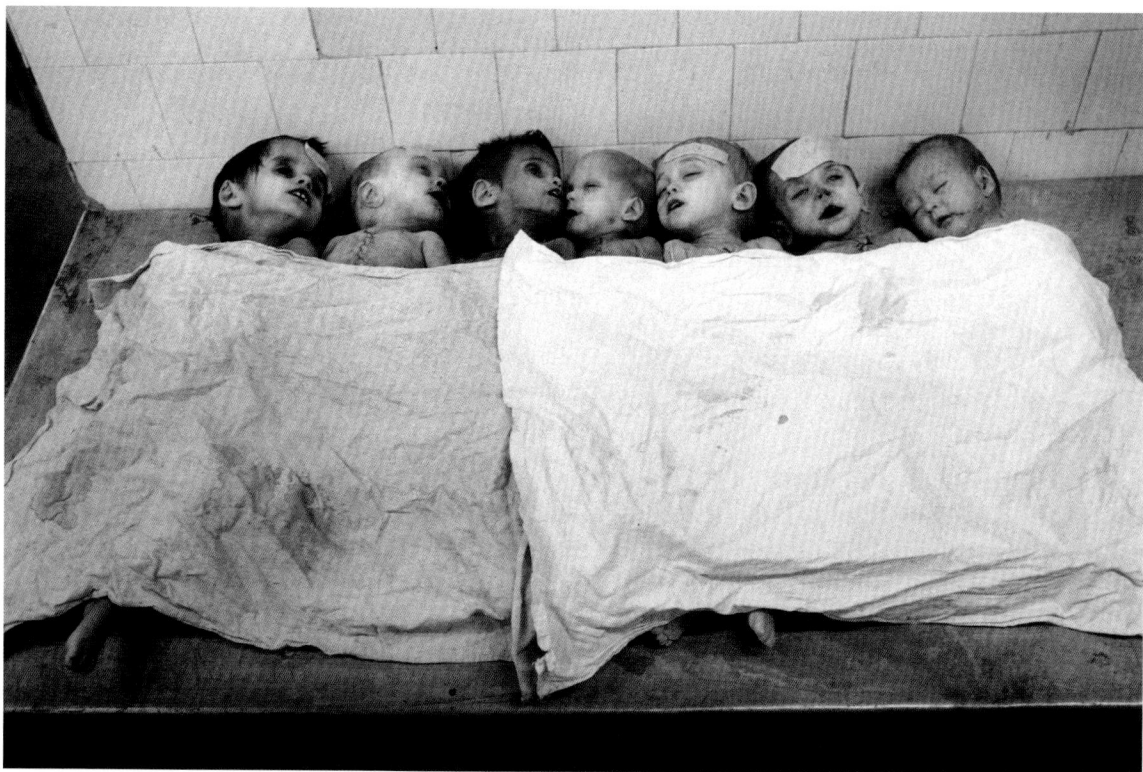

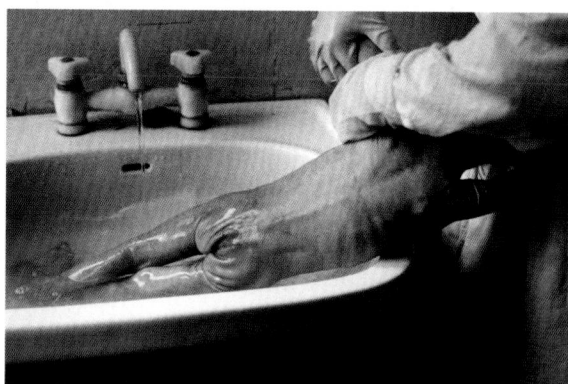

罗马尼亚感染艾滋病的儿童，1990年　法兰克·福尼尔/摄（©Frank Fournier/Contact）

来说可以产生非常大的影响力，希特勒和斯大林将摄影的影响力推到极致。

江融：但你是否同意瑞芬斯塔尔的影像是强有力的？

戈德堡：她或许是20世纪最伟大的电影宣传家。

江融：或许她被希特勒利用了，她的艺术用于错误的目的。但她也在非洲和水下分别做了一个摄影项目。

戈德堡：那是在晚年，她在做水下项目

时，已经八十多岁了。我同意，她被希特勒利用，但我认为，她是自愿合作的。我不知道她是否真是一名纳粹分子，但她为纳粹政权做出大量贡献。

江融：作为评论家，你如何评价像她这样的摄影家？

戈德堡：我们不是在讨论她的整个职业生涯，而是在讨论她的电影《意志的胜利》。我认为，她是个伟大的宣传家。我不喜欢她所宣传的目的，或她被利用的目的，但她的所作所为，尽管是邪恶的，却十分卓越，从视觉上和宣传上均十分卓越。她没有与天使为伍，但魔鬼有时是十分有效力的。

江融：让我们回到你的著作《摄影的力量》。你在书中使用不同的暗喻来描述摄影，摄影是"无法辩驳的目击者"便是其中之一。你是否仍然这么认为，尤其是在出现"数码革命"之后？

戈德堡：如果是在审判中，正如任何证据一样，照片会被质疑。多年来，法律已质疑照片，现在，如果没有底片，法庭有时会怀疑照片的真实性。当然，你也可制造假底片。

我不知道现在的情况如何。三年前，我曾打电话到纽约警察局，询问他们是否使用数码相机取证。他们说，尚未使用数码相机，因为他们无法确定法庭是否接受数码照片。

不过，报社已成立伦理小组，并制定所能采用照片的标准。你当然知道，《洛杉矶时报》的一名摄影记者因对照片动了一点手脚便被解雇。但有些摄影记者一直更公然地修改照片，却未被发现。我想，他们将他解雇是有道理的，因为新闻需要绝对的可信度。

我们生来便相信自己的眼睛，因为我们基本上是视觉动物。知道摄影会撒谎，才使得我们现在对摄影产生怀疑。画家可以在绘画中杜撰，艺术摄影也可以，但新闻摄影则必须真实。这方面，我们需要强有力和有约束力的道德规范。

江融：你也将摄影比喻成"政治说客"，会产生"摄影谎言"。这种信任危机早就发生，尤其在越战之后，人们对摄影越发失去信任。你如何看待这种危机？

戈德堡：我想这与美国人不信任政客、尤其现政权，以及其他权威人物有关。越战期间，将军和政客均对我们撒谎，水门事件便暴露了许多谎言。我认为，一直存在欺骗、掩盖和编造的风气，因此，我们在许多方面已经出现信任危机。

摄影媒介与文化如此休戚相关，如果摄影没有受到怀疑，那才是怪事。人们怀疑照片是有许多原因的，数码化便是其中之一。在《摄影的力量》中，我指出，20世纪60年代，电视上有那么多坏消息，以至于人们想要杀掉信使。因此，人们对媒体十分不信任。60年代的媒体报道了那么多学生示威活动、谋杀事件、民权运动中的残暴事件、越战中的烧杀情景、同性恋为他们的权利抗争等，美国人感到愤怒和羞愧。我们热爱自己的国家，希望国家能朝好的方向发展。但灾难和暴乱相对于较为平静的事件更具有戏剧性，媒体常常给了它们更多的空间。毫不奇怪，人们对此感到怨恨。

江融：这也使得报道摄影师的工作更难做，尤其是在杂志和报纸花更多的篇幅刊登名人照片，而非报道摄影师拍摄的照片之后。现在人们已在讨论报道摄影师及其不满的问题。

你认为什么是报道摄影师感到不满的问题?

戈德堡:刚才你说的便是其中一点,现在能发表报道摄影的地方不多。另一方面,与这个国家一样,美国媒体两极分化,它们只需要一种特定的观点。报道摄影师从来就无法控制他们的照片,你为杂志或报纸工作,拍了上百张照片,只有一张发表,这张还不见得最能代表你的观点,而且,一张照片难以说明问题。

"9·11"事件时,我们曾有过真正的报道摄影,报刊杂志上充满了相关的照片,伊拉克战争的报道摄影更多一些,因此,有一些报道摄影师的作品能得到发表,但报道的空间仍然不多。

江融:另外,我认为,美国图片编辑采用的标准与欧洲同行不同。许多照片在欧洲可以发表,在美国则不见得能发表。与欧洲国家相比,总的来说,美国被认为是更加民主和开放的国家,为何美国的主流媒体变得如此保守?

戈德堡:这是一个很大的政治问题,与美国转向右倾和保守也有关。美国最早是一个清教徒式的国家。例如,我们对裸体会有许多责难,而在法国则不会发生。我不知道,为何在有些国家,可以允许发表某种程度的暴力照片,而在美国则不行。在北非,报纸充满最恐怖暴力事件的照片,在美国这种照片绝不容许发表。

部分原因是与"容忍"的文化问题有关。各种情况会改变容许的性质。在战争期间,始终存在军事审查制度,而且也存在编辑审查制度。

江融:有时,这种审查成了自我审查制度。法兰克·福尼尔告诉我,他曾做过一个拍摄罗马尼亚艾滋病孤儿的项目,其中一张照片是医生将一个死于艾滋病的婴儿尸体在水槽上洗。即使像美国《生活》杂志这种主流媒体也不能发表这张照片,而该照片却在《中国摄影》杂志发表。我的理解是,大部分美国人喜欢娱乐,而不喜欢看到这种照片。

戈德堡:杂志需要能帮助其增加销量的照片。你也许注意到,在过去十几年里,不仅死于艾滋病的婴儿照片无法发表,那些拍摄无家可归者和贫穷者的摄影师也难以找到地方发表他们的作品。人们不会从报摊上买有这类照片的杂志,而是买有年轻性感女人照片的杂志。我想,读者是要娱乐,至少媒体这么认为。新闻已大量报道娱乐消息,有时这类新闻被称作"资讯娱乐"(infotainment),而真正的新闻却没有销路。

江融:现在我想谈你的另一本著作《美国摄影:百年影像》(Vicki Goldberg and Robert Silberman, American Photography: A Century of Images, 1999),我认为,这本书是《摄影的力量》的范例。20世纪,尤其在二战之后,世界艺术中心从巴黎移向纽约,美国也成为了摄影中心,许多非常有才华的摄影家到美国生活和工作。为何会发生这种情况?

戈德堡:法国曾经是摄影中心,它有许多优秀的摄影家,包括阿杰、拉蒂格(Jacques-Henri Lartigue)和卡蒂埃—布勒松等。但在20世纪30年代,纪实摄影方面,美国可能处于领先地位,因为政府给予农业安全管理局(Farm Security Administration)大量支助,拍摄大萧条之

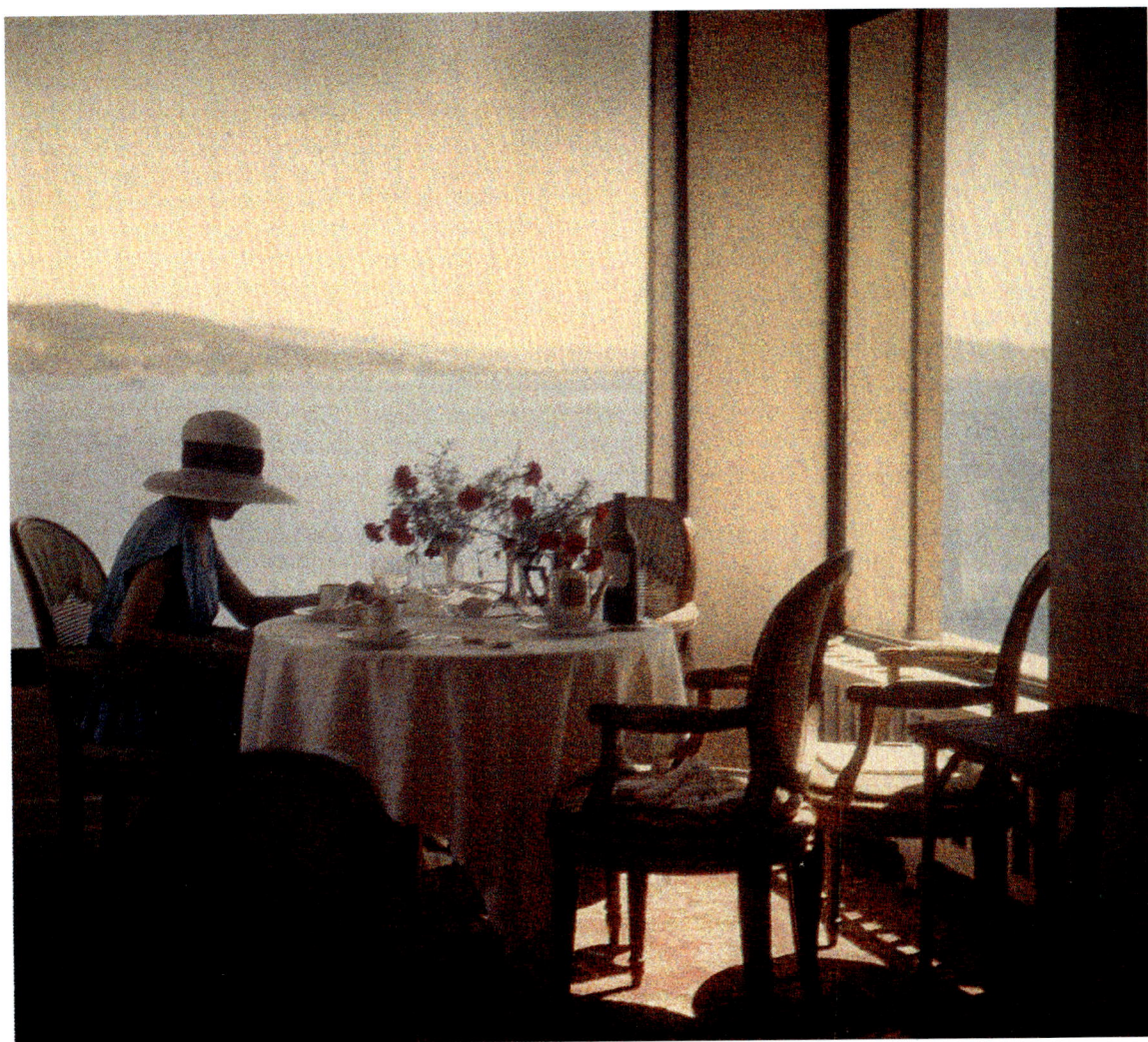

碧碧在艾登岩石餐厅，法国，1920年　雅克—亨利·拉蒂格/摄（©Jacques-Henri Lartigue）

后的农业状况，而且，又有像罗伊·斯特赖克（Roy Stryker）这样有好眼力的人担任该项目的主任，他知道谁是优秀摄影师并聘用他们，让他们能够发展自己的才能。

另外，美国是一个自由的民主国家，海洋又使得我们远离战争和其他政治问题，因此，有一批重要的摄影家和艺术家来到美国。

江融：近年来，美国有一批年轻摄影家一直处在摄影的最前沿，如辛蒂·谢尔曼。是否可以说，目前摄影的中心仍在美国？

戈德堡：的确如此，不过，我认为，我们的视野可能有一定的局限性。我们刚开始发现中国摄影和非洲摄影，世界上有许多事情正在发生，而我们浑然不知。我们对拉丁美洲的关注也不够，而那里有一些很好的摄影家。

美国在许多方面一直处在浪尖上，美国

文化被认为"占世界主导地位"，使得美国似乎更处在领先地位，因此，向其他国家输出文化。

江融：你认为，全球化是否对摄影也产生影响？

戈德堡：我认为，产生了巨大影响。不过，我始终感兴趣的是，全球范围的交流早就在进行中。20世纪20年代，德国报社发明专题摄影之时，上海已在报纸上有类似于欧洲的摄影版面。

江融：今年，你将应邀担任"平遥国际摄影论坛"的主讲人，你对这项活动有何期待？

戈德堡：我曾去过中国一次，我非常激动能有机会再去中国，期待着看到平遥，并希望能近距离观看中国摄影师的当代作品。

全球化一直在进行中，但我们都尚未完全具有全球观念，我们都有些固守在本国或本土。我越看到其他国家正发生的情况，越想进一步了解。

江融：我相信你已看过一些中国摄影作品，包括两年前在纽约国际摄影中心的"中国新摄影展"，从你已看到的中国摄影作品来说，你有什么总体看法？

戈德堡：我所看到的这些摄影展览，对大部分美国人来说，都是新鲜的。

这是全球化的好处之一，它使得我们能看到从未见过的文化。我对国际摄影中心那次展览的反应正如对任何大型展览一样，好坏参半。但有趣的是，在看中国摄影作品时，总是会想到刚发生过的中国政治背景情况，中国艺术家似乎仍在探讨这种背景情况，部分的原因可能是，尽管中国政治气候已经改变，但尚未完全改变。

江融：实际上，中国许多画家捞过界，利用摄影作为创作媒介，而且十分成功。在最近索斯比拍卖会上，他们的一些作品卖到天价。不过，他们的许多作品仍然在模仿西方，尽管作品的内容是中国的，但形式是西方的。

戈德堡：是有许多这种情况，在中国和其他国家的艺术品中，的确可以看到许多西方的影响。在西方文化进入中国之前，多少个世纪以来，有过中国的观看方式。如今，很难通过艺术品来区分国家，因为我们的世界如此相互依存，所有的东西均可在因特网上找到。

江融：谈到因特网，信息技术正大举进入我们的生活，而且对摄影也产生大量影响，你认为，摄影的力量因此增加，还是削弱？

戈德堡：我认为，因特网既增加也削弱了摄影的力量。首先，影像的泛滥会使我们麻木不仁。我们曾因没有时间读书而浏览杂志，现在你可以浏览照片，你看一眼照片，便翻过一页。

越战期间，影像曾显示过力量，部分原因是全世界都在看相同的照片。当时，美国只有三家主要的电视台，现在有五百多家电视台，你可能与你的邻居所看到的影像完全不同。同时，有了因特网，人们可以在印度、中国、南非、美国和英国同时看相同的影像。尽管世界上许多人尚未能够看到因特网，但很多年轻人更喜欢上网，而不喜欢看报。

江融：因此，可以说，因特网增加了摄影的力量。

戈德堡：既增加也减少。如果报道摄影记者拍了几千张什叶派清真寺被炸的照片，

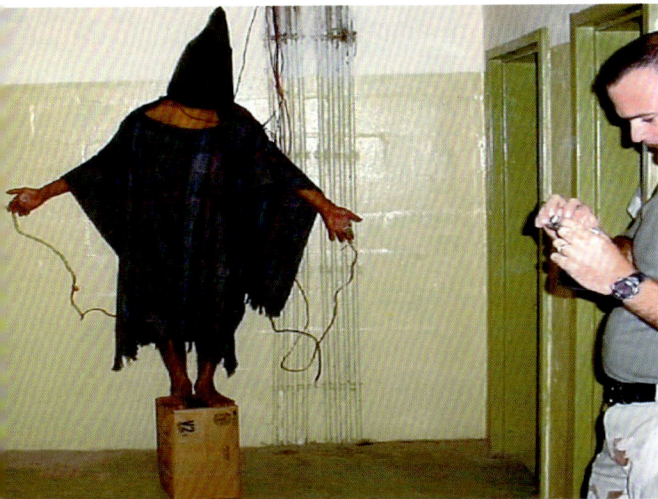

伊拉克阿布格莱布监狱中美军虐待俘虏的照片，2003年　佚名/摄

最后只有四五张在不同报刊发表，这些照片很难有黄功吾拍摄的越南小女孩逃离燃烧弹现场的照片所具有的相同影响。那张照片是具有象征意义的影像。现在我们已没有同时观看一张照片并有相同记忆的经历。眼下照片如此之多，它们如过眼烟云。

江融：那么，当我们被如此众多的照片所淹没，影像如何才能成为具有象征意义之作？

戈德堡：仍然会有照片能成为具有象征意义之作。例如，伊拉克阿布格莱布监狱中那名被迫站在箱子上、戴头罩者的照片，在电视和网上一再播放，一定能成为象征。如果媒体中有权势的人想要给予某张照片同样的曝光率，那么，这张照片也能成为象征。

江融：你是说，只要某张照片在媒体上一再重复播出，尽管照片拍得很差，也能成为象征之作？

戈德堡：难道不是这样吗？

江融：因此，无须是好照片，只要重复播出，便能成为象征之作。

戈德堡：是的，这样大家的脑中便有相同的影像。如果我们讨论的是新闻照片，什么是好照片的问题长期争论不休。新闻照片不需要美，埃迪·亚当斯在西贡街头拍摄的南越将军开枪打死一名北越嫌犯的照片并不美。

江融：由于数码革命，有人已开始谈论摄影死亡的问题。随着电子感应器取代底片，传统意义上的摄影是否将死亡？

戈德堡：你还记得，马克·吐温（Mark Twain）在听到有关他在欧洲旅行时死亡的消息后，他说，"关于我死亡的消息被严重夸大。"摄影死亡的问题要看你如何进行界定。我的确认为，胶片摄影可能正在萎缩，当厂家停止生产胶卷和相纸时，这种摄影便会像蚀刻版画一样，成为鉴赏家的专门行业。现在，你可以从电脑上无中生有地制造影像，并印在相纸上。这算相片吗？我认为是。因此，摄影的定义正在演变中。

江融：谢谢。

后 记

　　此书缘起于三年前，《中国摄影》杂志希望开设一个《面对面》专栏，该杂志社编辑部主任王保国先生特邀我来主持。多年来，我一直有为中国摄影界与国际摄影界架设桥梁尽一份力量的愿望。因此，凭借自己身处纽约这个世界摄影中心的地理优势，对国际摄影界近二十年的关注和研究，与国际摄影界一些重要摄影人的关系，以及自己的摄影实践，我接受了这项任务。

　　之后的三年，我利用工作之余，开始逐个采访书中这些世界著名的摄影人。通常，我需要事先对受访的摄影人及其作品进行大量研究，准备有深度的问题，并在采访后根据录音逐字逐句整理成英文，寄给受访人，经由其本人修改后，我再忠实地译成中文，目的是要将受访摄影人的思想原汁原味地呈现给读者，让读者能获得现场的感受，直接在思想上与他们对话。

　　每次采访，都让我十分感慨，这些摄影人对摄影事业的付出、思想的敏锐、为人的谦和与人文的情操，均给我留下了深刻的印象。他们在百忙中抽空接受采访，让我有机会近距离面对这些在各自领域取得杰出成就的摄影人。聆听他们的独到见解，的确是一件十分幸福的事情。尽管需要花大量时间从事这项工作，并且需要承受极大的压力，我仍然感觉是值得的。

　　这些采访先后有18篇在《中国摄影》杂志发表，得到许多读者的积极反馈和鼓励，并催促我结集成书。感谢中国文联出版社社长宋建民先生的果断决定和精心策划，让这本装帧精美的访谈录能与读者见面。这次编辑过程中，我重新对照英文访谈录校对多遍，并将过去因版面原因删减的部分酌情补充到这本访谈录中，使其更加完整准确，同时采用了许多新的照片。另外，我也将在《映像》杂志发表的三篇访谈包括在内，希望能给读者耳目一新的感觉。

　　在此，我特别感谢《中国摄影》和《映像》杂志的领导和编辑们对我的信任；感谢这两份杂志的两位优秀的编辑王保国先生和李潇泉女士对我的耐心和包容；感谢中国文联出版社责任编辑赵晖女士和特约图片编辑王保国先生对编辑此书的热情和投入；感谢刘树勇教授及中央财经大学文化创意工作室对本书设计的别裁创意；尤其要特别感激严新恩师多年来对我的教诲和支持，也十分感谢我的父母及家人对我的理解和鼓励。

　　最后，衷心感谢所有的受访者，尤其是罗伯特·普雷基、薇姬·戈德堡、法兰克·福尼尔、克里斯托弗·菲利普斯和卡洛琳·科尔多年来的热情推荐与指导；感谢读者的热心支持。

　　在本书即将付梓之际，我也特别感谢许多未提及者对我的帮助，没有他们以及上述这些人的慷慨和无私的奉献，本书将无法与读者见面。

江　融

2008年12月16日